新能源汽车专业系列教材

新能源汽车服务企业经营与管理

主　编　郑丽丽　刘　勇　聂其英
副主编　李春洪　陈　华　屈永能

机械工业出版社

本书结合职业院校的"双创教育",从了解经营与管理的差异开始,逐步介绍企业文化、组织机构、企业业务流程、现场管理、财务管理等,让学员能够更好地学习和理解相应的经营技巧和管理方法,明确每个岗位的职责、每个流程的关键点、执行(考核)标准,掌握如何完成新能源汽车服务企业的经营管理目标。全书共分五章,主要内容包括:企业的经营与管理、企业文化与人力资源管理、整车及衍生品销售管理、售后服务管理、企业财务管理。

本书可作为职业院校新能源汽车检测与维修技术、汽车服务与营销等专业相关课程的教材,也可作为本科院校汽车类专业相关课程的参考用书,还可供汽车后市场广大从业人员阅读。

图书在版编目(CIP)数据

新能源汽车服务企业经营与管理/郑丽丽,刘勇,聂其英主编. —北京:机械工业出版社,2023.7

新能源汽车专业系列教材

ISBN 978-7-111-72907-5

Ⅰ.①新… Ⅱ.①郑… ②刘… ③聂… Ⅲ.①新能源-汽车企业-工业企业管理-高等职业教育-教材 Ⅳ.①F407.471.6

中国国家版本馆 CIP 数据核字(2023)第 055294 号

机械工业出版社(北京市百万庄大街 22 号　邮政编码 100037)
策划编辑:谢　元　　　　　责任编辑:谢　元　侯力文
责任校对:张爱妮　陈　越　　封面设计:严娅萍
责任印制:单爱军
北京虎彩文化传播有限公司印刷
2023 年 7 月第 1 版第 1 次印刷
184mm×260mm・15.75 印张・388 千字
标准书号:ISBN 978-7-111-72907-5
定价:49.90 元

电话服务　　　　　　　　　　网络服务
客服电话:010-88361066　　　机　工　官　网:www.cmpbook.com
　　　　　010-88379833　　　机　工　官　博:weibo.com/cmp1952
　　　　　010-68326294　　　金　书　网:www.golden-book.com
封底无防伪标均为盗版　　　　机工教育服务网:www.cmpedu.com

新能源汽车专业系列教材

专家委员会

顾 问

  张延华 中国汽车维修行业协会
  王水利 北京新能源汽车股份有限公司
  王凯明 北京汽车技术研究总院
  佘镜怀 国家开放大学汽车学院
  刘 鹏 北京理工大学电动车辆国家工程实验室

主 任

  王忠雷 北京新能源汽车股份有限公司

副主任

  窦银忠 合众新能源汽车有限公司
  陈圣景 北京新能源汽车股份有限公司
  许建忠 北京汇智慧众汽车技术研究院
  谢 元 机械工业出版社
  许行宇 中国汽车维修行业协会技术和标准化委员会
  岳 昇 北京汇智慧众汽车技术研究院

委 员

  赵贵君 陈社会 李 刚 付照洪 王桂成
  王巨明 孙大庆 高 岩 吴 硕 李宏刚

新能源汽车专业系列教材

编委会

主　任　冯玉芹

副主任　刘　斌　吴宗保　尹万建　王福忠　任　东

委　员　李华伦　程玉光　王立伟　贺永帅　王国林
　　　　　汪赵强　张　瑶　温　庚　孙潇韵　张珠让
　　　　　曹向红　贾启阳　朱　岸　赵　奇　高窦平

特 别 鸣 谢

新能源汽车技术对于职业教育来说是个全新的领域，北京新能源汽车股份有限公司一直十分关注我国职业教育的发展，充分体现了国有企业的社会责任感。目前，职业教育新能源汽车专业教材相对较少，为响应国家培养大国工匠的号召，北京新能源汽车股份有限公司组织编写了职业教育新能源汽车专业系列教材，并由北京汇智慧众汽车技术研究院负责开发了课程体系。

在编写过程中，北京新能源汽车股份有限公司提供了大量的技术资料，给予了专业技术指导，保证了本书成为专业针对性强、适用读者群体范围广的职业教育新能源汽车专业的实用教材，尤其是王忠雷、窦银忠、陈圣景、张国敏、李春洪等提出了大量的意见和建议。在此，对北京新能源汽车股份有限公司及北京汇智慧众汽车技术研究院在本书编写过程中给予的所有支持和帮助表示由衷的感谢！

机械工业出版社

前　言

近几年，无论在国内还是国际新能源汽车的发展都已经是一个热点。从各种新闻渠道我们可以了解到越来越多的国家把政策向此倾斜，更多汽车制造企业都在技术上向此转向。中国汽车工业协会数据显示，2022年我国新能源汽车产销分别完成705.8万辆和688.7万辆，全国新能源汽车保有量达1310万辆，新能源汽车的服务需求同时上涨，而汽车服务企业如何由传统汽车服务向新能源汽车服务转型，汽车服务人员如何提升自己进而适应行业的发展需求，职业院校如何根据市场变化来规划和调整培养人才方案，都是迫在眉睫的事。

本书结合职业院校的"双创教育"，从了解经营与管理的差异开始，逐步介绍企业文化、组织机构、企业业务流程、现场管理、财务管理等，让学员能够更好地学习和理解相应的经营技巧和管理方法，明确每个岗位的职责、每个流程的关键点、执行（考核的）标准，掌握如何完成新能源汽车服务企业的经营管理目标。全书共分五章，主要内容包括：企业的经营与管理、企业文化与人力资源管理、整车及衍生品销售管理、售后服务管理、企业财务管理。

北京汇智慧众汽车技术研究院本着为新能源汽车推广普及提供全力支持的初心，在行业前辈冯玉芹、王凯明、岳昇、程玉光等各位老师，以及祥龙博瑞汽车（服务）集团有限公司蒋金波的关心和帮助下，并在北京新能源汽车股份有限公司的领导和售后服务网点企业领导的大力支持下完成了本书的编写工作，在此表示衷心的感谢！

本书由西南林业大学郑丽丽、玉溪技师学院刘勇、北京汇智慧众汽车技术研究院聂其英担任主编，北京新能源汽车股份有限公司（简称"北汽新能源"）售后服务管理部李春洪、大理农林职业技术学院陈华、德宏职业技术学院屈永能担任副主编，河北石油职业技术大学侯存满、云南交通运输职业学院贺利涛、潍坊职业学院刘钢、曲靖职业技术学院徐菁、柳州市第一职业技术学校甘光武、北京汇智慧众汽车技术研究院许建忠参加了本书的编写工作。

本书可作为职业院校新能源汽车检测与维修技术、汽车服务与营销等专业相关课程的教材，也可作为本科院校汽车类专业相关课程的参考用书，还可供汽车后市场广大从业人员阅读。

由于水平和经验有限，新能源汽车行业也正处于大发展时期，本书难免存在缺点和疏漏，恳请相关领域专家和广大读者给予批评指正。

编　者

目 录

前言
第1章 企业的经营与管理 1
1.1 企业经营与管理概述 1
1.2 新能源汽车服务企业的经营 7
1.3 新能源汽车服务企业的管理 11
1.4 服务商运营评价管理 13
实训任务 21

第2章 企业文化与人力资源管理 23
2.1 企业文化概述 23
2.2 新能源汽车服务企业的文化建设 28
2.3 新能源汽车服务企业的形象管理 35
2.4 组织机构及人力资源配置 44
2.5 薪酬激励绩效评估 58
2.6 员工职业管理 65
实训任务 74

第3章 整车及衍生品销售管理 77
3.1 整车销售管理 77
3.2 库存管理 93
3.3 精品管理 98
3.4 配件管理 102
3.5 客户关系管理与价值共创 110
实训任务 120

第4章 售后服务管理 126
4.1 安全管理 126
4.2 环境保护 142
4.3 新能源汽车维修服务管理 147
4.4 售后服务资源管理 178
实训任务 179

第5章 企业财务管理 188
5.1 企业财务管理概述 188
5.2 企业日常结算及支出流程管理 205
5.3 企业财务预算与财务指标设置 208
5.4 企业成本费用管理 215
5.5 企业营业收入与利润分配管理 219

5.6 企业资产管理 221
5.7 企业资金筹集与投资管理 235
实训任务 242
参考文献 243

第 1 章

企业的经营与管理

学习目标：
- ❖ 掌握企业经营与企业管理的含义。
- ❖ 理解企业经营与企业管理的区别。
- ❖ 了解我国新能源汽车服务企业经营与管理的现状。
- ❖ 掌握新能源汽车服务企业经营与管理的内容。
- ❖ 了解新能源汽车服务运营商评价的一般内容。

经营是选择对的事情做，管理是把事情做对。

"经营"是一系列企业活动的总称，含有筹划、谋划、计划、规划、组织、治理、管理等含义。而"管理"既包含传统的对组织内部资源的计划、组织、执行与处理，也涉及对组织外部资源的分析和利用。

基于上述"经营""管理"的概念界定，经营从本质上说就是"赚钱"的过程，归根结底，如果不会经营或不会"赚钱"，那么这个企业也就没有必要存在了。但是如何持久、长远地"赚钱"，就需要从管理的角度来理解。对企业而言，经营处于第一位，管理是其次的。这并不意味着管理不重要，而是管理变成了基础。换而言之，管理是为经营服务的，管理实际上是由经营决定的。只不过经营强调"外向性"，追求从企业外部获取资源和建立影响；管理强调"内向性"，强调对内部资源的整合和建立秩序。经营追求的是效益，要资源，要赚钱，是企业赚钱能力的体现；管理追求的是效率，要节流，要控制成本。经营是扩张性的，要积极进取，抓住机会，胆子要大；管理是收敛性的，要谨慎稳妥，要评估和控制风险。

作为院校的学生，了解经营与管理的内涵与区别，对未来的职业生涯能够有更好的规划，对创业也能够有更深刻的认知。而对于企业的经营管理者，只有理解了经营与管理的内涵与区别，才能对企业和自己有更加准确的定位，从而保证企业良性发展。

1.1 企业经营与管理概述

1.1.1 企业经营

企业经营简单说就是让企业能赚钱，也就是说企业经营就是为了解决企业的利润从哪来、如何来的问题。

企业经营的基础是产品，经营的中心是客户。

在企业的营业执照中可以看到经营范围，也就是企业能够销售的产品有哪些，所以产品对于企业来说是存在的基础。没有产品如何形成销售？没有销售如何产生利润？没有利润企业如何存在？

因此企业经营针对的是企业的效益。要让资产产生效益，只有在产品和销售这两个地方产生，其他地方都不会产生。关注产品就会有回报，关注客户一定也会有回报。

对产品的了解不仅是企业管理者的工作，也是每位员工必须要掌握的知识。新能源汽车服务企业的产品除了有形的汽车及相关配件外，还有许多无形的服务，如售前服务、售中服务和售后服务，其中还包括保险销售、车辆贷款等金融服务。

客户是企业经营中心。企业所有的人员都要以客户为中心，服务好客户绝对是企业的头等大事，因为客户才是掏钱买产品的人，所以在公司内部每位员工都必须始终是客户利益的代表者，是客户需求的准确把握者、提出者和解决者。

新能源汽车对客户来说是一个全新的产品，如果作为一名企业员工对产品不了解，无论是销售人员，还是技术人员，甚至是管理人员，不能有效地解决客户对产品的疑惑，不能正确地解答客户对产品的问题，那么就很难得到客户对产品的认可，就很难达成产品的销售。

如果忽视客户真正的需求，不以客户为中心，不从客户的角度考虑问题，而是以自我为中心，在进行产品销售时就很容易自以为是，不按客户的真正需求来推荐产品，销售人员应将适合客户的车辆推荐给客户，并根据他的需求选择相应的其他产品，如保险产品等，而不能根据自己的私利进行推销，否则会事倍功半，甚至竹篮打水一场空。

经营的目标是赢利，经营结果以利润表的形式呈现。

企业只有赢利才能生存（持续发展），经营的目标一定是企业能够赢利，经营结果用利润表呈现，收入减去支出（成本费用）等于利润。企业必须考虑如何把收入做大，如何有效地控制成本和费用，从而保证利润的最大化，当然这是在考虑到短期、中长期经营目标后的所谓"最大化"。

表1-1为某企业利润表，这么一个简单的利润表，代表了经营企业的智慧。利润表包括收入、成本、费用、利润。利润表的逻辑关系非常清晰，收入减去成本得出毛利，只有收入大于成本，才有毛利，才能得出经营利润。要管控好三个期间费用，也就是销售费用、管理费用、财务费用，减去这三项费用，最后扣除税收，才是企业的税后净利润。

表1-1 某企业利润表

利润表

会企02表

编制单位： 2022年11月 单位：元

一、主营业务收入			
减：主营业务成本			
主营业务税金及附加			
二、主营业务利润（亏损以"-"号填列）			
加：其他业务利润（亏损以"-"号填列）			
减：销售费用			
管理费用			
财务费用			

(续)

三、营业利润（亏损以"-"号填列）			
加：投资收益（亏损以"-"号填列）			
补贴收入			
营业外收入			
减：营业外支出			
四、利润总额（亏损以"-"号填列）			
减：所得税			
五、净利润（亏损以"-"号填列）			

那么新能源汽车服务企业的收入从何而来？收入更多地依靠主营业务，企业的规模不同主营业务的范围也会有所不同，从整个行业看通常情况下主营业务包含以下范围：一是通过车辆销售及相关保险代理销售、精品销售；二是通过后续的维护修理及充电等服务。收入主要有车辆销售收入、保险代理手续费收入、精品销售收入、车辆维修工时费、配件材料费、充电服务费等。成本是指企业为生产产品、提供劳务而发生的各种耗费。新能源汽车服务企业的成本除了销售的车辆，还有其提供的各项服务所需的产品的采购成本。费用是指企业为销售商品、提供劳务等日常活动所发生的经济利益的流出，在利润表核算时通常划分为三个大的类别：销售费用、管理费用和财务费用。新能源汽车服务企业的各项费用通常包含房租、员工薪酬、水电费、交通费、差旅费、广告宣传费、业务招待费、办公费等。如果仅看利润表是不足以为新能源汽车服务企业的经营提供帮助的，在之后的章节中会讲解更多与经营相关的表格。经营一定是要有财务目标的，管理也是由此而展开的，选择什么样的财务管理目标，受制于该企业所处的市场环境和自身情况。

经营策略是因地制宜、量体裁衣，找到最适合的客户为企业带来利润。

某经销商通过一个"买十送一"的营销策略，在经营上成功地在较短时间内快速地获得了第一批客户，不仅在销售上获利，还在后续的服务中继续创造持续的利润。但是不是其他企业按这样的方法，也能实现其经营财务指标呢？答案是否定的，每个区域的客户的消费习惯不一样，新能源汽车对许多客户来说又是新鲜事物，在企业所在地经营新能源汽车服务企业一定要深刻地了解当地市场环境和客户真实需求，根据所代理的新能源汽车品牌找到潜在客户，并进行相应的、合理的、适合当地情况的营销推广，高效地利用营销费用成功完成第一批客户的新车成交，这样才能拥有第一批持续进行维护的客户。

1.1.2 企业管理

管理"管"的是资产的效率，管理追求的是效率，"管"是要节流，要控制成本和费用，"理"是要建立制度和流程；"管"是规范人的行为，"理"是制订做事的标准，从而能够让企业高效地运行。也就是说，"管"的着力点在于改变人，改变人的态度，改变人的能力；而"理"的着力点在于改变事，改变流程，改变不合理的做法。

汽车服务企业管理的任务就是按照汽车服务市场的客观规律，对企业的全部生产、销售、服务等经营活动进行计划、组织、指挥、协调和控制，使各汽车服务环节相互衔接，密切配合，使人、财、物各因素得到合理组织、充分利用，以最小的投入取得满意的产出，完成企业的任务、实现企业的经营目标。其管理的内容涉及财务、人力资源、安全、环保、质量、客户等方面,本节主要介绍与经营休戚相关的财务管理,其他的管理将在相关章节中进行讲解。

1. 财务管理的目标

财务管理是企业管理的一个重要组成部分,是有关资金的筹措和有效使用的管理。新能源汽车服务企业要实现资源的高效率、低成本运作,就必须研究财务管理。所谓财务管理,就是指企业根据财经法规制度,按照财务管理的原则,组织企业财务活动,处理财务关系的一项经济管理工作。财务管理目标主要有四种,即利润最大化、每股盈余最大化、企业财富最大化和社会责任最大化。

(1) 利润最大化

利润代表新创造的财富。利润越大,企业的业绩越好。这种观点突出效益额的地位,有其科学的成分。但也存在三个缺陷:没有考虑预期利润发生的时间性,若不考虑货币时间价值,就很难作出正确的判断,缺乏操作性;没有反映创造的利润与投入的资本额之间的相关性,缺乏可比性;没有体现获取利润时所承担的风险,不利于收益与风险的权衡决策。

(2) 每股盈余最大化

这种观点突出反映投入资本与所获利润之间的关系,体现资本的收益率,但仍然存在没有考虑每股盈余发生的时间性与获取每股盈余所承担的风险等缺陷。

(3) 企业财富最大化

现代企业为股东所有,投资的目的在于创造尽可能多的财富。企业的股票价格或每股分红的多少代表了投资者对企业价值所做的客观评价,它较全面地体现了企业目前和将来的获利能力、预期收益、时间价值和风险价值等多方面因素及其变化,因而只有它才应当是企业财务管理的首要和最终目标。

(4) 社会责任最大化

与财务管理目标相联系的是社会责任问题。公司是否应该承担社会责任,如保护消费者利益、合理雇用人员、消除环境污染等。一般来说,企业财务管理的财富最大化目标是和社会利益相一致的。企业在实现财富最大化目标的同时,由于企业规模的扩大,增加了就业量;企业利用新的技术降低产品成本、开发新产品,可以更好地满足消费者的需求。但有时企业财务管理目标与社会利益也会出现矛盾,有时承担社会责任会造成利润和股东财富减少。可见在现阶段,以社会责任最大化为企业财务管理目标较为片面。但只强调股东财富最大化也是不可取的,因为这是以牺牲社会利益而换取企业的局部利益。因此正确的选择应该是企业在确定股东财富最大化目标的同时,必须受社会责任的约束。为此,政府和有关管理部门制定有关的法律和规定来强制企业承担社会责任,这对新能源汽车服务企业也不例外。

2. 财务管理的内容

财务活动是从资金的角度反映企业管理活动的全过程。企业的创立,需要通过股东自筹、发行股票或债券、向银行借款等方式来筹集资金。然后用这些资金购买机器,建造厂房,招募员工,购买原材料(对于新能源汽车服务企业来说就是购入车辆、配件、设备和工具等),组织经营活动。上述各项活动都需要耗用资金。企业对其产品进行销售并收回资金后,还要按约定偿还负债的利息和本金,按规定缴纳税款和分配股利,企业经营活动如此周而复始地循环下去,构成了企业资金运动的循环和周转。因此,企业财务管理的内容反映的是企业资金运动的循环过程,包括融资管理、投资管理、财务控制与分析及股利分配管理等内容。

(1) 融资管理

企业筹集资金是财务管理的起点,也是企业经营的起点。企业要进行生产经营活动,首先面临的是需要一定的资金作为企业运行的血液。因此融资管理是财务管理的一项最基本、最原始的职能。融资管理要解决的问题是如何取得企业所需要的资金,包括向谁筹集、在什么时候筹集、筹集多少资金和以什么方式筹集等。具体来讲,融资管理包括预算企业资金需求;规划企业融资渠道;考虑短期融资和长期融资的组合问题;研究企业最理想的融资方式;确定企业的资本成本与最佳资本结构。融资管理与投资、股利分配有密切的联系,融资的多少要考虑投资需要。在利润分配时加大留存收益部分可以减少外部融资。融资管理的最终目的是要决定各种融资来源在总资金中的比重,即确定资本结构,并将融资风险与融资成本相配合。

(2) 投资管理

企业筹集来的资金,要投放于生产经营中。一方面进行长期投资,即对固定资产和长期有价证券的投资,也称资本性投资。另一方面进行短期投资,即对短期有价证券、应收账款、存货等流动资产的投资。企业投资的目的就是取得比原来投入更多的回报。财务管理中的投资管理概念是广义的,凡是把资金投入到未来的各种活动都称之为投资。因此,投资管理包括一般意义的资本性投资管理,如固定资产投资管理、证券投资管理,也包括日常的营运资金管理,如现金、应收账款、短期有价证券、存货等流动资产的管理。财务管理人员在进行投资管理时,必须以企业的财务管理目标即股东财富最大化为标准。

(3) 财务控制与分析

控制是管理的一项基本职能,是指对一个组织的活动进行约束和指导,使之按既定目标和计划发展。企业存在多种控制系统,如销售控制、生产控制、信息控制和财务控制等。新能源汽车服务企业的财务控制一方面要有相应的财务计划,另一方面需要进行成本控制,即对资金成本、库存成本(整车和配件等)和生产(服务)成本及相关支出费用的控制。

财务分析是运用财务报表数据对企业过去的财务状况和经营成果及未来前景的一种评价。通过这种评价,可以为财务决策、财务预算和财务控制提供广泛的帮助。

(4) 股利分配管理

股利分配管理是指在企业取得盈余之后,有多少作为股利发放给员工和股东,有多少留在企业内部作为再投资。在进行分配时,既要考虑股东近期利益的要求,定期发放一定比例的股利,又要考虑企业的长远发展,留下一定的利润作为留存收益。留存收益作为内部筹资,较外部融资而言,不必花费融资费用,且融资简便,因而具有一定的优势。保留一部分盈余,也可以促使股票价格上升,有利于股东获得更多的利益。

股利政策的制定受多种因素的影响,包括现金股利和资本利得的不同税收政策、企业未来的投资机会、各种资金来源及成本,以及股东对当期收入和未来收入的相对偏好等,企业必须根据自己的具体情况确定最佳的股利政策。股利分配政策实质是内部融资问题。因此股利分配管理是筹资管理的一个组成部分,但由于其具有重要性,从而将其作为一个单独的部分加以研究。

1.1.3　企业经营与管理的区别

经营含有筹划、谋划、计划、规划、组织、治理、管理等含义。管理既包含传统的对组织内部资源的计划、组织、执行与处理，也涉及对组织外部资源的分析、利用。通俗地说，经营就是开展业务，管理就是理顺流程。所以，严格地讲，经营离不开管理，管理也涉及业务。但两者有着较大的区别。

从产生来看，经营是随着交换的发展而产生的，是商品经济发展的产物，是与市场相联系的；管理则是随着社会分工的产生而产生的，是社会化生产的产物。

从本质来看，经营是做决策，如确定生产（销售）什么产品、什么时候生产（销售）、怎么样生产（销售）等；管理是执行决策，如进行人员配备、原材料采购、工作安排（任务布置）等。对于新能源汽车服务企业来说经营就是什么时间从生产商处购入原材料（车辆、配件等），如何进行销售，销售的客户类型和渠道都有哪些；而管理就是如何进行销售人员的配置，以及如何来激励他们完成销售任务等。

从性质来看，经营是战略性的，解决的是方向、战略、市场、效益方面的问题，它涉及企业的全局和长远，关系到企业的存在和发展；管理是战术性的，解决次序、纪律、积极性、效率（人、财、物）方面的问题，主要是指企业内部的一些日常性的业务活动。

从活动内容来看，经营指商品经营、资产经营、资本经营，侧重于外部，重点是对市场的调查了解，对国家的方针、政策和法律的认识和掌握；管理指制度管理、机制管理、企业文化，则侧重于企业内部的日常事务活动，重点是保证企业内部的活动相互协调和稳定。

从人员分工来看，经营多属企业高层领导者的职责，如董事会等，管理则主要是企业中下层人员的职责，如经理、车间主任等，即在标准的公司制企业中由董事会聘请职业经理人进行管理。

从目的来看，经营是为了创造利润，赚钱（开源），或者说是为了提高经济效益，即以尽可能小的资金投入获得最大的产出；管理则是为了降低成本，属于省钱（节流），或者说是为了提高经济效益，即尽可能在最短的时间内生产（销售）出更多的产品。

总之，经营侧重指动态性谋划发展的内涵，而管理侧重指使其正常合理地运转。通常把经营和管理合称经营管理。

1.1.4　新能源汽车服务企业经营管理现状

目前，我国新能源汽车企业在燃料电池汽车、混合动力电动汽车、纯电动汽车等多个领域的自主研发中不断取得突破，已经具备了一定的基础，成为中国汽车工业新的增长点。中国汽车工业协会发布的数据显示，2022年我国新能源汽车产销分别完成705.8万辆和688.7万辆，公安部2023年1月公布的机动车保有量数据显示，截至2022年底，我国新能源汽车保有量达到1310万辆，占汽车总量的4.1%。我国已经从"造新能源汽车"时代发展到"卖新能源汽车"和"维护新能源汽车"的时代。发展新能源汽车是个系统工程，而服务保障工作（即新能源汽车售后服务工作）则是该系统工程中的重要一环，它作为新能源汽车流通领域一个非常重要的环节，是一项非常繁杂的工程，包含新能源汽车销售以后有关新能源汽车的索赔、质量保障、新能源汽车零部件供应、维护修理服务、技术咨询及指导、市场信息反馈、维修技术培训等与产品和市场有关的一系列内容，这就促使新能源汽车售后服务成为新兴产业。现阶段的新能源汽车售后服务内容主要包括故障救援、维修养护、信息反馈、技术咨询、保修、服务质量跟踪、纠纷处理等。

新能源汽车服务企业专指能为新能源汽车提供服务的企业，具体的指具有提供新能源汽车销售和售后服务资质的4S店，也包括专门为新能源汽车提供售后服务的企业。总的来说，现有的新能源汽车服务企业95%以上都是原来的传统汽车服务企业转型或增项后而来，新建企业不足5%。这就意味着多数企业原有的传统赢利模式被迫转变，且新能源汽车在销售、售后服务方面与传统汽车存在着巨大的区别，企业相应岗位的人员欠缺等。因此，目前新能源汽车服务企业在经营管理方面存在许多问题。

1）企业的利润来源问题。销售新能源汽车可以获得一部分利润，但由于新能源汽车与传统汽车相比，结构上已经发生了较大的变化，特别是纯电动汽车，其维修维护的项目和频次与传统车相比都是减少的，因此企业的利润是降低的。

2）新能源汽车的客户定位问题。在这方面服务企业往往是被生产企业所左右的，因为销售和服务产品是生产企业决定的，服务企业只能被动的选择，最多只能在私家车客户和集团客户上进行选择。

3）由于需要提供充电服务，也会导致一些问题：一是将会增加对此的投入，即使引入合作企业，但增容等带来的费用还是需要企业自身承担，增加了企业营运的成本，而对此的投资回报周期却非常漫长；二是由于涉及用电安全，需要增加相应的防护设备及员工劳动保护用品，增加了企业管理费用；三是由于需要有既精通传统汽车维修，也熟知新能源汽车维修的相关人员，这类人员目前比较欠缺，因此薪酬会相对偏高，就会增加企业的用工成本。

1.2 新能源汽车服务企业的经营

企业要进行经营生产活动，就必须具备人力、物资、资金、信息等各项生产经营要素，并开展相关的活动。新能源汽车服务企业的经营首先要明确经营策略；其次，为了时刻掌握企业经营情况，以便调整经营策略完成经营目标，需要制订相关经营指标，即相应的财务运行指标；最后还应该制订相应的经营计划。

1.2.1 新能源服务企业的经营策略

新能源汽车服务企业的经营策略首先依据市场的分析，之后根据市场情况进行竞争战略的选择，并确立目标市场和市场定位，从而通过营销策略的实施，完成企业经营的利润目标和客户满意度。

1. 市场分析

市场分析是对市场供需变化的各种因素及其动态、趋势的分析。分析过程是：搜集有关资料和数据，采用适当的方法，分析研究、探索市场变化规律，了解客户对产品品种、规格、质量、性能、价格的意见和要求，了解市场对某种产品的需求量和销售趋势，了解产品的市场占有率和竞争单位的市场占有情况，了解社会商品购买力和社会商品可供量的变化，并从中判明商品供需平衡的不同情况（平衡、供大于需、需大于供），为企业生产经营决策和客观管理决策提供重要依据。这种市场分析通常是生产企业来完成，但新能源汽车服务企业也要主动进行所在区域的市场分析，并把重点放在客户分析上，如新能源汽车客户的年龄特征、家庭收入水平、群体分布和用车习惯等,以及潜在客户的用车需求、消费习惯等,当然也要对竞争对手进行分析。

2. 竞争战略选择

战略的本义是对战争的谋略,谋略是大计谋,是对整体性、长期性、基本性问题的计谋。竞争战略是对竞争的谋略,企业竞争战略要解决的核心问题是,如何通过确定客户需求、竞争者产品及本企业产品这三者之间的关系,来奠定本企业产品在市场上的特定地位并维持这一地位。也就是在市场分析之后,要对竞争战略进行选择,目前主要有以下四种企业竞争战略:领导者战略、挑战者战略、追随者战略和补缺者战略。由新能源汽车的产品特性可知在销售上不能选择追随者战略,可结合当地情况和企业自身条件进行战略选择。

3. 目标市场与市场定位

目标市场是经过比较,决定作为服务对象的相应的子市场,可以包括一个、多个或全部子市场。在完成目标市场的细分后,第一步是对各个细分的子市场进行评估,即市场的吸引力和公司的经营目标与企业的资源是否匹配;第二步就是选择细分后的子市场,即确定目标市场,并进行市场定位。市场定位是为了适应客户心目中的某一特定地位而设计公司的产品和营销组合的行为。对于新能源汽车服务企业来说,市场定位就是企业所销售的新能源汽车和提供的相关服务在客户心目中的位置,也就是企业产品在用户感觉中所处的地位。更具体地说就是企业所能提供的新能源汽车和服务以什么样的形象展现在目标市场中的客户面前,与其他品牌产品有什么不同,客户为什么要买企业所代理的产品和所提供的服务。

4. 市场营销策略

市场营销策略就是企业在选择了目标市场并确定了市场定位之后,要全方位综合运用各种策略来尽可能多地占有自己选择的目标市场的份额。这些策略就是企业对其可控因素的综合运用,在汽车服务企业中最重要的是服务产品,它是一种能满足人们正常安全出行需要的行为或表现,是企业向客户提供的任何一项活动或收益,它本质上是无形的,不导致任何所有权的转移,它的产生与汽车这种有形产品相关联。因此企业的营销策略都应围绕真正的服务活动来制订。也因为汽车服务这种特性,在确定市场营销策略时要进行组合实施,并考虑以下七个方面:

1)产品。服务产品也需要考虑实物产品的特性,如维修服务的质量、所用配件与材料的品牌与质量等。同时,还应提供维修质量保证以及售后服务等。

2)地点(渠道)。提供服务的场所、店面位置及其覆盖的区域范围都是服务营销应考虑的因素。

3)价格。价格方面要考虑的因素包括市场行情、灵活性、折扣、付款方式等。价格是区别一项服务和另一项服务的识别方式,客户可从一项服务的价格感受其价值的高低。服务质量也是服务定价的重要考虑因素。

4)促销。服务促销除了广告、人员推销、营业推广及公共关系等传统的促销方式外,还包括业务接待人员的培训与激励、与客户的沟通等多种组合。

5)人员。服务营销的人员是指参与服务提供并因此影响购买者感觉的全体人员,包括企业员工、客户以及处于服务环境中的其他客户。所有参与服务提供过程中的人都对客户认识服务质量提供重要线索,他们的着装、个人外表以及态度与行为都会影响客户对服务的感知。客户本身也能影响服务的提供,从而影响服务质量和他们自己的满意度;客户不仅影响自己的服务质量,也会影响到其他客户。

6)有形展示。服务提供的环境、企业与客户相互接触的场所以及任何便于服务履行和沟通的有形要素都属于服务的有形展示,如小册子、公司信笺、名片、结算单、招牌、接待前台、维修设备和设施等。当客户无法判断服务的实际质量时,他们会依靠这些线索,就像他们会依据服务人员和服务过程提供的线索进行判断一样。

7)过程。人的行为在服务企业很重要,过程也同样重要。服务过程是指服务提供的实际流程,即服务的提供和运作系统。服务提供中的工作流程、服务标准化程度、服务过程的简单或复杂,都是制订营销策略时应特别关注的环节。

1.2.2 新能源服务企业的经营指标体系

企业经营业绩评价指标体系一直是营销和管理界关心的问题,专家们认为,业绩评价体系应该实现以下几个方面的结合:财务指标与非财务指标的结合、定量指标与定性指标的结合、过去业绩评价与未来业绩评价预测的结合、内部层面与外部层面的结合、不断发展与相对稳定的结合。当前,企业经营业绩评价通常采用五个方面的指标(财务层面指标、技术创新层面指标、客户层面指标、业务流程层面指标、职员层面指标)进行评价,这些指标能全面地、系统地、综合地反映企业战略经营业绩和核心竞争力,整个评价指标体系以财务层面的业绩评价指标为中心,其他层面的业绩评价指标都为这一中心指标服务并落实到财务层面业绩评价指标上。为实现企业的财务目标,一方面必须使客户满意实现客户层面的指标,因为客户对企业所提供的服务是否满意直接关系到企业所创造的价值是否被认同,是否得以补偿所耗成本,是否能最大限度地获取利润;另一方面,要使企业所创造的价值被认同,企业就必须根据市场需要,适应市场变化,不断地进行技术创新,进行新产品或服务的开发,只有这样,才能促进业务流程层面指标的实现。而这一切都需要具有高技术和高素质的人来完成,人是一切创新活动的主体,实现职员层面指标是实现其他层面指标的根本保证。

为了能反映各方面指标影响因素的重要性差别,又将各个层面的业绩评价指标按三个层次设置:基本评价指标、辅助评价指标和附注。

新能源汽车服务企业的生产经营有其自身的特点,其经营业绩评价指标体系应能反映这些特点。在以上的理论指导下,结合新能源汽车服务企业的特点,建立其经营评价指标体系,见表1-2。

表1-2 新能源汽车服务企业经营评价指标体系

	财务层面	客户层面	技术创新层面	业务流程层面	职员层面
基本评价指标	资本收益率 经营项目盈利能力 业绩的可靠度 成本费用利用率	客户满意度 客户保持率 市场占有率	新的经营项目或服务的投资回报率 新项目成本	生产或服务的效率	职员保持率 职员生产效率

(续)

	财务层面	客户层面	技术创新层面	业务流程层面	职员层面
辅助评价指标	资产周期率 主营业务利润 成本费用降低率 销售利润	新客户人数及比例 客户抱怨或称赞次数 客户对服务质量的满意度	新设备的利用率 新工艺数量 专用设备数	维修一次合格率 返修率 返工率 安全事件	职员知识水平 职员培训费用 职员胜任率
附注	具体指标意义及计算见第5章	新能源汽车服务企业是服务性质的企业，因此该层面的评价应为重点	新能源汽车服务企业的技术应紧跟日新月异的新能源汽车技术的发展		

1.2.3 新能源服务企业的经营计划

企业经营计划是指在经营决策基础上，根据经营目标对企业的生产经营活动和所需要的各项资源，从时间和空间上进行具体统筹安排所形成的计划体系。事实上，经营计划是企业围绕市场，为实现自身经营目标而进行的具体规划、安排和组织实施的一系列管理活动。企业经营计划是企业经营活动的先导，并贯穿于企业经营活动的全过程。在制订企业的经营计划过程中，如果是特约售后服务体系的企业，还必须结合授权车企对服务站的运营评价考核指标，所以在下一节中介绍了北汽新能源汽车服务商的运营评价管理。经营计划主要包括以下内容。

1. 核心经营目标

在核心经营目标中，利润是能够反映企业经营质量的最重要指标，也是评价和考核经营管理团队的"核心"。一般可将其分解为营业收入和净利润两大指标。营业收入根据企业和市场的具体情况拟定，净利润可以根据企业预估的利润率来计算拟定。为便于分析并进行相应的管理，也为了保证合理的营业收入，通常把目标进行分解，通常分为销售车辆台次、保险销售台次、保险销售平均客单价（各险种销售比例）、进场维护修理车辆台次、维护修理平均客单价（工时费、材料费占比）、其他收入（如充电服务费、设备场地租赁费、废品销售收入等）等。

2. 其他经营性财务指标

客户是企业利润的来源，是企业经营的核心，经营中以客户为中心的其他相关经营指标也非常重要，除了上述完成经营利润目标的相关经营指标外，至少还要有以下经营指标。

1）客户目标：具体的客户目标可分解为一次修竣率、客户满意率、客户转介绍率、争取新客户合作量、新车销售客户量、新增保险客户量、新增维修客户量。

2）成本目标：成本目标中包括毛利率、人员工资、库存成本等，也可设定其他费用的限额或比率。

3. 经营管理目标实现保障措施指标

"人"的方面相关指标有新员工岗前培训率及入职率、员工技能培训（轮岗、多岗技能培训）培训率、员工操作技能合格率、员工流失率、核心员工保有率、管理后备人才储备率等。由于新能源汽车技术更新快、产品迭代快，因此在维修检测设备方面更新也快，所使用的绝缘工具也有时效性，因此设备的完好率是保障正常经营的关键指标。如果维修服务客户数增加，则相应的设备、工具也要同步增配，新增数量在经营计划中要有所体现。新能源汽车服务与汽车这个有形产品，以及维护修理需要进行更换的配件和耗材休戚相关，配件供应的及时性决定客户的满意度，也影响着企业营业收入。没有相对健全完善的管理制度和生产服务流程，没有好的执行力，经营目标就无法实现。企业的环境建设包括基础设施（硬环境）的建设，也包括企业文化（软环境）的建设，这些也要体现在经营计划中，作为经营管理目标实现的保障措施指标。

1.3 新能源汽车服务企业的管理

新能源汽车服务企业管理包括企业文化建设、人力资源管理、销售及售后服务管理、财务管理等内容。

1.3.1 企业文化建设

企业文化作为管理学的一部分，也是一门新的管理科学，主要是围绕企业经营管理来建设相应的文化。随着市场竞争的加剧，企业文化建设越来越受到汽车服务企业经营管理者的重视。先进的企业文化铸就的思想、理念和精神成为企业持续健康发展的强大动力，丰富多彩的企业文化建设彰显着巨大的魅力。

企业文化是企业中不可缺少的一部分，优秀的企业文化能够营造良好的企业环境，提高员工的文化素养和道德水准，产生凝聚力、向心力和约束力，形成企业发展不可或缺的精神力量和道德规范，对企业产生积极的作用，使企业资源得到合理的配置，从而提高企业的竞争力。

1.3.2 人力资源管理

人力资源管理是通过模块划分的方式对企业人力资源管理工作所涵盖内容的一种总结，具体包括六大模块：人力资源规划、员工招聘与配置、绩效管理、培训与开发、薪酬福利管理、员工关系管理。

人力资源规划：使企业稳定地拥有一定质量和必要数量的人力，为实现包括个人利益在内的该组织目标而拟订的一套措施，从而实现企业发展过程中人员需求量和人员拥有量的匹配。

员工招聘与配置：按照企业经营战略规划的要求把优秀、合适的人招聘进企业，把合适的员工放在合适的岗位。

绩效管理：从内涵上说就是对员工及其工作状况进行评价，通过评价体现员工在组织中的相对价值或贡献程度。从外延上来讲，就是有目的、有组织地对日常工作中的员工进行观察、记录、分析和评价。

培训与开发：组织通过学习、训导的手段，提高员工的工作能力、知识水平和潜能发挥，最大限度地使员工的个人素质与工作需求相匹配，促进员工现在和将来工作绩效的提高。

薪酬福利管理：员工为企业提供劳动而得到的各种货币与实物报酬的总和。

员工关系管理：劳动者和用人单位（包括各类企业、个体工商户、事业单位等）在劳动过程中建立的社会经济关系。

1.3.3 销售及售后服务管理

汽车市场营销是整车厂为了更好更大限度地满足市场需求，为实现企业经营目标而进行的一系列活动。其基本任务有两个：一是发现市场需求；二是实施一系列更好地满足市场需求的活动（营销活动）。

在汽车市场营销产生后的一个较长的时期内，很多人都认为汽车市场营销主要是指汽车推销。在我国，甚至在汽车市场营销十分发达的美国，仍有很多人持有这种看法。其实，汽车市场营销早已不是汽车推销的同义语了，汽车推销只是汽车市场营销的一个职能（并且常常不是最重要的）。汽车市场营销的研究对象和主要内容是识别目前未满足的市场需求和欲望，估量和确定需求量的大小，选择和决定企业能最好地为之服务的目标市场，并决定适当的产品、劳务和计划（或方案），以便为目标市场服务。这就是说，汽车市场营销主要是汽车及相关企业在动态市场上有效地管理其汽车产品的交换过程和交换关系，以提高经营效果，实现企业目标。换句话说，汽车市场营销的目的是了解消费者的需要，按照消费者的需要来设计和生产适销对路的产品，同时选择适宜的销售渠道，做好定价、促销等工作，从而使这些产品可以轻而易举地销售出去。汽车市场营销活动应从用户开始，而不是从生产过程开始，应由市场营销部门（而不是由生产部门）决定将要生产什么汽车产品，诸如产品开发、设计、包装的策略，定价、赊销及收账的政策，产品的销售地点以及如何做广告和如何推销等问题，都应由营销部门来决定。

汽车市场营销是一种从汽车市场需求出发的管理过程。其核心思想是交换，是一种买卖双方互利的交换，即双方都得到满足，各得其所。汽车市场营销是一门经济学方面的、具有综合性和边缘性特点的应用学科，是一门将汽车与市场营销结合起来的"软科学"。在某种意义上说，它不仅是一门学科，更是一门艺术。汽车企业必须面向汽车市场，并善于适应复杂多变的汽车市场营销环境。汽车企业的营销管理过程，是汽车企业与营销环境相适应的过程。汽车售后服务是指将与汽车相关的要素同用户进行交互或由用户对其占有的活动的集合。汽车售后服务泛指整车厂或经销商把汽车产品（或服务）销售给用户后，为用户提供的一系列服务。对汽车售后服务的传统理解是维护修理，现在泛指维修部门为用户提供的所有技术性服务工作及销售部门自身的服务管理工作。就技术性服务工作而言，它可能在售前进行，如车辆整修与测试；也可能在售中进行，如车辆美容，按用户要求安装和检修附件、对用户进行培训以及技术资料发放等；还有在车辆售出后进行的维修、维护、技术咨询及备件供应等一系列技术性工作。可见，售后服务并不是字面意义上的"销售以后的服务"，并不只局限于汽车销售以后的用户使用环节。换句话说，所有的技术性服务都属于售后服务的范畴，技术服务是售后服务的主要工作。

1.3.4 财务管理

汽车服务企业的生产经营活动过程，一方面表现为向客户提供优质的服务，另一方面表现为价值形态的资金的流入与流出。企业资金收支活动形成了企业的财务活动，企业的财务活动具体包括企业的筹资管理、投资管理、营运资金管理、利润分配管理四个方面的内容。企业在生产经营过程中，需要与所有者、债权人、员工等发生各种资金往来关系，这就形成了企业的财务关系。

财务管理是在一定的整体目标下，关于资产的购置（投资）、资本的融通（筹资）和经营中现金流量（营运资金）及利润分配的管理。

财务管理是企业管理的一个组成部分，是根据相关法规制度，按照财务管理的原则，组织企业财务活动，处理财务关系的一项经济管理工作。

汽车服务企业财务管理具体表现在对企业资金供需的预测、组织、协调、分析、控制等方面。通过有效的理财活动，可以理顺企业资金流转程序和各项分配关系，以确保服务工作的顺利进行，使各方面的利益要求得到满足。

1.4　服务商运营评价管理

1.4.1　汽车服务商运营评价

1. 汽车服务商运营评价的内容

1）运营绩效评价。汽车服务商运营绩效是指一定运营期间的企业经营效益和经营者业绩。汽车服务企业经营效益水平主要表现在企业的营利能力、资产运营水平、偿债能力和后续发展能力等方面。经营者业绩主要通过经营者在经营管理企业的过程中对企业经营、成长、发展所取得的成果和所作出的贡献来体现。

2）客户满意度评价。客户满意度评价要评价汽车服务运营中老客户的存量，新客户的增加量，客户的满意、较满意量及其比例，客户的投诉量及其比例，重大汽车服务事件的客户投诉等。

汽车服务商运营评价要考虑汽车服务企业能否持续经营，不能只评价当前的经营状况，要考虑经营会给企业带来发展、稳定，还是倒闭、破产。此外，还要考虑汽车服务总体经营评价和各项目的经营评价，在某些汽车服务经营项目上没有盈利，不代表该经营项目对经营利润获取不起作用。例如汽车销售、维修后的免费洗车服务，虽然汽车服务企业没有直接从中获利，但提供洗车服务，可使客户得到干净的车辆，从而提高客户的满意度，支持了汽车销售、维修，或者说，洗车服务的利润和成本已计入汽车销售和维修费中。又如，汽车及美容产品销售人员向客户介绍车辆性能及美容产品是不收费的，客户还可免费观看新车的视频，但这些费用已记入汽车及美容产品销售总服务费中，实际上由购车和购买汽车美容产品的客户承担。

2. 汽车服务商运营评价的方法

1）对比分析法。将目前的汽车服务商运营状况与过去进行对比，将本企业的运营状况与同城市同行企业进行对比，与不同城市同行企业的运营进行对比，得到评价结论。

2）统计分析法。用数理统计的方法，进行汽车服务商运营分析，对目前汽车服务商运营状况作出评价，预测未来汽车服务商运营成果。

3. 汽车服务商运营评价指标

汽车服务商运营评价指标一般围绕客户管理指标、车辆销售和售后服务管理指标、价值管理指标等方面设置，图1-1所示为某汽车服务商运营评价指标架构。

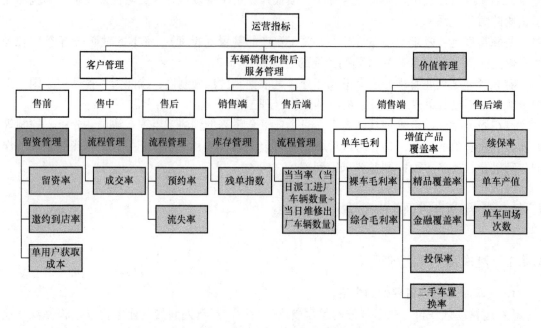

图1-1 某汽车服务商运营评价指标架构

某汽车服务商运营评价指标分为：团队建设、用户体验、店面质量、用户运营四个维度，评价项目共计85项，总分500分，见表1-3，这是在2021年检核项目基础上进行的优化升级，实现了用户中心、体验中心、体验空间的高度整合，标准运营检核以季度为单位对城市合伙人及直营店进行评分，并根据得分排名进行差异化的运营返利兑现。

表1-3 某汽车服务商运营检核项目

序号	检核项目	检核细项	单项满分	检核模块满分
1	团队建设	15	5/10	80
2	用户体验	44	5	220
3	店面质量	20	5	100
4	用户运营	6	10/30	100
检核合计		85	—	500

北汽新能源汽车服务商运营评价包括硬件建设、服务流程、客户满意度、服务运营、人员培训等方面的75个评价项目，指导服务站进行服务能力建设和日常运营评估。

1.4.2 北汽新能源汽车服务商运营评价管理

1. 目的

为提升终端服务能力，向客户提供优质服务，确保客户满意度稳步提升，实现北汽新能源汽车营销有限公司特色服务，特制订本服务运营评价管理办法。

2. 适用范围

本政策适用于北汽新能源营销公司正式授权的经销商、服务商。

3. 术语

单项评价：针对技术升级、服务公关、活动保障、服务创新等重点项目、特殊事件配合完成情况，对服务站设立的评价激励。

综合评价：针对服务站硬件建设、服务流程、客户满意度、服务运营、人员培训等指标的管理改善情况，对服务站开展的评价激励。

评价项目：北汽新能源在服务站建站、运营过程中，通过标准文件下发等方式，向服务站提出的管理要求。

评价点：业务要素的具体标准，根据服务站实际状况与标准的吻合情况，判断是否得分（或分值）。

评价要领：营销公司的市场检核部门对服务站采取的检查方式，以拍照为主，兼有文件和表单收集、复印等手段。

4. 管理内容和管理流程

北汽新能源汽车服务管理部对服务站的评价包括单项评价和综合评价。

（1）单项评价

服务管理部根据技术升级、服务公关、活动保障、服务创新等重点项目、特殊事件中服务站的配合完成情况，对服务站进行评价激励，并以专项通报形式下发。

（2）综合评价

1）服务管理部建立涵盖硬件建设、服务流程、客户满意度、服务运营、人员培训等评价项目的完整指标体系，指导服务站进行服务能力建设和日常运营评估。北汽新能源服务商运营评价细则详见表1-4。

表1-4　北汽新能源服务商运营评价细则（2023年修订版）

服务商名称：　　　　　　　　ERP编号：　　　　　　　　检核日期：

序号	分类	位置	项目	评价点	评价标准	分值	评价要领	得分
1	硬件	服务站外	形象和指示	门头形象和灯箱	清洁无污损，LED灯光正常，夜间灯光开启		拍照（门头和灯箱各×2，整体和细节各1，下同）	
2			服务接待台	固定指示牌	清洁无污损，放置于维修场地入口处或车辆通路旁		拍照（指示牌）	
3				形象是否独立	形象物料周边3m内无其他品牌形象并列、遮挡、干扰		拍照（整体形象）	
4		服务厅内部	维护计划	形象气氛	背景墙清洁明亮，员工统一着装，现场4S良好		拍照（维护项目和工时）	
5				维护项目及工时公示	在接待处悬挂定期维护项目、工时看板，客户可清晰看到		拍照×2	
6			店内指示	标识指引	标识指引方向明确，平面图、指示牌、吊牌皆可		拍照（整体）	

(续)

序号	分类	位置	项目	评价点	评价标准	分值	评价要领	得分
7	硬件	服务厅内部	店内指示	内部功能区标识	各功能区标识明显，如前台接待区、客户休息区、卫生间等		拍照，不少于3张	
8			客户休息室	基本配备	最基本的配备应包括沙发、免费饮料、报纸杂志、可上网的计算机及供客户可舒适观看的电视机设备		拍照（整体形象）	
9				功能分区	设置吸烟区、视听区等，设置有免费开放的WiFi		拍照（整体形象）	
10			客户卫生间	基本配备	干净无异味，私密性好。配备洗手液、手纸、擦手纸或烘手机、垃圾桶，所有设备功能完好，可以使用		拍照（整体形象）	
11				点检维护	至少每2h确认1次，有点检记录表		拍照（文件）	
12		维修车间	车间整体	整体布局	4S良好、照明充足，有4台以上充电设备		拍照（整体形象）	
13				车间通道	通道畅通，不停放车辆		拍照（整体形象）	
14			备件和旧件库	备件货架管理	独立备件库；货架分类；一个备件一个件位		拍照（整体形象）	
15				旧件库管理	设置独立旧件库，货架或者货箱分类存放；旧件拴卡		拍照（整体形象、拴卡）	
16			举升机	配备	至少4个工位配备举升机且全部能用于举升产品中最重的车辆		拍照（整体形象）举升机载重标识	
17				维护	有维护负责人及维护记录		拍照（文件）	
18			工具车	配备	配备不少于举升机数量的工具车，至少6台，工具齐备		拍照（整体）	
19				维护	工具车配备工具清单，定期点检维护		拍照：整体和文件	
20			工位和车辆防护	标识及防护工具	清晰的工位标识，每一辆在修车需配备一套车身防护三件套以及座椅套和脚垫		拍照（整体形象，工位标识防护三件套），共3张	
21			绝缘防护	绝缘地垫	至少2个工位铺设符合要求的绝缘地垫		拍照（整体）	
22			人员安全防护	防护用品	车间各类技师必须配备相应工种的工作服、手套、防毒面具、焊接防护面罩、高压防护手套等		拍照（防护工具整体）	

(续)

序号	分类	位置	项目	评价点	评价标准	分值	评价要领	得分
23	硬件	维修车间	灭火器	配备及管理	有灭火设备，放置灭火器的地方有标识，两个工位一组。大修间、电池维修和存放室按要求配备水基灭火器。技师掌握灭火器的使用方法		拍照（灭火器放置位置）	
24			维修手册	配备	全车型修理手册各一套，近期技术文件齐备		拍照（文件）	
25			专用诊断仪	配备	配备建店基准的专用诊断仪，必须是最新版本		拍照（开机图像）	
26			充电设施	配备	不少于4台充电设备，电力设备完好、可随时工作，车间内电压电容可支持充电设备同时工作		拍照（整体）	
27		车间外	免费充电设备	提供设备和指引	有便于客户充电的充电设备、停车位、服务引导（指示牌及费用说明等标识）		拍照（户外充电设备、停车位、充电说明）	
28			洗车设施	提供洗车设备和服务	有为客户洗车的场地、水枪、擦洗工具，有专门的洗车人员		拍照（洗车设备，洗车位）	
29			员工设施	配备	为员工提供舒适的工作环境：食堂、休息室、更衣室（员工浴室）、卫生间		拍照+文字说明	
30	客户管理	前台或客户经理	预约管理	预约流程	有书面的预约规定，业务流程及责任人		拍照（预约文件记录）	
31				预约工具	确认未来一周的预约单及预约看板或计算机系统		拍照（预约看板或计算机系统记录）	
32				维护预约	进行定期维护提醒和入库邀约记录、统计		拍照复印（记录或统计表）	
33			客户信息管理	管理工具	有无客户信息管理工具，电子系统或纸质版均可		拍照复印（文件）	
34				客户信息及维修记录	客户信息的完整度		拍照（客户信息记录表单）	
35			客户抱怨管理	抱怨对应流程	建立投诉对应制度及流程		拍照（文件）	
36				记录及统计分析	有投诉对应记录，并进行切实的统计分析		拍照（记录表单）	
37			客户回访管理	回访流程及实施	建立回访流程		拍照（文件）	
38				回访记录及分析	检查回访结果记录，月度或季度回访统计分析		拍照（记录或者报告表单）	

（续）

序号	分类	位置	项目	评价点	评价标准	分值	评价要领	得分
39	满意度运营	前台	24h值守	值守规范和工具	有成文的值守要求、值班表		拍照（文件）	
40				夜间值守实行	由客服中心每季度抽查（标准由客户关系部门制定），一次值守未满分，本项不得分		调取文件（季度抽查记录）	
41		服务经理	外出救援	救援响应	根据派工记录，季度内出现救援派工未响应的，本项0分		调取文件（季度派工记录）	
42		客户经理	抱怨关闭	抱怨关闭及时性	由客服中心进行统计，当季度服务站抱怨关闭及时率低于平均分或目标分值的，本项不得分		调取文件（抱怨关闭率）	
43			满意度	季度满意度调查	由客服中心统计并发送数据：满意度综合得分（满分100分），得分×权重为本项目得分		调取文件（满意度调研）	
44	服务运营	站长	客户关系维护	服务抱怨率	当月服务抱怨数量/当月维修台次×100%，相关数据由客服中心统计		调取文件	
45		服务接待	维修及时性控制	维修及时率	24h内修复的车辆台数/当月维修总台数×100%，相关数据由技术支持科提供		调取文件	
46		维修技师	维修水平提升	一次修复率	一次维修合格的台数/维修总台数×100%，相关数据由技术支持科提供		调取文件	
47		备件经理	备件订单管理	备件急需订单比例	急需订单金额/月度订单总金额×100%，相关数据由备件管理科提供		调取文件	
48			备件储备管理	备件储备完成率	备件库存品种数量/应储备件品种数量×100%，相关数据由备件管理科提供		调取文件	
49	流程	服务厅外部	出迎	维修内容确认及三件套使用	在接待处观察客服接待客户（一般维修）		现场确认	
50			环车检查	环车检查	观察环车检查；与客户共同确认，并请客户确认签字		现场确认，复印或拍照（环检单）	

（续）

序号	分类	位置	项目	评价点	评价标准	分值	评价要领	得分
51		服务前台	信息填写	工单填写及客户信息	客户信息完整记录，包括车型、车牌号、VIN、客户姓名、联系方式、住址、行驶距离等基本信息		抽取2天前工单20份，拍照或复印（工单）	
52			维修工单	客户需求记录	客服使用客户语言并记录客户的需求，记录应清晰易懂、不能空白		抽取2天前工单20份，拍照或复印（工单）	
53			维修估算	说明服务内容何和报价	利用环检单和工单向客户说明作业内容、估算费用，并承诺交车时间		现场确认及抽取2天前工单20份，拍照或复印（工单）	
54			签字确认	客户确认并签字	工单内容获得客户认同，并有双方签字		抽取2天前工单20份，拍照或复印（工单）	
55	流程	维修车间	进度管理	维修进度可视化管理	服务商是否将车间生产状态可视化		拍照（可视化工具）	
56			生产环节	作业时间及人员管理	服务商车间对作业时间及作业人员的管理情况		拍照（可视化挂板等）	
57			追加作业	追加作业实施	出现追加作业时，需有追加工单，记录作业内容及预估费用，以及变更后的交车时间，取得客户签字确认		抽取近一个月内工单中的追加作业部分，最多20份，拍照或复印（工单）	
58			质检制度	制度及实施	建立质检制度，且委托书上有质检员的签字，并对质检结果进行管理		现场确认并抽取2天前工单20份，拍照或复印（工单）	
59			洗车实施	洗车状况	按洗车标准流程实施，有洗车设备，洗车设备完好，有洗车专职人员		现场确认	
60			交车流程	交车前检查及流程实施	实车向客户说明作业内容、费用，进行旧件展示，并请客户确认签字。同时向客户建议下次进行维护的行驶距离和时间		现场确认并拍照（工单）	
61		前台	费用结算	结算流程	客服引导客户至结算台，协助客户进行费用结算。提供正规发票，财务人员服务周到（提供收纳袋并致谢）		现场确认	
62			送别客户	送客	将客户送至车旁，告别，目送客户离开		现场确认	
63			保修管理	实施状况确认	建立保修管理体制并进行管理，将维修委托书、维修工单、结算单、零件出库单、保修单复印件等资料归档保管		抽取2套单据，对照实物	

(续)

序号	分类	位置	项目	评价点	评价标准	分值	评价要领	得分
64	人员	内部培训	一般维修	技术内训师	配备一般维修内训导师		拍照(技术总监和证书)	
65				内训记录	培训计划及培训记录		拍照(培训计划和记录)	
66			业务流程	业务内训师	配备售后服务和客服内训导师		拍照(服务站长和证书)	
67				内训记录	培训计划及培训记录		拍照(培训计划和记录)	
68		公司培训	新加盟培训	培训参加	新加盟服务商的服务站长、技术总监、业务接待必须参加服务管理培训(特殊原因不参加需经服务管理部批准)		文件调取	
69				培训通过	能通过培训后考试		拍照(培训记录和证书)	
70			技术提升培训	培训参加	参训人员符合要求		文件调取	
71				培训通过	能通过培训后考试		拍照(培训记录和证书)	
72			网考	网考参加率	季度内每月参加网考。一次未参加的,网考项不得分		文件调取	
73				改善记录	季度内考试成绩平均分在70以上		文件调取	
74		人员管理	关键岗位人员稳定性	关键岗位稳定性	服务站长、业务接待、维修技师、备件经理1年变更不超过2次		现场确认	
75				关键岗位再培训	变更人员应参加相关培训并合格		文件调取	

检核人员(部门)签字_____ 事业部总经理:_____
检核性质:□季度评定 □抽检

合计

2)服务管理部根据市场需求变化,结合客户痛点,每季度设立服务站提升重点,调整指标权重,具体以当季度运营评价通知为准。

3)服务管理部每季度下发运营评价通知,组织事业部对辖区各服务站进行现场检核、评价,组织相关科室进行相关指标统计,最后汇总输出各服务站当季度运营得分,并对服务站进行激励。

季度运营评价激励计算方式如下。

(1)评价得分 S 及对应系数

注:运营评价总分为100分;70分为合格分数线,见表1-5。

表 1-5　评价得分及对应系数

季度运营评价得分	$S \geq 95$	$95 > S \geq 90$	$90 > S \geq 80$	$80 > S \geq 70$	$S < 70$
季度奖励系数	1.5	1.2	1.0	0.8	0

（2）激励金额计算公式

奖励基准金额：2 万元。

实际奖励金额 = 奖励基准金额 × 季度奖励系数。

（3）奖励兑现方式

每季度首月，北汽新能源营销公司向全国服务商通报上季度服务运营评价结果，激励金额 80% 部分由服务站开具增值税发票后转入服务站备件账户，20% 部分以现金或实物形式兑现给服务站站长或主要岗位人员。

（4）否决项

1）因服务站服务过程缺失、对客户问题处置不当、抱怨关闭不及时等造成的各类 B 级及以上客户抱怨，发生一起，则否决。

2）当季度客户进站量 ≤30 台，不参与当季度运营评价（以服务站反馈至服务管理部的维修工单数量为准，48h 内重复出现的 VIN 视为一次进站）。

3）服务站未能满足《北京新能源汽车股份有限公司服务网络建设管理办法》要求，不参与当季度运营评价。

实 训 任 务

实地到某新能源汽车服务企业调研，在理论指导下，完成实习报告的填写，并简单对该企业的经营情况进行分析。

1. 实训目标

学员能够了解新能源汽车服务企业经营与管理的区别、经营业务范围及收入渠道、经营中的成本与费用，以及企业经营状况的评价指标，初步了解新能源汽车服务企业的运营管理，并对新能源汽车服务企业的运营与评价有基本的认识与了解。同时对沟通能力、自我管控能力、自我学习能力等进行锻炼，并得到一定提升。

2. 实训时间

到企业参观调研一天。

3. 注意事项

务必按照老师的指导，严格遵守企业的规章制度，尊重企业的每位员工。

4. 实训步骤及内容

1）到达企业后，听从安排，接受实训前的安全及其他企业管理要求培训。

2）参观企业，了解并记录企业的宗旨、愿景等企业文化的内容。

3）参观企业，了解并记录企业的组织机构情况。

4）与业务部门沟通，了解企业的销售情况（如进场看车客户数、成交客户数、保险销售额），以及进场维修服务情况（如进场车台次、服务维修业务占比）等经营指标。

5）与企业负责人沟通，了解企业的经营情况，并感谢企业给予的支持。

5. 实习报告内容

参观实习企业名称：

入厂教育培训负责人：

入厂教育培训内容：

企业宗旨：

企业愿景：

企业价值观：

企业的组织机构图：

企业经营情况：

去年年销售车辆台次_____　　　销售额是_____　　保险销售额_____

进场修理、维护车辆台次_____　　修理、维护收入_____　　其他收入_____

进场客户销售成交率_____　　购车客户满意度_____

一次修竣率_____　　修理、维护客户满意度_____

其他指标：

简单分析该服务企业的经营状况。

第 2 章

企业文化与人力资源管理

学习目标：
- ❖ 掌握企业文化的内涵和要素。
- ❖ 理解汽车服务企业文化建设的原则和基本方法。
- ❖ 掌握汽车服务企业形象设计的内涵和方法。
- ❖ 掌握企业人力资源管理的内涵和基本内容。
- ❖ 掌握新能源汽车服务企业组织机构和人员配置的一般情况。
- ❖ 掌握企业员工薪酬激励与员工管理的基本内容与方法。

与传统汽车服务企业相比，新能源汽车服务企业在诞生之时就有不同的理念，其是为解决传统汽车在使用中给环境对造成的污染，为破解传统能源危机的提供新思路新方向的企业，企业文化包涵与环境和谐相处的理念，以及打造人类命运共同体的思想。

2.1 企业文化概述

企业文化的概念由美国学者在 20 世纪 80 年代提出。美国企业界和管理界的一些专家学者通过大量考察和研究，发现日本企业的成功主要在于体制、结构和战略，而关键是其具有优秀的价值观，而这一点恰恰是西方企业所不具备的，因此他们提出了以价值观为核心的"企业文化"这一观念。

2.1.1 企业文化的定义

关于企业文化的定义有很多，专家学者们对此有不同的见解，美国学者彼特斯和沃特曼将企业文化定义为：吸取传统文化精华，结合当代先进管理思想和策略，为企业员工构成一套明确的价值观和行为规范，创造一个优良的环境气氛，以帮助企业进行经营活动。而我国目前主要有以下观点：

观点一：企业文化是在一定的条件下，企业生产经营和管理活动中所创造的具有该企业特色的精神财富和物质形态。包括文化观念、价值观念、企业精神、道德规范、行为准则、历史传统、企业制度、文化环境、企业产品等。其中，价值观是企业文化的核心。

观点二：企业文化就是企业信奉并付诸实践的价值理念，也就是说，企业信奉和倡导并在实践中真正实行的价值理念。包括企业环境、价值观、文化网络、礼仪等内容。

观点三：企业文化，或称为组织文化，是一个组织由其价值观、信念、仪式、符号、处事方式等组成的特有的文化形象，简单来说，就是企业在日常运行中所表现出的各方各面。

企业文化是企业发展过程中形成的为广大员工所共同接受的价值观念、行为准则等意识形态与物质形态的总称。企业文化是在企业的发展过程中形成的，反过来又影响企业的发展。企业文化有狭义与广义之分，狭义的文化是指以企业价值观为核心的企业意识形态，广义的文化是指企业物质文化、行为文化、制度文化和精神文化的总和。

新能源汽车服务企业管理模式，不再是传统汽车服务的经验管理，而是科学管理基础上的企业文化管理。企业文化必须与时俱进，由价值、人文和制度共同构成一种独特的企业文化，要求树立超前之眼光、务实之思想、振奋之精神的核心理念。

2.1.2 企业文化的内容

企业文化基本分为四个层面，即精神文化层、行为文化层、制度文化层和物质文化层，四者互相作用，共同形成企业文化的全部内容。

1. 精神文化层

企业精神文化是企业文化的核心层，指企业生产经营过程中，受一定的社会文化背景、意识形态影响而长期形成的一种精神成果和文化观念。精神文化层包括企业核心价值观、企业精神、企业经营哲学、企业道德、企业风貌、企业经营宗旨和企业经营理念等内容，是企业意识形态的总和。

1）企业核心价值观，指企业在追求经营成功过程中所推崇的基本信念和奉行的目标，是企业全体或多数员工一致赞同的关于企业意义的终极判断。

2）企业精神，指企业全体或多数员工共同一致、彼此共鸣的内心态度、意志状况和思想境界。

3）企业经营哲学，指企业在经营管理过程中提升的世界观和方法论，是企业在处理人与人、人与物关系上形成的意识形态和文化现象。

4）企业道德也称为企业伦理准则，指有关忠实和公正，以及有关社会期望、公平竞争、广告、公共关系、社会责任、消费者的自主权和在国内外公司行为等多种方面的行为准则。

5）企业风貌也称为企业作风，指企业员工对待工作的状态、情绪、信心、责任与习惯。

6）企业经营宗旨，指企业要达到或实现的最高目标和理想。

7）企业经营理念，主要指企业的生存价值、社会责任、经营目的、经营方针、经营战略和经营思想。

2. 行为文化层

行为文化是指员工在生产经营及学习娱乐活动中产生的活动文化，是在企业经营、教育宣传、人际关系活动、文娱体育活动中产生的文化现象。行为文化层包括企业行为的规范、企业人际关系的规范和公共关系的规范。企业行为包括企业之间、企业与客户之间、企业与政府之间、企业与社会之间的行为。

1）企业行为的规范，指围绕企业自身目标、企业的社会责任、保护消费者的利益等方面所形成的基本行为规范。企业行为的规范从人员结构上划分为企业家的行为、企业模范人物行为和员工行为等。

2）企业人际关系，分为对内关系与对外关系两部分，对外关系主要指企业经营过程中面对不同的社会阶层、市场环境、国家机关、文化传播机构、主管部门、消费者、经销者、股东、金融机构、同行竞争者等方面所形成的关系。

3）企业公关策划及其规范，必须是以遵从社会价值、国家利益、企业价值等，不伤害民族感情和社会群体的利益为基本出发点，是企业价值观的潜在体现。

4）服务行为规范，指企业在为客户提供服务过程中形成的行为规范，是企业服务工作质量的重要保证。

3. 制度文化层

制度文化包括企业的各种规章制度以及这些规章制度所遵循的理念，包括人力资源理念、营销理念、生产理念等。具体体现为企业领导体制、企业组织机构和企业管理制度三个方面。

1）企业领导体制，是企业领导方式、领导结构、领导制度的总称。

2）企业组织结构，是企业为有效实现企业目标而筹划建立的企业内部各组成部分及其关系。企业组织结构的选择与企业文化的导向相匹配。

3）企业管理制度，是企业为求得最大利益，在生产管理实践活动中制定的各种带有强制性义务并能保障一定权利的各项规定或条例，包括企业的人事制度、生产管理制度等一切规章制度。

总之，企业制度文化是企业为实现自身目标对员工的行为给予一定限制的文化，具有共性和强有力的行为规范的要求，它规范着企业的每一个人，工艺操作流程、厂纪厂规、经济责任制、考核奖惩等都是企业制度文化的内容。因此，企业的制度文化是行为文化得以贯彻的保证。

4. 物质文化层

企业物质文化包括厂容、企业标志、厂歌、文化传播网络等。物质文化是产品和各种物质设施等构成的器物文化，是一种以物质形态加以表现的表层文化。企业生产的产品和提供的服务是企业生产经营的成果，是物质文化的首要内容。企业的生产环境、企业容貌、企业建筑、企业广告、产品包装与设计等也构成了企业物质文化的重要内容。

由此可见，首先，精神层决定行为层、制度层和物质层。精神层是企业文化的核心和灵魂，是形成行为层、制度层和物质层的思想基础。有什么样的精神层，就有什么样的物质层、行为层以及制度层。其次，物质层、行为层和制度层是精神层的体现。精神层具有隐性的特征，需要通过一定的表现形式来体现。物质层是企业文化的外在表现，是行为层、制度层和精神层的物质基础；行为层是企业文化的动态表现，制度层是企业文化的硬化表现。物质层和制度层体现了企业文化的水平和内涵。

2.1.3 企业文化的作用

企业文化具有竞争力作用。一个好的企业文化，可以带动企业的健康发展，调动员工的积极性，使员工工作起来更有热情；同时还能提高生产效率和企业效益。企业文化建设对企业的好处不言而喻，企业竞争力不单是表现在技术上，还体现在企业文化上。企业文化的作用主要表现在：凝聚力作用、引力作用、导向作用、激励作用、约束作用、辐射作用等。

企业文化具有凝聚力的作用。企业文化可以把员工紧紧地团结在一起，形成强大的向心力，使员工万众一心、步调一致，为实现目标而努力奋斗。事实上，企业员工凝聚的基础是企业的根本目标。企业文化的凝聚力来自于企业根本目标的正确选择。如果企业的目标既符合企业的利益，又符合绝大多数员工个人的利益，即是一个集体与个人双赢的目标，那么说明这个企业具备了凝聚力产生的利益基础。否则，无论采取哪种策略，企业凝聚力的形成都只能是一种幻想。

良好的企业文化具有引力作用。优秀的企业文化，不仅对员工具有强大的引力，对于客户、供应商、消费者以及社会大众也都有很大的引力；优秀的企业文化在稳定人才和吸引人才方面起着很大的作用。在同样条件下，所有人都愿意去一个更好的企业工作；愿意与一家更好的企业合作。这就是企业文化的引力作用。

企业文化具有导向作用。企业文化就像一个无形的指挥棒，让员工自觉的按照企业要求去做事，这就是企业文化的导向作用。企业核心价值观与企业精神，发挥着无形的导向功能，能够为企业和员工提供方向和方法，让员工自发的遵从，从而把企业远景与个人的意愿统一起来，促使企业发展壮大。

企业文化具有激励作用。优秀的企业文化无形中对员工起着激励和鼓舞的作用，良好的工作氛围，会让员工享受工作的愉悦，如果在一个相互扯皮、钩心斗角的企业里工作，员工享受不到和谐和快乐，反而会产生消极的心理。企业文化所形成的文化氛围和价值导向是一种精神激励，能够调动与激发职工的积极性、主动性和创造性，把人们的潜在智慧诱发出来，使员工的能力得到全面发展，增强企业的整体执行力。

企业文化具有约束作用。企业文化本身就具有规范作用，企业文化规范包括道德规范、行为规范和意识规范。当企业文化上升到一定高度时，这种规范就成为无形的约束力。企业文化让员工明白自己行为中哪些不该做、不能做，这就是企业文化所发挥的"软"约束作用。这些软约束可以提高员工的自觉性、积极性、主动性和自我约束，使员工明确工作意义和工作方法，从而提高员工的责任感和使命感。

企业文化具有辐射作用。企业文化不但对本企业，还会对社会产生一定的影响。企业可以充分利用辐射作用，营造积极的广泛的社会影响，树立良好的社会形象，发展企业。

2.1.4 企业文化的构成要素

构成企业文化的要素有企业环境、价值观、英雄人物、典礼及仪式、文化网络、创建"命运共同体"、以"人"为核心的整体状态最佳、企业精神、从传统文化中吸取营养和企业文化的实践。

1. 企业环境

企业文化建设必须注意企业环境状况，根据每个企业的产品、竞争者、客户、技术、政府的影响以及其他面临的现实条件，创造出具有个性的企业文化。

企业文化不仅应具有整个社会文化的共性，更应具有反映企业自身特色的个性。企业文化既要与本企业的行业性质、产品特点相符合，又要与本企业所在地区的传统、风俗相符合，更要与本企业的发展水平、员工素质协调一致。

新能源汽车服务企业由于其属性，环保、节能、洁净等一定是企业环境中首要体现的要素，此外应结合其所属地区和企业自身的特点打造其独有的环境展示。

2. 价值观

价值观是企业在长期的经营活动中总结出的一种对自身发展至关重要的价值取向。也就是说，价值观决定企业的发展方向和命运。价值观是建设企业文化的核心，是任何企业文化的基石。企业文化中的价值观与行为规范是紧密联系的一个整体。价值观给行为规范以指导，行为规范以价值观为基础。作为赢得成功的企业哲学的实质，价值观为所有员工提供了共同的方向，并指导着他们的日常工作。新能源汽车服务企业的价值观是基于保护环境、建立全球命运共同体这一具体行动，可以满足员工、企业的真正需求，确定能够在自律、互勉下长期存在的价值观。

3. 英雄人物

企业文化的建设必须把企业文化"人格化"，这些人格化的英雄可以是与企业一起创业、成长、共忧乐、共命运的"共生英雄"。而这个共生英雄最重要的特征是：将自己的心放在企业上，将企业放在自己心中。以具体的人物体现企业文化，就为员工提供了有形的学习楷模。比如"铁人精神"是对铁人王进喜崇高思想和优秀品质的高度概括，其精神内涵能够为企业发展创造长期的动力。新能源汽车新技术应用较多，可以在技术方面打造"英雄人物"，同时"客户"是服务企业中心，也可以培养和树立客户服务方面的"英雄人物"。

4. 典礼及仪式

企业文化的建设必须有一种载体为依托，即规划好一套庆典仪式、行为方式、外观和外露的标识系统等。这些企业文化的规划能使员工感到自己是这个大家庭中的一员，能通过某种感染力和共鸣，使员工深深感到身处这个企业的荣耀、责任和信心。企业的成长是靠员工的不断努力和付出，通过有"仪式感"的庆典活动，并在活动中奖励优秀员工，必将对企业文化建设和发展提供强有力的助力。

5. 文化网络

企业文化建设必须有一套有效的沟通方式，即文化网络。这种文化网络能有效地传递企业的价值观和英雄意识。具体做法是，管理人员经常对员工进行培训，讲述各种体现企业价值观的事例，并且对企业中有明显贡献的员工给予名誉奖励，这对激发员工对价值观的理解具有重大意义。

6. 创建"命运共同体"

企业文化建设要将具有不同的个人追求、价值取向各异的企业成员在企业共同价值观和行为规范的指引下，形成一种"合力"，汇聚到企业组织目标上来，使员工的个人追求同企业的组织目标方向达成一致。只有企业上下同心才能保证企业经济效益的提高。前文已经讲到发展新能源汽车是保护环境、建立全球命运共同体的具体行动，而创建员工和企业命运共同体是企业文化存在的基础，也是企业发展的根基。

7. 以"人"为核心的整体状态最佳

建设企业文化从根本上说就是用先进的文化理念塑造人，把尊重每一个人作为企业的最高宗旨，使员工感到在这个企业中，其人格、价值、作用都受到最大的尊重，自然会激发出、产生出强大的力量，优秀的企业文化就是使企业内部技术设备、制度和组织机构同人的精神要素之间的内在结构达到动态平衡，各要素之间形成最佳组合，使整个企业的运转处于最佳状态。

8. 企业精神

企业精神是由企业领导者倡导、全体员工自觉实践而形成的代表绝大多数员工信念、敬业精神，并能激发企业活力、推动企业生产经营的团体精神，是对企业哲学、价值观念、行为准则、道德规范的提炼和总结。企业精神对企业员工具有凝聚、激励、导向、规范和形象塑造功能，是企业经营成功不可缺少的重要因素。新能源汽车服务企业由于其在技术上的属性要求企业精神中必须有不断学习创新的内涵，同时基于其核心的服务属性又要有吃苦耐劳的精神。

9. 从传统文化中吸取营养

中国传统文化中含有丰富的管理思想和道德精神，例如注重道德修养，强调民众作用，提倡团结友善、礼貌谦让，讲求信誉，注重实践以及治国治家的智慧等，都是值得我们继承和发扬的文化精髓。从传统文化中吸取企业文化建设需要的各类组成元素，应用发展辩证的方法，结合企业具体的实践进行转化是新能源汽车服务企业应该遵循的基本原则。

10. 企业文化的实践

建设企业文化必须从企业的长期业务发展进行考虑，并投入相应的人力、物力，以保障企业文化的实施。企业文化的实施是创立企业文化的关键，根据企业发展的实际情况不断地调整，提高自己的信心和理念，才会让企业文化发挥真正的作用。通过实施企业文化，为企业带来可以用数字衡量的、相应的业务上和发展上的效益，才是全面优秀的企业文化。新能源汽车服务企业的业务类型属于较新的业务，特别是在技术领域，同时是多行业、多领域、多学科融合的业务，要基于此结合企业发展的目标来完成企业文化的实践。

2.2　新能源汽车服务企业的文化建设

企业文化建设是一个系统工程，通常需要 2~3 年的时间，一旦形成将会产生异乎寻常的力量，会长期地在企业中发挥着独特的不可估量的作用。企业文化建设要分步落实：第一是确立企业经营理念、企业宗旨、企业目标等精神文化层的内容；第二是建立各项企业内部经营管理制度；第三是建设物质环境形象，通常 4S 店体系都有相关企业形象识别，非 4S 店的体系形象方案要注重新能源汽车服务企业的特点，要求服务性强、时效性强，注重视觉识别设计，外观要时尚且环保节能。

企业经营理念、企业宗旨、企业目标等精神文化层的内容是企业的经营者来建立的，需要经营团队思想统一，同时对中国传统的优秀民族文化和现实文化有较深刻的理解，对国外优秀企业的企业文化有所了解，对新能源汽车行业特点有所把握，对企业目前的基础条件要全面掌握，具有创建企业文化管理的真诚愿望、信念和决心。各项企业内部经营管理制度可由经营者与管理团队共同完成，是企业文化实现的契约精神的具体体现，也是我国一直坚守的"没有规矩无以成方圆"的管理理念实践。制度是用来激励和约束团队所有成员的，因此无论是经营者还是管理者都应该遵守所制定的经营管理制度。物质环境形象建设是最容易实现的，但一定要满足企业精神文化的内涵需求，并符合合作企业相关的形象建设要求。

完成基础的企业文化建设之后，需要通过不断的培训与激励来让更多的员工理解和掌握企业文化的精髓，通过不同的形式展示企业文化，让员工和客户真正体验到不一样的企业文化，并在不断地调整、改善中逐渐形成企业特有的文化。

2.2.1　企业文化建设的原则

企业文化的建设原则要体现企业的竞争精神，这种竞争精神可以包含在价值观之中，而价值观与创新、忠诚及提高生产力密切相关。企业文化建设的八大原则如下所述。

1. 目标原则

企业行为是有目标的活动。企业文化必须把有价值的目标反映出来，使每个员工都明确其工作是与这一目标相联系的。这样，员工就会感到自己的工作意义重大，并且可以满足其"自我实现"的需要。领导者的任务是要把目标传达给每个员工，并带动员工，这就是"目标驱动"。具有竞争力的领导者会把"我们的灵魂"与"我们的工作"联系在一起，并因为有真正的拥护者和追随者而使企业实现其崇高而长远的目标。对于目标原则的实施情况，可以从以下两点来检验：

1）员工是否了解企业的长远目标，是否认为自己的工作具有真正的社会价值。
2）管理层在制订政策时是考虑到企业的发展目标，还是只针对眼前的情况而采取权宜之计。

2. 共识原则

企业成功与否，要看其能否聚集众人的创意，能否激励基层员工和管理人员一起从事创造性的思考和工作。如今的新能源汽车服务企业的员工都受过专门的教育和训练，文化知识素质较以前有大幅度提高，他们都有自己的价值目标，对领导和管理方式有要求。管理者的重要使命在于决策，决策有指示式、咨商式和共识式。其中，共识式决策是目前更适合这个时代的管理决策，即在决策时召集较多同事或部属坦诚地、充分地进行商讨从而达成一致，人人都有主人翁感，人们将企业的决定视为自己的决定，因而全身心地为企业服务。对共识原则的实施情况，主要根据以下两点来检验：

1）影响整个企业的重大决策，是否通过共识方式决定。
2）管理人员是否具备共识式决策所需要的作风和技能。

3. 卓越原则

追求卓越就是"求好"，企业的一切工作都应以卓越的方式完成。卓越是关于杰出工作信念的理想境界，是一种精神、一种动力、一种工作理念，并不只是工作绩效的完美无缺。卓越原则掌握着一个人或一个企业的生命和灵魂，所有成功的企业都培养出了追求卓越的精神，这就是求新求变、更上一层楼的精神，这对于新能源汽车服务企业来说尤为重要，新能源汽车在安全上比传统汽车要求更高、在技术上也跨界更多、在服务品质上更具个性化，通过卓越的服务才能持续让企业拥有更多的客户，为企业带来更多的效益。对于卓越原则的实施情况，主要通过以下三点来检验：

1）是否所有的员工和管理人员都能够定期进行自我评价，并注意自我教育和改进。
2）管理人员一般对目前的成绩感到满意或一直不满意。
3）企业对员工的创新行为是否一贯采取主动奖励措施。

4. 一体原则

坚持一体原则，就是要追求企业全体成员的"一体感"，即让员工认识到个人利益与企业利益休戚相关。当企业能够满足自己"拥有的需要"时，员工愿意保护企业，使其免受伤害，员工会为企业的成功而感到喜悦、受到鼓舞，为企业的失败而感到沮丧、痛苦，进而能做到为企业的整体利益而牺牲自己的眼前利益。创造这种"一体感"的关键在于：减少不必要的管理层次，并尽量让企业最基层的人员担当重任；不再强调管理层与员工之间的界限，而是最大限度地强调企业全员参与和达成共识；管理者通过个人的表率作用，表现出对员工的信任并引导员工产生"自我拥有"的满足感。对一体原则的实施情况，可通过以下三个方面加以检验：

1）管理者是否认为员工也在决策过程中有所贡献。员工是否觉得自身努力的目标对整个企业目标的实现有帮助。

2）晋级、加薪和奖赏是否依据个人的能力和业绩，而不是根据个人地位等与工作能力无关的方面。

3）当企业整体受益时，企业内部的各阶层是否都分享到了奖励与荣誉。

5. 成效原则

企业员工的每一项成就都应该得到企业和领导者的肯定和鼓励。成效原则就是把员工的利益与工作的成绩联系起来，如员工的工资可以按工作的成绩来支付，而不是按权力和资历来定。但更重要的是要给员工带来优胜感和光荣感，即精神上得到奖赏，因为没有任何奖赏能比领导、同行给予的由衷赏识更能激励人心、更具威力了。对于成效原则的实施情况，可通过以下三个方面检验：

1）企业给出的奖赏是按成效还是按资历来决定的。

2）是否依据企业内不同机构的优异程度而分别设立不同的奖金制度。

3）是否根据个人的成绩来决定晋升。

6. 实证原则

企业成功的概率，在一定程度上取决于其是否把基本的数学观念、数学工具运用到企业决策中，以及是否具有一般意义的科学态度，也就是是否坚持实证原则。科学的态度是善于思考，对被认为"已知的"事物追根究底，这是一种极好的素质，它与智力的怠惰恰好相反。对于实证原则的实施情况，可通过以下三个方面检验：

1）每个管理者与员工所组成的团队，是否知道其所负责的资料，能否看到这些资料，以及是否如期把资料绘成图表。

2）当问题出现时，是否搜集资料并做分析，以便决定采取何种应对措施。

3）分析资料是否运用统计程序，资料是否在工作场所公布。

7. 亲密原则

亲密原则是就企业中人与人之间的关系而言的。亲密感是存在于企业及其成员之间的一条看不见的线，是一种基本的人性追求。也就是说，一个人在与企业内的其他成员相处时必须以真诚、友善、尊重、信任和关心他人的方式投入自己，并使对方给自己以同样的真诚、友善、尊重、信任和关心。有了亲密感，才能提高信任、牺牲和忠诚的程度。对于亲密原则的实施情况，可通过以下三个方面检验：

1）企业是否通过相关政策与行动显示其关心每位员工在企业内的发展。

2）在企业中，员工是否感受到如鱼得水般的快乐，是否获得了必需的安全感。

3）员工是否愿意经常自觉组合以贡献自己的创意。

8. 正直原则

正直是企业文化赖以建立的磐石，也是领导者不可或缺的品质。正直就是诚实、前后一致、表里一致和以负责的态度采取行动。领导者要使企业的目标得以实现，就必须取得下属的信任和支持。而正直的精神是最具有人格说服力的，它能鼓舞员工，激发他们的干劲。领导者必须依靠他们自己的人格力量，通过鼓舞和引导来强化他们的号召力。对于正直原则的实施情况，可通过以下三个方面检验：

1）制订决策时，是否优先考虑到用户与员工的长期利益。
2）企业内的沟通渠道是否会让员工知道企业的真正目标以及做某种决定的动机。
3）领导者是否具有足够的魅力吸引员工，使之心悦诚服、长期跟随。

2.2.2 企业文化建设的基本方法

建设企业文化的方式与方法是多种多样的，它与企业的经营管理活动相伴随，相互渗透、相互推动。建设企业文化的方法主要有以下几种。

1. 领导引导法

企业领导者是企业文化的倡导者和最具权力的指挥者。一个企业构建什么样的企业文化往往是由企业领导者首先提出并作出最后决定的。所谓领导引导法，是指企业领导人在企业文化构建中开阔视野，拓宽思路；用心谋划，提出建议；积极协调，严密组织；舍得投入，科学运作；追求一流，以身作则。

2. 观念更新法

要构建良好的企业文化，首先要做的就是更新观念。所谓观念更新法，是指在构建企业文化之前，首先要确立正确的企业文化理念与方针，针对企业的不同人员，运用各种传媒手段、各种形式和丰富多彩的活动，分层次、有系统地进行宣传引导，统一思想认识，从而实现企业文化观念上的"汰旧更新"。

3. 突出中心法

人是企业文化建设的中心，构建企业文化必须突出以人为中心。所谓突出中心法，是指真正把企业员工作为人来加以重视和尊重，围绕人来做文章，使一切工作服从于人、服务于人，极大地激发企业员工的热情，关心和满足企业员工在物质和精神上的需求，重视并调动企业员工搞好企业文化的积极性、主动性和创造精神，最终使企业员工成为一个有益于企业和社会的人。

4. 优化载体法

企业文化载体是企业文化赖以存在和发挥作用的物质结构和手段，是企业文化的物化形态。所谓优化载体法，是指在构建企业文化的同时，优化主体载体、组织载体、制度载体和物质载体。即提高人的素质，健全组织，完善制度，搞好物质建设和保障，使各种载体充分作用于企业文化，成为企业文化的良好物质实体。

5. 稳定结构法

企业文化的结构由物质文化层、行为文化层、制度文化层和精神文化层组成。所谓稳定结构法，是指正确把握企业文化各结构部分之间的关系，有效控制和促进各结构相互之间的影响和作用，紧紧抓住精神文化层，强化制度文化层和行为文化层，不断改善物质文化层，使其成为一个完整稳定的系统体系，确保企业文化的正常运作。

6. 训练培养法

良好的企业文化离不开对企业员工的训练和培养。所谓训练培养法，是指企业根据企业文化的要求，运用技术培训、技术表演、操作实习、集体活动和企业内部竞赛等形式，对企业员工进行教育和训练，使其了解企业的历史、立场、方针和未来；掌握工作条件和规则，知道应遵循或遵守的制度规范；具有正确的工作态度、精神面貌、礼节礼仪，具备良好的形象；树立正确的人生观、价值观，有协调精神，责任感强，积极性高，真正成为一个有

"文化"的企业员工。

7. 民主驱动法

企业民主既是企业文化的目的，也是搞好企业文化的手段。所谓民主驱动法，是指企业依据一定的企业文化，把每个员工都视为企业共同体中不可缺少的一员，真正确立员工在企业中的主人翁地位，从制度上保障员工的合法权益，密切领导与员工的关系，让员工在企业经营管理中的一系列重大问题上真正具有发言权、参与权和监督权，畅通民主渠道，健全民主机制，注意发挥职代会、工会等群众组织的作用，充分调动员工的积极性，有力地促进企业文化的发展。

8. 目标管理法

企业目标对企业文化具有导向作用。所谓目标管理法，是指企业根据本企业文化所要达到的目的，制订相应的目标，包括战略性目标、策略性目标以及方案和任务，把企业文化的内容用目标加以量化和细化，要求、鼓励和吸引企业全体人员为实现目标而努力工作并承担相应的责任，把计划、实施、考核、评价等各环节都纳入到目标管理体系之中，确保企业文化模式内各要素功能的充分发挥。

9. 职责挂钩法

各司其职，各负其责，确定企业文化的责任内容，这对于企业文化建设具有独特的作用。所谓职责挂钩法，是指在企业文化建设中，将内容寓于每个人的职务之中，将责任落实到每个人，调动和激发每个人的积极性，充分发挥责任感和主动性，打破企业文化中的"大锅"现象，解决"大家负责、无人负责"的问题。

10. 轻重缓急法

构建企业文化应采取的先后步骤没有一定的规则，企业需要根据自己的实际情况而定。所谓轻重缓急法，就是指企业将影响企业文化形成的各种因素分类排序，分清轻重、缓急和难易，按照先"重"后"轻"、先"急"后"缓"、先"易"后"难"的次序确定企业文化的步骤。有些问题虽难，但如果对企业全局来说属"重"和"急"的问题，也应优先解决。

11. 机构作用法

构建企业文化固然离不开广大员工的作用，但专业人员和专门机构的作用也同样不可忽视。所谓机构作用法，就是指为了保证企业文化构建工作的顺利进行，企业建立专门的组织机构，制订规划，培训骨干，组织实施规划，对员工进行企业文化方面的教育，向领导提出建议，组织企业文化试点等。

2.2.3 企业文化建设的基本程序

建设企业文化是一项复杂而艰巨的系统工程，优秀企业文化的构建不像制订一项制度、提出一个宣传口号那样简单，它需要企业有意识、有目的、有组织地进行长期的总结、提炼、倡导和强化。建设企业文化的基本程序，一般包括调查研究、定格设计、实践巩固和完善提高四个环节。

1. 调查研究

除了新创建的企业外，多数企业建设自身的文化都是在原有"文化"的基础上进行的，即都是"非零起点"。所以，建设企业文化，应首先做好调查研究，把握企业现有的文化状况及影响企业文化的各种因素,为企业文化的定格做好准备。调查研究主要内容包括:企业的经营领域,企业领导者的个人修养和风范,企业员工的素质及需求特点,企业的优良传统及成功经验,企业现有文化理念及其适应性,企业面临的主要矛盾,企业所处地区的环境等。

2. 定格设计

企业文化的定格设计,即在分析总结企业现有文化状况的基础上,充分考虑到企业的经营领域、企业领导者的个人修养和风范、员工素质及其需求特点、企业的优良传统及其成功经验、企业现有文化理念及其适应性、企业面临的主要矛盾和所处地区环境等因素的影响,用确切的文字语言,把肯定的企业价值观念表述出来,成为固定的理念体系。企业理念体系大体包括企业使命、企业目标、企业价值观、企业道德、企业精神、经营观、管理观、人才观、服务观、员工基本行为准则及企业风尚等。企业文化定格设计应遵从下述原则:从实际出发和积极创新相结合;创造个性与体现共性相结合;领导组织和群众参与相结合。

3. 实践巩固

企业文化定格后,就要创造条件付诸实践并加以巩固。即把企业文化所确定的价值观全面地体现在企业的一切经济活动和员工行为之中,同时采取必要的手段,强化新理念,使之在实践中得到员工的进一步认同,使新型的企业文化逐步得到巩固。具体需要做好以下五个方面工作:

1) 积极创造适应新的企业文化运行机制的条件。
2) 加强精神灌输和舆论宣传。
3) 企业领导者以身作则、积极倡导。
4) 利用制度、规范、礼仪、活动等形式进行强化。
5) 鼓励正确行为。

4. 完善提高

企业文化定格并在实践中得到巩固以后,尽管其核心的和特色的内容不易改变,但随着企业经营管理实践的发展、内外环境的改变,企业文化需要不断充实、完善和发展。企业领导者要依靠员工,积极推进企业文化建设,及时吸收社会文化和外来文化中的精华,剔除本企业文化中沉淀的消极成分,不断对现有文化进行提炼、升华和提高,从而更好地适应企业变革与发展的需要。

2.2.4 企业文化的实施与监督管理

新能源汽车服务企业文化建设,不可能一蹴而就,必须通过传播,在员工中不断得到强化,才能真正形成对企业有用的企业文化,而不是纸上谈兵。具体做法包括以下四个方面:

1) 领导表率。新能源汽车服务企业的领导是企业文化的倡导者和塑造者,更是企业文化的实施示范者。一方面,领导通过归纳提炼,将企业文化升华,并通过宣传鼓动,使企业文化在企业中得以推广和实施;另一方面,领导的作风、行为在企业文化建设过程中起着潜移默化、率先垂范的作用。此外,领导也便于利用职责,做好企业文化的实施与监督工作。

具有时代特色的企业上、下层的文化关系是:企业全员一体,上层科学决策,中层严格管理,基层爱岗敬业。

2) 榜样示范。榜样是新能源汽车服务企业文化的要素之一。在塑造优秀企业文化的过程中，榜样起着引领作用、骨干作用和示范作用。新能源汽车服务企业中的榜样是企业文化的生动体现，榜样为全体员工提供了角色模式，建立了行为标准。榜样往往成为一个企业文化的具体象征。在建设企业文化过程中，要特别注意发现、培养、宣传企业自己的榜样人物。

3）仪式强化。新能源汽车服务企业文化的生长需要通过各种具体的活动和一定的形式来催化，其中企业文化的宣传仪式会对企业文化的强化实施起到重要的作用。

4）网络宣传。新能源汽车服务企业文化网络实际上是企业中重要的文化沟通与传播枢纽，企业通过文化网络不断传播和强化企业的经营哲学和价值观等，以保持文化的生命力，并使之深深渗透到企业的各阶层、各部门和员工的内心中去。汽车服务企业可将其文化嵌入企业网页的界面上进行宣传推广。除了网络传播和强化外，还可利用培训、论坛、座谈、会议、环境布置、企业报刊等多种形式和途径宣传讲解汽车服务企业文化。

2.2.5　北汽新能源汽车服务企业文化

下面以北汽新能源为例介绍企业文化建设的实践。

1. 服务品牌诠释

北汽新能源服务品牌标志如图2-1所示。

智：智慧、聪颖、主动、互联网服务特征。

惠：优惠，售后成本趋近于零，超出期望的增值服务。

图2-1　北汽新能源服务品牌标志

管家：达成客户愿望，实现客户所未想，为客户提供全面的车务服务。

2. 服务品牌标志释义

如图2-1所示，左方第一个变形字母S，即SMART（智慧、智能）首字母；变形为绿色闪电，表达出快如闪电的新能源服务核心。

右方第二个变形字母S，即SERVICE（服务）首字母；变形为蓝色车辆外轮廓，表达出新能源汽车关怀、贴心的服务理念。

字母下面为北京汽车品牌标识，表明本服务品牌被纳入北汽集团整体品牌标识体系中。

3. 品牌使命

使命1：为客户提供便捷、专业的优质服务。

使命2：为市场提供质优、价廉的售后备件。

使命3：为企业提供全面、准确的市场质量信息。

4. 服务理念

北汽新能源服务理念是"主动、专业、无忧、贴心"。

北汽新能源车辆售后服务的具体实施将完全依托强大的服务网络，并通过客服热线、监控平台、呼叫中心、DMS系统等做好服务，不仅可以满足客户的车务需求，还可以为客户提前做好服务预案。北汽新能源为客户提供"主动、专业、无忧、贴心"管家式服务，为每一位客户做好服务保障工作。

5. 服务承诺

1）为核心部件提供8年/15万km（以先到为准）质量担保，其中江苏地区为10年/15万km（以先到为准）。

2）为非营运车辆提供 3 年/12 万 km（以先到为准）整车质量担保，为营运车辆提供 1 年/10 万 km（以先到为准）整车质量担保。

3）提供前 2 次免费维护；质保维修时长不超过 48h，否则免费提供代步车。

4）24h 车辆技术状态检测并适时进行维护提醒或上门服务。

5）在车辆销售城市开通紧急救援电话，提供 24h 救援服务。

6）客户的动力蓄电池超出质保期后，可以以旧换新。

7）为客户提供品质优良的原厂备件。

8）定期为客户组织提供会员增值、优惠活动。

9）实行一对一管家式服务，共享"智·惠·管家"平台。

2.3 新能源汽车服务企业的形象管理

2.3.1 企业形象概述

1. 企业形象的含义

企业形象或企业识别一词来源于英文 Corporate Image 或 Corporate Identity，缩写为 CI。企业形象是指人们通过企业的各种标志（如产品特点、行销策略、人员风格等）建立起来的对企业的总体印象。企业形象是企业文化的环境要素的重要组成，是一种外在表现形式，是社会公众与企业接触交往过程中所感受到的关于企业的总体印象，这种印象是通过人体的感官传递获得的。企业形象能否真实反映企业的精神文化，以及能否被社会各界和公众舆论所理解和接受，在很大程度上取决于企业自身的主观努力。实践证明，树立良好的企业形象，对创建品牌、增强企业核心能力与竞争能力、提高企业经营管理水平和经济效益等方面都具有极其重要的作用。良好的企业形象对企业员工而言，可增强企业员工的向心力、凝聚力，从而为企业吸引更多高素质的优秀人才。

2. 企业形象的内容

企业形象虽然以知名度、信誉、声望等形式存在于社会大众的观念之中，但是这些观念都是人们在与企业客观实在形象的接触中形成的。企业的物质要素、品质要素、制度要素、精神要素和习俗要素在经营中的表现，构成了客观实在的企业形象。企业形象的内容如下所述。

（1）物质要素　物质要素可以喻为企业形象的骨架，其直观性最强，衡量尺度最直接，是构成企业形象的基础。物质要素包括企业向社会提供的产品和服务，企业的厂房、厂区环境及设备技术水平，企业的经济效益和物质福利待遇以及企业排放废物对生态环境的影响情况等。无论哪个企业，在上述各方面做到扎扎实实的改进，都会有益于企业形象的提高。

（2）品质要素　品质要素可以喻为企业形象的血肉，这是企业全体员工所展现的企业形象。企业领导人的素质、作风和领导才能对企业形象所起的作用最大。在一定条件下，企业领导的形象就代表着企业形象；企业各岗位的员工，特别是与公众直接接触的销售、服务、公关等岗位的员工，他们的工作精神、态度和作风，随时都在影响着企业的形象；企业英雄、模范人物的形象越高大，事迹越感人，就越为企业形象添光彩。

（3）制度要素　制度要素可以喻为企业形象的内脏。一个企业如果具有合理的组织机构、科学、健全的规章和制度，而且这些规章制度都能得到严格的遵守，那么这个企业就会具备灵活的、应变性很强的运行机制。有了这种内部机制，企业就能主动地自我更新，不断使企业形象更加完美。

(4) 精神要素　精神要素即企业的价值观、精神状态、理想追求等，可以将它喻为企业形象的灵魂，这些要素虽是无形的，却寓于有形之中。没有精神要素，企业形象就没有生气，没有活力，就会像服装店中身着华丽服装摆出各种姿势的模特人一样。模特人与演员模特尽管穿着同一套服装，但给人留下的印象却完全不同，原因就在于，演员的精神、气质、态度与服饰融为一体，大大提高了整体形象的优美程度和生动性。

(5) 习俗要素　习俗要素是以物质性、活动性为特征的风俗习惯，具有鲜明的直观性，可通过习俗要素修饰企业形象。如企业的礼仪或公关礼节、传统作风、商标、品牌、厂徽、厂服、荣誉称号等内容的展示等都是构成企业独具个性的形象的一部分。

以上五种要素有的有形，有的无形，有的是静态的，有的是动态的，它们互相联系，彼此渗透，和谐统一，共同构成企业完整的形象。这五种要素构成了企业形象的各个方面，包括：产品形象、组织形象、人员形象、文化形象、环境形象和社区形象。以上各方面的形象组成要素见表2-1。

表2-1　企业形象的组成要素

形象类别	组成要素
产品形象	质量、款式、包装、商标、服务
组织形象	体制、制度、方针、政策、程序、流程、效率、效益、信用、承诺、服务、保障、规模、实力
人员形象	领导层、管理层、员工
文化形象	历史传统、价值观念、企业精神、英雄人物、群体风格、职业道德、言行规范、公司礼仪
环境形象	企业门面、建筑物、标志物、布局装修、展示系统、环保绿化
社区形象	社区关系、公众舆论

3. 企业形象的分类

企业形象是一个多维度、多层次的概念，可以从不同的角度对企业形象进行分类。

(1) 特殊形象和总体形象　按企业形象的内容，可分为特殊形象和总体形象。特殊形象是企业针对某一类公众所设计、形成的形象。如某新能源汽车服务企业在经营管理中，对员工、股东、管理者、用户、政府、传播媒介、社区等公众树立的不同形象，就是特殊形象。针对企业形象的某一个方面，企业留给公众的印象也是特殊形象，如某新能源汽车服务企业良好的厂区环境、优质的服务、完善的制度等都属此类。企业的特殊形象是企业改善自我形象的突破口，是构成企业整体形象的基础。总体形象是各个特殊形象的综合和抽象，是社会公众对企业的整体印象。形成总体形象的因素除了产品、服务、环境等具体形象外，还有企业的许多综合因素和指标，比如企业的发展史、市场占有率、经济效益及社会贡献等。总体形象可以是对不同公众所建立的特殊形象的总和，也可以是各种形象因素所构成的特殊形象的总和，一般用知名度与美誉度来表示一个企业的总体形象。

(2) 内部形象和外部形象　按照评价主体和认定尺度的不同，企业形象可以分为内部形象和外部形象。内部形象又称为主体形象，是指企业员工通过对本企业的综合考察、认识后形成的总体印象，它是企业形象各要素在员工印象中的反映和评价。企业内部形象完美，能够增强员工对企业的满意感、自豪感和荣誉感，从而增强企业的凝聚力，强化员工与企业"命运共同体"的群体意识；反之，则会减弱和淡化这种荣辱与共的意识。外部形象又称为企业的社会形象，是一个企业在社会公众（消费者、社区居民、公务员等）心目中留下的印象，或者是企业形象要素在社会公众头脑中的反映。一般来说，社会公众对企业的评价和印象，并不需要对企业进行长期了解和全面考察，而是通过他们和企业发生关系的某个事件或接触的某些方面去评价企业并形成对该企业的印象。

(3) 有形形象和无形形象　按企业形象的可见性，企业形象可以分为有形形象和无形形象。有形形象也可称为企业的硬件形象，指的是社会公众可以通过自身感觉器官直接感受到的企业实体形象。有形形象主要包括企业的产品形象、员工形象、环境设施形象等。可以说，产品形象是工业企业最主要的实体形象，企业只有创造出优质、新颖、美观、价格合理的产品（商品）形象，才能满足广大消费者日益增长的物质文化需要。新能源汽车服务企业是服务性企业，那么其所提供的服务质量则是该企业重要的形象。员工形象是塑造企业形象的根本和保证，全体员工在劳动热情、业务技能、劳动效率、服务态度、服饰仪表、言谈举止等方面给社会公众留下的印象也至关重要。环境设施形象是塑造企业整体形象的基础，一个装备优良、设施先进、环境优美的企业自然给人以现代企业的感受，而一些设施简陋、装备陈旧、环境脏乱的传统汽车服务企业，给社会公众的第一印象是一个低劣的企业形象。无形形象指的是潜伏隐藏在企业内部的企业精神、管理风格、企业信誉、经营战略等无形因素在社会公众中形成的观念印象。其中，企业信誉是无形形象中的主体内容，它体现在企业的经营管理活动中，看不见摸不着。企业信誉的好坏，在一定程度上会左右公众对该企业所采取的行动。信誉是无形的，但对企业来说却是一笔极有价值的财富。在现实中，人们总是先感受到有形的东西，才能在头脑中进一步抽象综合成一个无形形象。由于无形形象是建立在有形形象基础之上的，因此，对于企业来说，改变自己的形象，首先要做的就是改变自己的有形形象，这种改变较之无形形象的改变，比较迅速，亦比较容易，如产品质量的提高会迅速改变企业在公众心目中的有形形象。但无形形象的改变，更深刻、作用更大。企业要树立良好的信誉和卓越的企业文化，需要企业各部门、各方面长期的努力，无形形象对公众产生的影响，远远大于有形形象。

(4) 现实形象和理想形象　按企业形象的塑造过程，企业形象可以分为现实形象和理想形象。现实形象是企业塑造形象之前为社会公众所认同的形象。一般可以通过形象调查，用一定的方法测得企业的现实形象。现实形象可能是良好的、受公众欢迎的，也可能是平庸的，甚至是低劣、不符合公众意愿的形象。这种现实形象不但是塑造企业新形象的起点，而且是影响企业生存和发展的最现实的因素。企业只有正确地认识和评价自身的形象，找到缺陷和不足，才能塑造出期望的理想形象。理想形象亦称期望形象或目标形象，是企业期望在公众心目中获得的最佳形象，它是企业改善自己形象的努力方向。任何一个企业，要改善自己的形象，首先就需要设计自己的理想形象。理想形象的设计，要经过认真的调查研究，了解社会公众的意见和要求，充分发挥自身的优势，弥补现实形象中的不足，充分体现时代风貌和要求。理想形象往往在企业新创立或有重大改变如转产、扩产时进行评定，作为企业以后塑造形象的奋斗目标。如传统汽车服务企业转化为新能源汽车服务企业时，设计新的理想形象是必须要面对和解决的问题。

(5) 正面形象和负面形象　按照社会公众的评价态度不同，企业形象可以划分为正面形象和负面形象。社会公众对企业形象的认同或肯定的部分就是正面形象，抵触或否定的部分就是负面形象。任何企业的形象都是由正、反两方面构成的，换言之，企业形象应是一分为二的，公众中任何一个理智的个体都会既看到企业的正面形象，又看到企业的负面形象。对于企业来说，一方面要努力扩大正面形象，另一方面又要努力避免或消除负面形象，两方面同等重要。企业的正面形象不一定能促使消费者购买某个产品或接受某项服务，但企业的负面形象一定会使他们拒绝该企业的产品或服务。

（6）直接形象和间接形象 根据公众获取企业信息的媒介渠道，企业形象可以划分为直接形象和间接形象。公众通过直接接触某企业的产品和服务、亲身体验形成的企业形象是直接形象，而通过大众传播媒介或借助他人的亲身体验得到的企业形象是间接形象。对企业形象进行这种划分十分重要，如果一个用户在某品牌新能源汽车服务企业接受服务时，看到的是落后的设计、野蛮的装配、粗暴的服务，车辆维修后也未能达到满意的效果，那么无论别人和媒体告诉他这家新能源汽车服务企业如何不错，他也一定不会再到这家企业接受服务，因为直接形象比间接形象更能够决定整个企业形象。有些企业树立企业形象只靠广告宣传，而不注重提高产品质量和服务水平，这就是只看到间接形象而忽视了直接形象。

（7）主导形象和辅助形象 根据公众对企业形象因素的关注程度，企业形象可以划分为主导形象和辅助形象。公众最关注的企业形象因素构成主导形象，而其他一般因素构成辅助形象。例如，公众最关心新能源汽车服务企业的服务质量（一次修竣率、等待时间、售后等）和价格（是否公道合理），因而新能源汽车服务企业的服务质量和价格等构成其主导形象；而新能源汽车服务企业的企业理念、员工素质、企业规模、厂区环境、是否赞助公益事业等则构成企业的辅助形象。企业形象由主导形象和辅助形象共同组成，决定企业形象性质的是主导形象；辅助形象对主导形象有影响作用，而且在一定条件下能够与主导形象实现相互转化。

4. 企业形象的特征

企业形象形成以后，会在一段时间内保持不变，具有相对稳定性。企业形象通过各种传播渠道逐渐影响社会公众对这一企业的态度。而公众的态度将会支配公众对这一企业的情感倾向，所做的判断、思考以及舆论和行为。而公众对这一企业的情感倾向、判断、舆论和行为通过传播又反过来构成了该企业的信息的一部分，从而影响其他人对该企业的印象，形成一个循环。公众在这种不断的循环中逐步修正他们心目中关于这一企业的形象，这就是企业形象发生作用的机制。

因此，企业形象作为某一特定范围内人们对企业印象的综合，既不等同于企业所发生的所有客观事实，也不等同于某个个体的印象，而具有其自身的一些特征。

（1）整体性 企业形象是企业在长期的生产经营活动中给社会公众留下的整体印象。企业形象是由多种要素构成的，主要表现在以下五个方面：

1）综合因素，包括企业的发展历史、社会知名度、美誉度，以及市场占有率、经济效益、社会贡献等。

2）企业员工素质及服务水平，包括人员的知识结构、文化素养、服务态度、服务方式、服务功能、服务质量等。

3）生产与经营管理水平，如产品品种、产品结构、产品质量、经营方式、经营特色、基础管理、专业管理、综合管理水平等。

4）物质设施，包括厂址、设备、营业场所陈列和布局等。

5）公共关系，如公关手段、信息沟通形式、广告宣传形式及置信度等。

（2）社会性　企业形象是由很多人的印象汇总而成的，因此，离开了社会，没有社会交往和商品交换，人们就不可能对企业产生印象，更不可能产生企业形象了。企业形象的社会性主要表现在两个方面。其一，企业形象是社会的产物，是不以人的意志为转移的社会现象。虽然企业形象的具体产生过程是人们的主观意识对企业这一客观事物的反映，属于主观性的内容，但是，企业形象本身是由企业的社会存在决定的。尽管人们不能左右它的存在，但可以认识它，并且主动塑造它，为企业的经营管理服务。其二，企业形象受社会环境的影响和制约，它不可能脱离社会、文化、政治、经济条件而独立存在。在某一社会环境中好的企业形象，在另一社会环境中不一定就是好的企业形象，社会环境的变化也会影响企业形象的变化。

（3）多层次性　企业形象在不同的群体对象中有不同的理解和认识。可以根据公众的背景、职业、层次划分为不同的社会群体，如各级政府部门、企业领导者、员工、消费者、新闻界等。据此，可以将企业形象划分为在各级政府部门行政人员心目中的形象、在本企业领导者心目中的形象、在消费者心目中的形象等。不同的社会群体对企业形象的认识途径、认识方法均有所不同，对企业的印象也不一样。

（4）相对稳定性　当社会公众对企业产生总体印象之后，一般不会很快或轻易地改变，因此，企业形象具有相对稳定性。其结果有两种，一种形象是相对稳定的良好企业形象，也就是企业美誉度高、信誉好，这可以产生巨大的物质力量，产生强大的"名厂""名店""名牌"效应；另一种形象则是相对稳定的低劣形象，如果企业忽视了企业形象的建设，把假冒伪劣产品投入市场，就会一失足成千古恨，长时间难以摆脱社会公众对自身的不良印象，企业想挽回影响，重塑良好的形象需要经过较长时间的艰苦努力。

企业形象的塑造有其客观性，但其感受者是公众。为了能够在广大公众心目中建立良好的企业形象，企业必须主动借助传播的渠道和手段。企业形象塑造过程离不开传播的事实，使得企业形象的塑造具有了传播性的特点。不同层次的公众对企业形象的看法通过个体传播媒介如聊天、交谈的方式产生相互影响，也可以通过大众传播媒介如报刊、广播和电视产生相互影响。如新闻工作者心目中的企业形象通常会在一般公众中产生很大的影响力，能影响一般公众对企业形象的评价倾向。

5. 企业形象的功能

企业形象对企业日常运作和企业经营发展有极重要的功能和作用。在市场经济条件下，企业作为经济细胞要在市场中拼搏，要通过竞争取胜才能获得发展。企业只有靠自己的经营实力才能赢得消费者，并占有市场。

（1）规范与导向功能　企业形象确立了企业的价值观念和行为规范，为企业自身的生存和发展树立了一面旗帜，向全体员工发出号召。这种号召一经广大员工的认可、接受和拥护，就会产生巨大的规范与导向作用。像祥龙博瑞汽车（服务）集团有限公司（原北京市汽车修理公司）的"无超标，难博八方依赖；有爱心，方呈百年祥瑞"等，都是在教育、引导、规范着员工的言行、态度，让他们在工作中注意把自己的形象与企业的形象联系起来，使本企业成为世界一流的企业。

（2）资产增值功能　企业形象是企业的无形资产，具有实实在在的资产增值功能，使企业在无限开拓市场的过程中，获得丰厚的利益回报。有形资产和无形资产共同构成了现代企业的资产。有形资产就是企业所具有的实体形态的资产，包括固定资产（如机器设备、房屋、建筑物等）、对外投资和自然资源等。无形资产是指企业经过多年经营取得的没有物质实体而以某种特殊权利、技术知识、公众评价等信息形态存在的资产，如专利权、商誉形象等。良好的企业形象有助于扩大企业的销售量，使企业处在与竞争对手相同的条件下，能够获得超额利润，从而形成直接的实益性价值，企业形象因此也就具有了价值。企业形象是否良好可以从商标中看出，企业形象的价值具体体现为商标的价值。

（3）关系构建功能　从企业内部来说，企业因不同的人从事不同的工作，人的性格、爱好、追求又不一样，如果没有一种精神力量把他们"黏合"起来，企业就会成为一盘散沙。企业形象确立的共同价值观和信念，就像一种高强度的理性"黏合剂"，将企业全体员工紧紧地凝聚在一起，形成"命运共同体"，产生"集体安全感"，使企业内部上下左右各方面"心往一处想，劲往一处使"，成为一个协调和谐、配合默契的高效率集体。从企业外部来说，只有塑造好企业的形象，才能为企业构建良好的公众关系打下基础，才可以从根本上留住客户，构建起自己的公众关系网。美国PIMS战略设计院做过一项调查，其调研报告显示：开发新客户比维护老客户要多花5倍的成本；96%的客户遇到不好的服务，当场不会作出反应，多半会自认倒霉而不再光顾，然后会告诉周围平均10位好友，这其中有20%的人传播力更强，会告诉20余人；一次不好的服务造成的损失，需要12次好的服务才能弥补。企业形象塑造是一个持续不断的过程，一次短期的行为可能会为企业的长期利益带来难以补救的损失。为了避免此类事件发生，企业应将优质产品和优质服务作为企业未来发展的关键，这样一方面能稳定客户，另一方面又能开发新客户。

（4）激励功能　在企业内部，企业形象可以有效地强化员工的归属意识，充分调动员工的积极性与创造性，从而增强企业的向心力和凝聚力。一般而言，企业具有良好的形象，会使企业员工产生荣誉感、成功感和前途感，觉得能够在本企业里工作，是一种值得骄傲的事情，由此形成强烈的归宿意识和奉献意识。在这个意义上，好的企业形象可以作为激励员工的重要因素之一。

（5）辐射功能　企业形象的建立，不仅对内有着极大的凝聚、规范、号召、激励作用，而且能对外辐射、扩散，在一定范围内对其他企业乃至整个社会产生重大影响。像北汽新能源的"卫蓝事业人""智·惠·管家"、比亚迪的"新能源汽车领导者"等说法，都是企业形象对外辐射的典型范例。

（6）促销功能　企业形象的最终确立以达到公众信赖为目的。只有在公众信赖的基础上，公众才有可能进一步购买企业的商品或服务。这一机制是企业形象能够产生市场促销的根源。企业形象具有特殊的促销功能。在相同的质量水平下，好的企业形象可以使企业的产品成为公众购买的首选商品。企业形象的促销功能是通过商标得以实现的。公众对于商标的认同，就是对企业形象的认同。

（7）扩张功能　良好的企业形象可以为企业赢得良好的市场信誉，使企业能够在短时间内实现扩张，赢得大批经营资金，吸引更多的合作者，从而扩大自己的市场影响力。企业形象具有特殊效用，所以现代企业都十分重视形象战略。对于企业来说，塑造企业形象的过程，其实就是品牌成长曲线的修正与调控过程。

2.3.2 企业形象设计

1. 企业形象的设计原则

任何企业要想在公众中建立信誉，保持良好的形象，并不是一件容易的事，必须注意遵循以下三项原则。

（1）整体性原则　整体性原则就是树立一种全局观念。对于一个组织来说，建立信誉和树立形象是一项全方位的工作，而不仅仅是靠某一个部门独立完成。因此，企业中具有公共关系管理职能的部门要从全局出发，制订统一的公共关系政策来协调企业的公共关系活动，使之统一化、整体化和科学化，使企业各个部门的公关工作能相互促进、相辅相成、协调一致；否则将会出现相互重复，甚至自相矛盾的不良后果。

（2）长期性原则　建立信誉、树立形象是一项持久性的战略目标。它不是一朝一夕之事，而是企业公关人员及全体员工长期努力的结果，要靠平时一点一滴的积累，这样建立的形象才有比较坚实的基础，否则一夜之间塑造的形象，很可能在一夜之间倒塌。另一方面，随着社会的不断进步，公众的需求会在许多方面发生相应的变化，因此企业要适应不断变化的公众对企业评价标准的改变，持续改进和更新，使得本企业的形象总是处于适应社会潮流比较高的层次上。从这一点上看，树立形象更是一项长期的任务，它要求公关人员和领导者不断努力。

（3）竞争性原则　企业形象的树立是竞争的结果，同时也是加强企业竞争力的一个相当重要的手段。企业建立信誉、树立形象不能靠弄虚作假和排挤竞争对手，而是要凭借自己的实力：妥善的经营、优质的服务、行之有效的宣传方法、真诚的社会交往和良好的职业道德。企业必须认真了解竞争对手的长处，在不断完善自身的同时，吸收其他企业的优秀经验，只有这样，企业才能在信誉和形象上赶上和超过竞争对手，在竞争中立于不败之地。

2. 企业形象的设计要素

企业形象设计要素，就是指企业的经营理念、文化素质、经营方针、产品开发、商品流通等有关企业经营的所有因素。从文化、形象、传播的角度进行筛选，找出企业具有的潜力、存在价值及美的价值，加以整合，使企业形象在信息社会环境中转换为有效的标识，这种开发以及设计的行为就叫企业形象设计。企业形象识别系统（Corporate Identity System，CIS）包括理念识别（Mind Identity，MI）、行为识别（Behavior Identity，BI）和视觉识别（Visual Identity，VI）。

（1）企业理念　企业的经营理念是企业的灵魂，是企业哲学、企业精神和企业价值观的体现；同时，也是整个企业形象识别系统的核心和依据。企业的经营理念要反映企业存在的社会价值、企业追求的目标以及企业的经营等，尽可能用简明确切的、能为企业内外乐意接受的、易懂易记的语句来表达。如祥龙博瑞汽车（服务）集团有限公司的经营理念为"服务于车、用心到人、造福社会、回报家人"。

（2）企业行为　企业行为识别的要旨是企业在内部协调和对外交往中应该有一种规范性准则。这种准则具体体现在全体员工上下一致的日常行为中。也就是说，员工们工作中的一举一动都应属于企业行为，能反映出企业的经营理念和价值取向，而不是随心所欲的个人行为。行为识别需要员工们在理解企业经营理念的基础上发自内心的自觉行动，只有这样，才能使同一理念在不同的场合、不同的层面中具体落实到管理行为、销售行为、服务行为和公共关系行为中。企业的行为识别是企业管理、协调人、事、物的动态动作系统。行为识别的贯彻，对内包括新产品开发、分配以及文明礼貌规范等；对外则包括市场调研及商品销售、各种服务及公关准则，与金融机构、上下游合作伙伴以及代理经销商的交往行为准则。

（3）企业视觉　任何一个企业想进行宣传并传播给社会大众，从而塑造可视的企业形象，都需要依赖传播系统，传播的成效大小完全依赖于在传播系统模式中的符号系统的设计能否被社会大众辨认与接受，以及能否给社会大众留下深刻的印象。符号系统中的基本要素都是传播企业形象的载体，企业通过这些载体来反映企业形象，这种符号系统可称作企业形象的符号系统。VI 是一个严密而完整的符号系统，其特点在于展示清晰的"视觉力"结构，从而准确地传达独特的企业形象，通过差异性面貌的展现，从而达成企业认识、识别的目的。

3. 企业理念识别设计

企业理念识别是企业在长期的生产经营实践中形成的并为企业员工所共同认同和接受的企业哲学、企业目标、价值观念、企业精神的结合体。企业理念是企业的灵魂，制约着企业运行的方向、速度、空间、机制和状况，反映了企业长期经营与繁荣而确立的战略目标，是企业员工精神力量的基础，成为企业市场行为和社会行为的规范准则，也是构成企业形象最基本、最重要的要素。

（1）企业理念设计的原则　企业理念设计是指确定或提升企业的经营宗旨、经营方针、价值观和精神风貌，目的是增强企业理念的识别力和认同力，企业理念设计必须遵循如下原则：

1）个性化原则。所谓个性化原则，就是要在企业理念设计中，从企业经营目标、自身环境、内部条件、历史传统、独特风格等因素出发，找出本企业与其他企业经营理念的差异，从而创造出独具个性的企业理念。

2）概括化原则。企业理念设计应用简洁的文字，精确、明晰、概括地表示出来。这种高度概括的企业理念，既要易读、易记、易懂，又要便于向公众传达。

根据上述原则，在企业理念设计过程中，首先要搞好企业内外调查，既要了解企业的经营方向、行业特点及运行状况，又要准确把握企业的社会地位、公众期望及实际业绩，通过分析和比较，以确定企业理念的诉求方向。其次，要在调查与分析的基础上，把构成企业理念的经营宗旨、经营方针、经营价值观及企业精神等基本要素加以界定，以确定其基本含义。最后，要用准确、简练的语言文字表达企业理念，这种文字表达要富有哲理、引人思索、生动形象、感情动人，以增强企业理念的感染力。

（2）企业理念设计的内容　企业理念设计包括经营宗旨设计、经营方针设计、企业价值观设计、企业精神设计等。

1）经营宗旨设计。任何企业的生产经营活动，都有自己的经营目的。经营宗旨是企业经营的最高目标和根本目的，它体现了企业的理想与追求。经营宗旨设计，实质上是企业自身的社会定位。企业经营目标定位涉及如何处理经济目标、社会目标和文化目标之间的关系。企业经营宗旨设计或社会定位，直接影响着企业与社会的关系，决定着企业的生存与发展。

2）经营方针设计。经营方针是指企业在经营思想指导下，为实现经营宗旨所确定的基本原则，它是企业一切活动的指南。经营方针不同于企业本身的工作守则、行为标准、操作要求等各种具体行为规范，它规定了企业经营活动必须统一遵守的最高准则，保证企业发展不可偏离所规定的方向。

3）企业价值观设计。企业价值观是指在企业占主导地位的、为企业绝大多数员工所共有的对企业经营行为意义的总观点和总看法。它是整个企业理念的基础。企业价值观是企业中占主导地位的观念，也就是说，有什么样的企业价值观，就会有什么样的企业宗旨、使命、经营方针及其行为规范等。企业价值观通过潜移默化的形式渗透到企业经营管理活动的全过程，决定着企业及其员工的行为取向和判断标准。

4）企业精神设计。企业精神是企业生产经营活动中，为谋求自身的存在和发展而长期形成的，并为企业员工所认同和接受的一种先进的群体意识。企业精神是企业的精神动力，代表着企业员工的精神风貌，渗透在企业宗旨、战略目标、经营方针、职业道德、人事关系等各个方面，反映在厂风、厂纪、厂容、厂誉等各个层面。企业精神对企业员工具有强大的凝聚力、感召力、引导力和约束力，能够增强员工对企业的信任感、自豪感和荣誉感，并使外界通过企业精神产生对企业的信任和好感，获得社会公众的认同和支持。

4. 企业行为识别设计

当企业理念识别设计完成之后，就要进行企业行为识别设计。企业行为识别是企业理念的传播形式，它涵盖了企业内部和外部所有经营管理活动，通过企业的具体行为来塑造企业形象。同企业理念识别相比，企业行为识别内容更加具体化，便于操作，是企业理念的外在化或外在表现。

（1）企业行为识别的结构　企业行为识别贯彻于企业整个生产经营活动过程之中，规范着企业的组织、管理、教育、生产、开发以及对社会的一切活动。具体来说，企业行为识别由对内和对外两个方面组成。

1）企业内部行为识别。企业内部行为识别是在独特的企业理念指导下，通过员工教育等一系列活动，使企业理念渗透到企业及其员工的行为之中，以形成和提升企业形象。它主要包括员工教育、组织设计、强化管理、环境建设、研究开发、福利制度、行为规范、企业文化建设等。通过企业内部这些活动，全面提高员工素质，使全体员工达成一致的共识，为实现企业目标而竭尽全力。

2）企业外部行为识别。企业外部行为识别是在独特的企业理念指导下，通过广泛而有成效的对外经营活动，取得社会公众的广泛认同，达到理解、支持企业的目的。它主要包括市场调查、产品开发、市场服务、营销策划、公关活动、广告宣传、公益活动等。通过这些活动，将企业宗旨、商品质量、人员素质、经营特色、工作绩效等企业形象信息，传播给消费者及其他社会公众，使社会公众对企业生认同感和信赖感，从而在社会公众中树立良好的企业形象。

（2）企业行为识别设计的内容

1）员工教育设计。员工既是企业管理的主体，又是企业管理的客体。员工作为管理主体，需要具有较高的政治素质、文化素质、技术素质和操作技能；员工作为管理客体，还需要具有理解、接受、遵从管理者要求的素质。企业员工的这些素质直接决定着企业的生存与发展，并影响着企业的形象。为造就高素质的员工队伍，就要加强员工的教育和培训工作。

2）组织结构设计。现代企业组织的基本结构，主要有三种可供选择的结构模式，即功能垂直结构模式（U形结构）、事业部制分权结构模式（M形结构）和母子公司分权结构模式（H形结构）。

3）管理行为设计。企业管理行为是企业为实现企业目标而在生产经营领域中所进行的管理活动，主要包括：以客户为中心的计划管理、生产管理、质量管理、配件管理、技术管理、财务管理、营销管理、人力资源管理、基础管理等内容。

5. 企业视觉识别设计

企业视觉识别设计是继企业理念和企业行为识别设计之后的又一重要识别设计。它是企业理念和行为识别的集中而直接的反映，是将企业识别系统中非可视的内容转化为静态的识别符号，以丰富多样的应用形式，在最广泛的层面上，塑造独特的企业形象。

企业视觉识别是企业整体形象的静态识别符号系统，它是通过个体可见的识别符号，经由组织化、系统化和统一化的识别设计，是传达企业经营理念和情报信息的形式。企业视觉识别涉及项目最多，层面最广，效果也最直接，可使社会公众快速而明确地识别和认知企业。

企业视觉识别的基本构成，一般有基本要素和应用要素两大部分。企业视觉识别的基本要素主要包括：企业名称、企业标志、企业标准字、企业标准色、企业造型和象征图案、企业专用印刷字体、企业宣传标语和口号、企业吉祥物等。这些要素是表达企业经营理念的，它要求形式与内涵的完美统一。企业视觉识别的应用要素主要包括：事务性办公用品以及办公室器具、设备和装饰，招牌、旗帜、标示牌，建筑物外观群落以及衣着制服、展览橱窗、交通工具、广告媒介、产品包装、包装用品、展示陈列、工作场所规划等。这些要素是传达企业形象的具体载体，因而在对应用要素所包括的内容进行设计时，必须严格遵循基本要素的规定，使应用要素能够形成统一的视觉形象。在企业视觉识别的诸要素中，企业名称、企业标志、企业标准字、企业标准色等基本要素的设计最为重要。

2.4 组织机构及人力资源配置

2.4.1 人力资源概述

1. 人力资源的定义及其特征

人力资源（Human Resource，HR）是指一定时期内企业中的人员所拥有的能够被企业所用，且对价值创造起贡献作用的教育、能力、技能、经验、体力等的总称。要准确理解人力资源的概念，需要先理解其特征。人力资源有如下六个方面的特征。

（1）能动性　劳动者总是有目的、有计划地运用自己的劳动能力。有目的的活动是人类劳动与其他动物本能活动的根本区别。劳动者能够按照在劳动过程开始之前已确定的目的，积极、主动、创造性地进行活动。

（2）再生性　从劳动者个体来说，他的劳动能力在劳动过程中消耗之后，通过适当的休息和补充需要的营养物质，劳动能力又会再生产出来；从劳动者的总体来看，随着人类的不断繁衍，劳动者又会不断地再生产出来。因此，人力资源是取之不尽、用之不竭的资源。

（3）增值性　人力资源的再生产过程是一种增值的过程。从劳动者个人来看，随着教育的普及和教育质量的提高，科技的进步和劳动实践经验的积累，劳动者的各种能力会不断提高，从而增加了人力资源存量。

（4）时效性　作为人力资源的劳动能力只存在于劳动者个体的生命周期之中。开发和利用人力资源要讲究及时性，以免造成浪费。

（5）两重性　人力资源既是投资的结果，同时又能创造财富，也就是说人力资源既具有生产性，也具有消费性。

（6）社会性　由于每个团体都有自身的文化特征，每种文化都是一个团体共同的价值取向。文化特征是通过人这一载体而表现出来的。由于每个人受自身社会环境的影响不同，其个人的价值观也不相同，他们在生产经营活动、人与人交往等社会活动中，其行为可能与团体文化所倡导的行为准则发生矛盾，也可能与他人的行为准则发生矛盾，这就需要人力资源管理注重团队的建设，注重人与人、人与群体、人与社会的关系及利益的协调与整合，倡导团队精神，从而形成统一的共识。

2. 人力资源管理的含义

人力资源管理就是指运用现代化的科学方法，对与一定物力相结合的人力进行合理的培训、组织和调配，使人力、物力经常保持最佳比例，同时对人的思想、心理和行为进行恰当的诱导、控制和协调，充分发挥人的主观能动性，使人尽其才，事得其人，人事相宜，以实现组织目标。作为最主要的资源，人力资源必须进行科学而有效的开发和管理，才可能最大限度地发挥效益。我们可以从以下两个方面来理解人力资源管理。

（1）对人力资源外在要素——量的管理

对人力资源进行量的管理，就是根据人力和物力及其变化，对人力进行恰当的培训、组织和协调，使二者经常保持最佳比例和有机的结合，使人和物都充分发挥出最佳效应。

（2）对人力资源内在要素——质的管理

主要是指采用现代化的科学方法，对人的思想、心理和行为进行有效的管理（包括对个体和群体的思想、心理和行为的协调、控制和管理），充分发挥人的主观能动性，以实现组织目标。

3. 新能源汽车服务企业人力资源管理的职能

人力资源管理工作直接影响整个新能源汽车服务企业的经营状况。这种影响可能带来正面效应，也可能带来不利影响，人力资源管理的具体效果如何，取决于人力资源的具体政策、体制的设计和贯彻实施。新能源汽车服务企业人力资源管理工作的任务，就是在企业内部设计各种有关的企业制度，使之有助于充分发挥员工的智慧和才能，从而圆满地实现企业的各种经营目标。通过改进员工的职责、技能和动机，调动员工的积极性，提高其工作效率。人力资源管理工作的主要职能包括以下八个方面：

1）人力资源规划。人力资源规划的主要工作内容是：根据企业发展经营目标和计划，预测企业在未来的较长一段时间对员工种类（岗位要求）、数量和质量的需求，据此编制人力资源供给计划，通过内部培养和外部招聘相结合的方式进行人力资源供给，以满足企业的人力资源需要，确保企业发展战略的顺利实施。

2）工作分析。工作分析是指通过一定的方法对特定岗位的信息进行收集和分析，进而对工作职责、工作条件、工作环境以及任职者资格作出明确的规定，然后编写工作描述和工作说明的管理活动。新能源汽车服务企业由于涉及非安全电压作业，因此与传统汽车不同的是作业人员需要有由应急保障部门颁发的低压电工作业许可证，这是一个准入性的特种作业许可，如果员工没有这个证书，对个人来说是非法作业，对于企业来说属于非法用工，都属于违法行为。

3）人员招聘。人员招聘是指企业人力资源管理部门选择合适的招聘渠道和方法，吸引足够数量和质量的人员有意愿加入组织，并选择和录用最适合企业和岗位要求的人员的过程。

4）员工培训。员工培训是指企业有计划地帮助员工提高与工作有关的综合能力而采取的教育活动，或是企业内部组织培训，或是送员工外出培训和进修。由于新能源汽车技术日新月异，同时行业和企业对技术人员都有持续培训的要求，因此在新能源汽车服务企业中这个职能更加重要。

5）员工职业生涯管理。员工职业生涯管理是指企业和员工共同探讨员工职业成长计划，并帮助员工完成职业生涯发展的一系列活动。它可以满足员工个人成长的需要，也可以实现个人与企业的协调发展，最终给企业带来效益。

6）薪酬管理。薪酬管理是针对不同的工作岗位或工种，制订合理公平的工资、奖金以及福利计划，以满足员工生存和发展的需要。

7）劳动关系管理。劳动关系管理包括与员工签订劳动合同，处理员工与企业或员工之间可能出现的劳动纠纷，规范员工的权利和义务，建立员工投诉制度，根据相关的法律法规处理员工管理的问题等。

8）绩效评估。绩效评估是指衡量和评估员工在确定时期内的工作活动和工作成果的过程。

2.4.2 人力资源规划

1. 人力资源规划的含义

人力资源规划（Human Resource Plan，HRP）是指为实施企业的发展战略，完成企业的生产经营目标，根据企业内外环境和条件的变化，通过对企业未来的人力资源的需要和供给状况的分析及估计，运用科学的方法进行组织设计，对人力资源的获取、配置、使用、保护等各个环节进行职能性策划，制定企业人力资源供需平衡计划，以确保在需要的时间和需要的岗位上，获得各种必需的人力资源，保证事（岗位）得其人、人尽其才，从而实现人力资源与其他资源的合理配置，有效激励、开发员工的规划。

2. 人力资源规划的作用

人力资源规划是组织战略规划的组成部分；人力资源规划是组织适应动态发展需要的重要条件；人力资源规划是各项人力资源管理实践的起点和重要依据；人力资源规划有助于控制人工成本；人力资源规划有助于调动员工的积极性。

3. 人力资源规划的内容

人力资源规划是预测未来的组织任务和环境对组织的要求，以及为了完成这些任务和满足这些要求而设计的提供人力资源的过程。通过收集和利用现有的信息对人力资源管理中的资源使用情况进行评估预测。人力资源规划的实质是根据公司的经营方针，通过确定未来公司人力资源管理的目标来实现公司的既定目标。

人力资源规划包括以下五个方面的内容：

（1）战略规划　战略规划是根据企业总体发展战略的目标，对企业人力资源开发和利用的方针、政策和策略的规定，是人力资源具体计划的核心，是事关企业全局的关键性计划。

（2）组织规划　组织规划是对企业整体框架的设计，主要包括组织信息的采集、处理和应用，组织结构图的绘制，组织调查，诊断和评价，组织设计调整，以及组织机构的设置等。

（3）制度规划　制度规划是人力资源总规划目标实现的重要保证，包括人力资源管理制度体系建设的程序、制度化管理等内容。

（4）人员规划　人员规划是对企业人员总量、人员构成、人员流动的整体规划，包括人力资源现状分析、企业定员、人员需求、供给预测和人员供需平衡等。

（5）费用规划　费用规划是对企业人力成本、人力资源管理费用的整体规划，包括人力资源费用的预算、核算、结算，以及人力资源费用控制。

人力资源规划又可分为战略性的长期规划、策略性的中期规划和具体作业性的短期计划，这些规划与其他规划相互协调联系，既受制于其他规划，又为其他规划服务。

4. 人力资源规划的步骤

由于各企业的具体情况不同，所以编写人力资源计划的步骤也不尽相同。下面是编写人力资源计划的典型步骤。

（1）制订岗位编制计划　根据企业发展规划，结合岗位分析报告制订岗位编制计划。岗位编制计划阐述了企业的组织结构、岗位设置、岗位描述和岗位资格要求等内容。制订岗位编制计划的目的是描述企业未来的组织职能规模和模式。

（2）制订人员配置计划　根据企业发展规划，结合企业人力资源盘点报告，制订人员配置计划。人员配置计划阐述了企业每个岗位的人员数量、人员的岗位变动、任职员空缺数量等。制订人员配置计划的目的是描述企业未来的人员数量和素质构成。

（3）预测人员需求　根据岗位编制计划和人员配置计划，使用各种预测方法预测人员需求。人员需求中应阐明需求的岗位名称、人员数量、希望到岗时间等。最好形成一个标明了员工数量、招聘成本、技能要求、工作类别，以及为完成组织目标所需的管理人员数量和层次的分列表。实际上，预测人员需求是整个人力资源规划中最困难和最重要的部分。因为它要求以富有创造性、高度参与的方法处理未来经营和技术上的不确定性问题。

（4）确定人员供给计划　人员供给计划是人员需求的对策性计划，主要阐述了人员供给的方式（外部招聘、内部招聘等）、人员内部流动政策、人员外部流动政策、人员获取途径和获取实施计划等。通过分析劳动力过去的人数、组织结构和构成以及人员流动、年龄变化和录用等资料，可以预测出未来某个特定时刻的供给情况。预测结果勾画出了企业现有人力资源状况以及未来在流动、退休、淘汰、升职及其他相关方面的发展变化情况。

（5）制订培训计划　为了提升企业现有员工的素质，适应企业发展的需要，对员工进行培训是非常重要的。培训计划中包括了培训政策、培训需求、培训内容、培训形式、培训考核等内容。

（6）制订人力资源管理政策调整计划　该计划明确计划期内的人力资源政策的调整原因、调整步骤和调整范围等，其中包括招聘政策、绩效考评政策、薪酬与福利政策、激励政策、职业生涯规划政策、员工管理政策等。

（7）编写人力资源费用预算　主要包括招聘费用、培训费用、工资福利等费用的预算。

（8）关键任务的风险分析及对策　每个企业在人力资源管理中都可能遇到各种风险，如招聘失败、新政策引起员工不满等，这些事件很可能会影响企业的正常运转，甚至会对企业造成致命的打击。因此,要对此类风险事先做好应对预案。

2.4.3 工作分析

1. 工作分析的含义

工作分析就是全面地收集某一个工作岗位的有关信息,对该工作岗位从六个方面开展调查研究:工作内容(What)、责任者(Who)、工作岗位(Where)、工作时间(When)、怎样操作(How)以及为什么要这样做(Why),然后再将该工作的任务要求和责任、权利等进行书面描述,整理成文,形成工作说明书的系统过程。

工作说明书主要包括以下两方面内容。

(1) 工作描述　对岗位的名称、职责、工作程序、工作条件与工作环境等方面进行一般说明。

(2) 岗位要求　说明担负该工作的员工所应具备的资格条件,如经验阅历、知识、技能、体格、心理素质等各项要求。

工作说明书为人员招聘提供了具体的参考标准,工作分析则提供了需要招聘人员的工作岗位,之后,甄选与招聘合适的人员成为企业人力资源管理的一项重要工作。

2. 工作分析的意义

工作分析对于整个人力资源管理活动甚至对整个公司管理活动的意义非常明显。这主要表现为以下十个方面:

1) 通过工作分析可以使管理者明确目前和将来一段时间的工作量,从而明确人力资源需求的数量以及需要填补的岗位,为人力资源规划提供依据。

2) 企业哪些岗位空缺、需要招聘什么人、招聘多少人等信息都依赖于工作分析的过程与结果,即工作说明书中的要求。

3) 如何开发有效、合法、合理的测试和面试,才能从大量候选者当中遴选出最适合岗位要求的人。通过工作分析所得到的人员任职资格,即胜任岗位的人应该具备的知识、能力、经验等都可以作为开发人员遴选方法的标准。

4) 员工的工作表现只能根据工作内容标准来考核,通过工作分析能够得到员工履行每一项工作的期望标准,这样建立的考核标准才称得上科学和合法。

5) 哪些人需要培训?培训什么?如何培训?通过工作分析得到各岗位胜任所需要的知识与技能,岗位任职者的能力与岗位要求有大的差异,就不会带来高的绩效,这些人需要培训以提高技能。

6) 根据工作分析得到各岗位在工作任务繁简、承担责任大小、岗位要求人员资格高低等信息的差异,并作出科学的工作评价,从而明确各岗位对组织的相对价值,为岗位工资的建立奠定基础。

7) 工作说明书明确了特定工作岗位的上级岗位和下级岗位以及同级岗位的关系,为员工明确了晋升和发展的路径以及相应的资格条件,有力地促进了职业发展在激励员工方面所发挥的作用。

8) 通过工作分析,还能够发现一些妨碍工作效率进一步提高的因素(技术方面或管理方面),并通过组织对工作进行再设计,使工作内容更加丰富化,提高员工工作的满意度。

9) 通过细致的工作分析,还可以得到员工工作数量和工作定额方面的信息,为组织的定岗定员提供依据。

10）通过工作分析，可以发现一些员工工作处于特殊的工作环境（如触电、高温、高噪声等）中，可以为特定岗位员工领取津贴或采取劳动与安全保护措施提供依据和支持。

3. 工作分析的原则

（1）目的原则　在工作分析中，要明确工作分析的目的。不同的目的决定了不同的侧重点。

（2）职位原则　工作分析以职位为出发点，分析职位本身的内容、性质、关系、环境及人员胜任特征。

（3）参与原则　工作分析需要各级管理人员与员工的积极参与。

（4）经济原则　应该本着经济性的原则选择工作分析的方法。

（5）系统原则　对某岗位分析要从总体上把握该岗位的特征及对人员的要求。

（6）动态原则　工作分析结果需要根据变化经常调整。

4. 工作分析的方法

（1）观察法　优点：深入工作现场，能比较全面地了解工作情况。缺点：干扰正常工作行为或给员工带来心理压力；无法感受或观察到特殊事件；如果工作本质上偏重心理活动，则成效有限；可能出现"霍桑效应"。

（2）访谈法　优点：可获得完全的工作资料；可进一步促进管理者和员工沟通，以获取谅解和信任；可不拘形式，谈话内容较有弹性，可随时补充和反问；可发现新的、未预料的重要信息。缺点：员工可能会扭曲信息，耗时较多，成本较高；对分析员的要求高；占用工作时间，妨碍生产。

（3）问卷法　优点：成本低、时间短、可随时调查；信息量大且规范化。缺点：信息采集受问卷设计水平的影响大，难以设计出能收集完整信息的问卷；对任职者的知识水平要求较高；不易唤起被调查对象的兴趣，调查难以深入。

（4）写实法　主要包括工作日志法和主管人员分析法。工作日志法对高水平、复杂的工作分析，显得经济且有效，但得到的信息凌乱、难以组织，对分析人员的要求高；任职者可能夸大工作重要性；会增加员工的负担。主管人员分析法相较于前者，直接主管往往对任职者所担任工作的理解更深，评价也更加客观，但可能存在主管的偏见。

（5）参与法　优点：获取工作信息的质量较高。缺点：受条件限制太多，往往难以实现。

5. 工作分析所需的信息

工作分析是一个描述和记录工作的各个方面的过程，它需要收集与工作本身相关的各项信息。一个有效的工作分析应该包括以下内容：

1）背景资料，即企业所在的产业、企业的经营战略、企业文化、组织结构和职业分类等。

2）工作活动，实际发生的工作活动、工序、活动记录、负责人的职责等。

3）工作行为，与工作有关的个人行为（如沟通、决策、撰写等）、动作和行为的质量要求。

4）工作设备，计算机（包括软件和硬件）、安全设施、办公室设备、机器、工具和其他工作器具等。

5) 有形和无形的物质,包括物料、制成品、所应用的知识和所提供的服务等。
6) 绩效标准,包括工作标准、偏差分析、各种量度和评估工作成果的方法等。
7) 工作条件,包括工作环境、工作时间表、激励因素及其他企业和社会环境的条件。
8) 人员条件,包括与工作有关的知识和技能及个人特性的要求。

6. 工作分析的步骤

(1) 成立工作分析工作组

工作组一般包括数名人力资源专家和多名工作人员,它是进行工作分析的组织保证。新能源汽车服务企业可以通过借助车企的相关资源组建工作组。

首先,工作组需要对工作人员进行工作分析的技术培训,制订工作计划,明确工作分析的范围和主要任务。同时,配合组织做好员工的思想工作,说明分析的目的和意义,建立友好的合作关系,使员工对工作分析有良好的心理准备。

其次,工作组还需要确定工作分析的目标和设计岗位调查方案,在刚开始就应确定工作分析所获得信息的使用目的。信息的用途直接决定需要收集哪些类型的信息,以及使用哪些方法来收集这些信息。在此基础上,对信息调查方案进行设计,不同的组织有其特定的具体情况,可以采用不同的调查方案和方法。当然,如果能够把工作分析的任务和程序分解为若干个工作单元和环节,将更有助于工作分析的完成。

(2) 收集与工作相关的背景信息

工作分析一般应该得到的资料包括:劳动组织和生产组织的状况、企业组织机构和管理系统图、各部门工作流程图、各个岗位办事细则、岗位经济责任制度等。

很多新能源汽车服务企业都会根据车企的要求有自己的"定岗、定编、定员"的具体规章制度,这些背景信息将会对下一步的调查和分析过程产生重要的影响。其最重要的作用是,能够帮助工作分析人员进行有效的清岗工作,即对组织当前所有部门的岗位进行清理。在背景信息的帮助下,通过与该组织人事部门的工作人员进行讨论,分析人员能够清楚地了解组织各个部门的岗位以及各岗位上的人数和大致的工作职责,并可以用一个标准的职位名称来规范各岗位。

(3) 收集工作分析的信息

岗位调查是调查、收集与工作相关的资料,为正确地编写岗位说明书提供依据。新能源汽车服务企业可根据所维修车型相关车企的相关文件和企业自身特点来调查。这个阶段的任务是根据调查方案,对组织的各个岗位进行全方面的了解,收集有关工作活动、职责、特征、环境和任职要求等方面的信息。在信息收集中,一般可灵活运用访谈、问卷、实地观察等方法,得到有关岗位的各种数据和资料。岗位调查是工作分析中十分必要的准备工作,它的真实程度以及准确性,直接关系到工作分析的质量。

(4) 整理和分析所得到的工作信息

工作分析并不是简单机械地积累工作的信息,而是要对各岗位的特征和要求作出全面的说明,在深入分析和认真总结的基础上,创造性地揭示各岗位的主要内容和关键因素。

(5) 编写岗位说明书

岗位说明书在企业管理中的作用非常重要,不但可以帮助任职人员了解其工作,明确其责任范围,还可为管理者的决策提供参考。一般而言,岗位说明书由工作说明和工作规范两部分组成。工作说明是对有关工作职责、工作内容、工作条件以及工作环境等工作自身特征等方面所进行的书面描述。工作规范则描述了该工作对任职人员的知识、能力、品格、教育背景和工作经历等方面的要求。工作说明和工作规范也可以分为两个文件。新能源汽车服务企业可根据所维修车型相关车企的岗位说明书来进行修改补充,并视自身情况进行合并或增删。

7. 岗位说明书的编写与管理

岗位说明书要求准确、规范、清晰。在编写之前,需要确定岗位说明书的规范用语、版面格式要求和各个栏目的具体内容要求。岗位说明书一般包括以下八项内容:

(1) 岗位基本信息　也称为工作标识,包括岗位名称、所在部门、直接上级、定员、部门编码、岗位编码等。

(2) 工作目标与职责　重点描述从事该岗位的工作所要完成或达到的工作目标,以及该岗位的主要职责权限等,标准词汇应是:负责、确保、保证等。

(3) 工作内容　这是岗位说明书最主要的内容。此部分内容应详细描述该岗位所从事的具体的工作,应全面、详尽地写出完成工作目标所要做的每一项工作,包括每项工作的综述、活动过程、工作联系和工作权限。同时,在这一内容中还可以同时描述每项工作的环境和工作条件,以及在不同阶段所用到的不同的工具和设备。

(4) 工作的时间特征　反映该岗位通常表现的工作时间特征,例如,新能源汽车服务企业由于服务行业的属性,在节假日需要有工作人员值守;救援人员可能需要值"大夜班"(值夜班至第二天早晨8点);市场营销人员需要经常出差;一般管理人员则可正常上下班等。

(5) 工作完成结果及建议考核标准　反映该岗位完成的工作标准,以及如何根据工作完成情况进行考核,具体内容通常与企业的考核制度相结合。

(6) 教育背景和工作经历　教育背景反映从事该岗位应具有的最低学历要求,在确定教育背景时应主要考虑新加入员工的专业和最低学历要求,而不考虑当前该岗位在职员工的学历;工作经历则反映从事该岗位所具有的最起码的工作经验要求,一般包括两方面:一是专业经历要求,即相关的知识经验背景;二是可能需要本组织内部的工作经历要求,尤其针对组织中的一些中高层管理职位。

(7) 专业技能、证书和其他能力　反映从事该岗位应具有的基本技能和能力。某些岗位对专业技能要求较高,没有相应的专业技能就无法开展工作,如前文谈到的低压电工操作许可证,如果没有就根本无法开展新能源汽车的维修工作。而另一些职位如市场部主管,则要求具有较强的公关能力、沟通能力等。

(8) 专门培训　反映从事该岗位工作前应进行的基本的专业培训,否则不允许上岗或不能胜任工作。专门培训指员工已经具备了教育水平、工作经历、技能要求之后,还必须接受岗位培训等专门培训。交通运输部的相关标准中明确要求新能源汽车维护与修理技术人员,必须经过专业的培训才能上岗作业。

岗位说明书一般由人力资源部门统一归档并管理。但是,岗位说明书的编写并不是一劳永逸的工作。实际工作中,经常会出现岗位增加、撤销的情况,或者某项工作的职责和内容出现变化。每一次工作信息的变化都应该及时记录在案,并迅速进行岗位说明书的调整。

2.4.4 组织机构设置

新能源汽车服务企业组织是指由企业中从事新能源汽车服务经营活动的部门和人员组成的有机系统。新能源汽车服务企业组织结构是指部门的设置和构成关系。

1. 组织机构的类型

按照业务类型，新能源汽车服务企业组织机构分为品牌专营店的组织结构、配件经营企业组织机构、维修服务企业组织机构、二手车交易企业组织机构、车辆租赁企业组织机构等。下面主要介绍新能源汽车品牌授权店，即4S店的组织结构。

2. 新能源汽车品牌授权店的组织结构

对于公司制企业，汽车品牌授权店一般采用董事会领导下的总经理负责制；对于独资和合伙企业，也设立总经理，总经理由出资人担任，或聘请总经理，并实行总经理负责制。在总经理下设销售部、技术服务部、财务部和行政部等机构。其组织结构如图2-2所示。

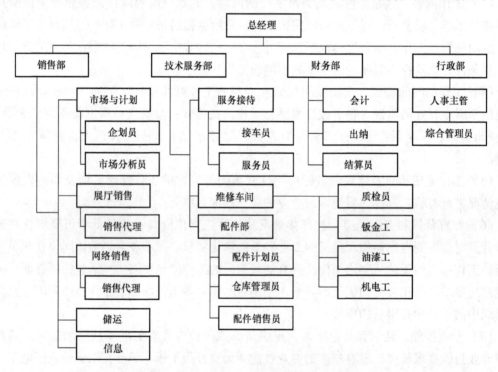

图2-2 新能源汽车品牌授权店组织结构

销售部主要负责与整车销售活动有关的业务，如开发潜在客户、接受客户咨询、进行市场营销策划、制订购车计划、实现整车销售等。

技术服务部主要负责与整车维护、修理、改装活动等有关的业务，如汽车质量保修、配件供应、改装、洗车等美容服务。

财务部主要负责与企业对资金运作的管理活动有关的工作，如资金筹集、往来结算、物资核算、工资核算、收入利润核算、成本核算、资金管理等。

行政部主要负责企业人事管理、日常事务和劳动保险与福利等工作。

随着企业规模的扩大，整车销量的增加，或根据整车生产厂商的要求，有的企业会将市场部从销售部分离出来成立一个独立的部门；有的企业还将配件部从技术服务部分离出来成立一个独立的部门。另外，随着市场竞争的日趋激烈，许多汽车经销商都在不断探索新的盈利模式和手段，并拓展了一些新的服务业务内容，如二手车置换、会员服务等，从而成立由二手车置换中心、车友俱乐部等部门组成的新能源汽车后市场增值服务部。

3. 组织机构的设计原则

新能源汽车服务企业管理组织设计主要是选择合理的管理组织结构，确定相应的组织系统，规定各部门及管理人员的职责和权限等，它以协调组织中人与事、人与人的关系，最大限度地发挥人的积极性，提高工作绩效，更好地实现组织目标为基本目的。新能源汽车服务企业管理组织设计有如下四项基本原则。

（1）系统整体性原则

新能源汽车服务企业管理组织是一个整体的系统，有共同的企业目标，组织结构的设计应站在整体的高度，以系统的观点使企业各层次、各部门、各职位之间形成相互配合、相互协作的关系，并把它们联结到一起。

系统整体性原则主要体现在如下两个方面：首先，企业应有一个完整的、健全的运作系统，它由决策中心、执行系统、操作系统、监督系统和反馈系统构成；其次，组织中人员、岗位的设置，权力和责任的规定，应该做到"事事有人管、人人有事做"，不仅如此，各职责、各职权之间要避免出现重叠和空缺，以防止在工作中产生不必要的矛盾、摩擦，以及相互推诿、无人负责的问题。

（2）任务与目标原则

企业组织的设置，是为实现企业的战略任务和经营目标服务的，必须以此作为出发点和落脚点，设计汽车服务企业管理组织，没有任务和目标的组织，就没有存在的价值；衡量组织结构设计的优劣，要以是否有助于实现企业任务、目标作为最终的标准。从这一原则出发，当企业的任务、目标发生重大变化时，企业组织结构必须进行调整。例如，企业从单纯销售汽车向汽车维修、美容、改装等业务拓展时，组织结构必须作出相应的调整和变革，以满足任务、目标变化的需要。进行企业机构改革，必须明确要从任务和目标的要求出发，该增则增，该减则减，避免单纯地把精简机构当成改革的目的。

（3）专业分工和协作原则

在新能源汽车服务企业的管理中，根据专业分工，分别设置不同的专业部门，如设置销售部、维修部，销售部又分市场部、网络销售部等，维修部又分维护组、维修组、改装组等，这有助于提高工作的质量与效率，分工越细，责任越易明确，效率越高。进行专业分工时，要注意各部门之间应协作与配合，这样才能使汽车服务企业成为一个整体；此外，各部门分工的业务量应均衡，这将有助于不同部门间的协调。

（4）命令统一原则

命令统一原则是指组织中的任何成员只能接受一个上司的领导。除了位于组织金字塔顶部的最高行政指挥者外，组织中的所有其他成员在工作中都会收到来自上级行政部门或负责人的命令，根据上级的指令开始或结束、进行或调整、修正或废止自己的工作。如不严格遵守命令统一原则，会产生很严重的后果。如果一个下属同时接受两位上司的指导，而两位上司的指示又不一致，那么下属的工作就会混乱。如果两位上司的命令相互矛盾，下属便会感到无所适从，这时，下属无论依照谁的指令行事，都有可能受到另一位上司的指责。如果下属利用一位上司的命令去影响另一位上司的指示，不采取任何行动，这显然也会给整个组织带来危害。

4. 北汽新能源服务站人员组织机构

企业为了实现某种目标，将会搭建相应的组织机构，而这一组织机构由不同的岗位组成，组织机构的功能在于分工和协调，是保证目标实施的必要手段。新能源汽车服务企业是为新能源汽车提供服务的一个组织，在这个组织中同样需要一个由多个岗位组成的组织机构。至于企业选择哪一种组织机构形式，或具体按哪一种方式来组织生产经营，一定要结合本企业的实际情况，例如企业规模大小、人员素质高低、生产工艺复杂程度、所处环境等。总之，要以最有效的完成企业目标为依据来选择具体的生产组织形式，并设置相应的管理机构和岗位。图2-3是北汽新能源售后服务体系中某汽车服务企业的组织机构，其主要是对相应管理机构的设置。

图2-3　汽车服务企业的组织机构

新能源汽车服务企业的组织机构同样是为经营服务的，组织机构的设置与选择哪些经营项目密切相关，但其一定要以客户为中心，高效且要有较强的服务意识，特别是要抓住新能源汽车自身的特点和用户群的类型进行组织机构的设置。图2-4是北汽新能源服务站人员组织机构，主要是对岗位的设置。

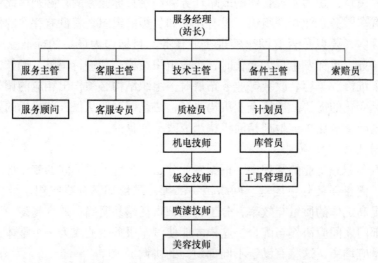

图2-4　北汽新能源服务站人员组织机构

2.4.5　人力资源配置

1. 定员

组织机构由各岗位搭建而成，每个岗位都需要承担相应的职责，这些岗位同时需要配备相应的人员来完成对应的职能。表2-2是北汽新能源服务站人员配置标准。

表2-2 北汽新能源服务站人员配置标准

	主要岗位	各级别服务站	
		最低标准	配置要求
1	服务经理	1	专职1人
2	服务主管	1（可兼职）	$N>10$ 时，专职1人
3	服务接待	2	月进厂量每增加300台增加1人
4	洗车工	1	月进厂量每增加450台增加1人
5	技术主管	1	专职1人
6	质量检验员	1（可兼职）	$N>10$ 时，专职1人；月进厂量每增加900台，增加1人
7	机电技师	3	月进厂量每增加150台，增加1人
8	钣金技师	1	合计约为机电技师数量的1/2
9	喷漆技师	1	
10	备件主管	1	专职1人
11	备件计划员	1（可兼职）	$N>10$ 时，专职1人
12	库房管理员	1（可兼职）	$N>10$ 时，专职1人
13	工具管理员	1（可兼职）	$N>10$ 时，专职1人
14	客服主管	1	专职1人
15	客服专员	1（可兼职）	$N>10$ 时，专职1人
16	索赔员	基本备制1人（以月质量担保单据400份为基数，月质量担保单据每增加200~400份增加1人配置标准）	
	合计	13	

注：1. N：日进站车辆台数。
2. 行政、财务及客户休息室服务人员等其他一般人员不在本表单所列人员之列，服务商应根据业务开展的需要配备。
3. 兼职原则：平级互兼，上级兼下级。

2. 新能源汽车服务企业岗位说明

岗位说明是根据组织机构中所设置的岗位进行职责的描述，即企业规定这个岗位的员工应该做些什么、应该怎么做以及在什么样的情况下履行职责的汇总。以下是北汽新能源汽车服务站的各岗位说明。

（1）服务站长（服务经理）

1）业务内容：负责售后服务全面工作，对服务质量和服务收益负责；设定本公司的客户满意度、收益及生产性相关目标值，根据所定管理目标的达成情况，执行相应的改善措施，并对结果负责。

2）工作职责：

① 统筹售后服务经营、管理计划及经营目标的达成。
② 制定服务站发展规划及所需资源配置。
③ 策划并实施提高服务运营质量的活动。
④ 组织和督促开展售后服务营销及相关活动。
⑤ 处理并关闭重大客户抱怨。
⑥ 评价服务站售后部门及员工的表现。

⑦ 构筑并创建与其他部门之间协作关系。
(2) 服务主管
1) 业务内容：负责领导服务顾问进行日常的客户服务接待工作，满足客户需求。
2) 工作职责：
① 负责前台开展服务营销和实现经营目标。
② 领导和参与服务顾问进行日常的维修接待工作。
③ 执行和督促标准化服务流程的实施及培训。
④ 协调前台与维修车间、备件部门之间工作。
⑤ 处理并关闭服务过程中的客户抱怨。
⑥ 监督客户档案的建立和管理。
⑦ 库存车的日常维护。
⑧ 信息反馈与管理。
⑨ 接待区域的5S管理。
(3) 技术主管
1) 业务内容：对服务站维修车间的整体作业的生产性、效率性及作业质量负有责任，监督和管理技师，对维修设备、工具和器具的维护负有责任，并对服务站人员提供技术指导和培训。
2) 工作职责：
① 维修车间整体作业的分配和管理。
② 作业进展推进和质量管理。
③ 负责与前台、备件部门的工作协调及信息反馈。
④ 负责车辆按时按质交验。
⑤ 维修车间设备、工具和器具等管理。
⑥ 维修车间的5S管理。
⑦ 定期收集技术疑难问题及批量的质量信息并向北汽新能源营销公司反馈。
⑧ 参加外部技术培训，开展内部技术指导、培训。
⑨ 负责人员认证及技术方面的培训及提升。
⑩ 指导维修技师诊断和排除疑难故障。
⑪ 指导监督维修技师正确使用维修工具、维修工艺和检测方法。
⑫ 对维修技师的修理、维护操作进行巡视检查。
(4) 备件主管
1) 业务内容：负责建立与备件业务相适应的工作流程，快速准确地供给备件，有效地支持维修车间工作。
2) 工作职责：
① 根据备件消耗和库存制定备件订购计划，保证维修所需的备件供应。
② 制订备件管理、领用、仓储的规章制度。
③ 执行北汽新能源营销公司备件价格规定及备件储备标准。
④ 备件市场调研、经济分析、收集和反馈备件的有关信息。
⑤ 内部备件业务培训。

⑥ 车辆升级备件的监控和协调。
⑦ 备件库区域 5S 管理。
（5）索赔员
1）业务内容：负责服务站质量信息担保、鉴定，旧件管理和结算工作。
2）工作职责：
① 最终判定车辆故障是否可以办理质量担保。
② 配合财务向北汽新能源营销公司进行质量担保结算工作。
③ 外出救援服务费用结算。
④ 按北汽新能源营销公司要求，提交合格的质量担保相关单据。
⑤ 受理客户《使用说明书》等资料的补办申请。
⑥ 协助处理客户质量问题相关抱怨。
⑦ 质量担保旧件库的管理。
⑧ 交车前检查（PDI）监控和管理，并上传 PDI 检查表。
（6）客户服务主管
1）业务内容：以电话回访的形式进行客户满意度调查，分析并报告调查结果。
2）工作职责：
① 对本站服务的客户进行电话回访，进行客户满意度调查。
② 记录、保存和整理客户回访信息。
③ 定期编制客户回访报表，对服务、维修、备件等各环节客户满意度进行评估并反馈相关情况。
④ 通过回访了解客户对服务过程、维修过程的感受，针对抱怨进行处理，并实行闭环处理。
⑤ 定期组织客户关怀活动。
（7）服务顾问
1）业务内容：客户与服务站最主要的接触人员，通过日常的业务，持续提供满足客户需求的服务。
2）工作职责：
① 提供客户咨询服务。
② 建立客户档案，分析客户群。
③ 按照北汽新能源营销公司服务核心流程和标准接待客户。
④ 开展日常维修的提醒、预约和个性化服务。
⑤ 接受、处理客户抱怨。
⑥ 服务过程跟踪。
（8）质量检验员
1）业务内容：负责服务站维修质量检验工作。
2）工作职责：
① 车辆维修质量检验。
② 返修车辆的质量监督、检查。
③ 参与重大、疑难故障的分析、鉴定。

④ 全员质量意识教育。
⑤ 质量信息的收集、汇总，并上报技术主管。
(9) 综合管理员（信息员）
1) 业务内容：协助服务站服务经理（站长）处理行政事务，负责服务站服务文件和信息的管理。
2) 工作职责：
① 负责文件和资料的收集、整理、借阅、存档。
② 每日查看电子邮箱、汽车经销商管理系统（DMS）信息，并及时传递信息。
③ 编制和传递服务质量报表和经营报表。
④ 跟踪各类文件的执行及效果。
⑤ 服务站工作人员基本信息的维护、接收和反馈。
⑥ 组织服务站开展内部管理、技术等培训。
⑦ 服务站内部审核的实施、落实及工作计划的推进。
⑧ 服务站现场 5S 管理及监督。

2.5 薪酬激励绩效评估

人力资源作为现代企业的一种战略性资源，已经成为企业发展最关键的因素。在人力资源管理的众多内容中，薪酬激励是一个重要工具，对提高企业的竞争力有着不容忽视的作用。激励，即调动人的工作积极性，把其潜在的能力充分地发挥出来。激励是管理的核心，而薪酬激励又是企业激励中最重要的也是最有效的激励手段。薪酬激励的目的之一是有效提高员工工作的积极性，在此基础上促进效率的提高，最终能够促进企业的发展。在企业盈利的同时，员工的能力也能得到很好的提升，实现自我价值。

2.5.1 薪酬管理

1. 薪酬的含义

薪酬是指劳动者依靠劳动所获得的所有劳动报酬的总和。薪酬是员工对企业作出贡献后企业所付给的相应回报，包括他们实现的绩效以及付出的努力、学识、技能、经验等，这实质上是一种公平的交换薪酬制度所涵盖的重要项目，包括薪金水平、薪金结构和加薪准则。薪酬包括有形和无形的待遇。有形待遇包括金钱报酬，如基本薪金和奖金等，而无形待遇是指非金钱报酬，如个人的名誉、特权、福利和保障、带薪休息时间和休假等。

新能源汽车服务企业的薪酬是用人单位为获得劳动者提供的劳动而支付给劳动者的劳动报酬，这种劳动报酬可以是实物形态的，也可以是非实物形态的。一般而言，薪酬包括：以工资、奖金和福利等形式支付的直接货币报酬，以保险、休假等各种间接货币形式支付的福利。

(1) 工资

工资包括基本工资和津贴。基本工资是员工收入的基本组成部分，是根据员工的绩效、能力给付的基本报酬形式，如计时工资、计件工资、职务工资、职能工资等。基本工资比较稳定，是确定退休金的主要依据。津贴是对员工在特殊劳动条件下工作时额外劳动的消耗、额外的生活费用，以及对员工生理或心理带来的损害而进行的物质补偿，津贴分地域性津贴、生活性津贴、劳动性津贴等。

（2）奖金

奖金是对员工有效超额劳动的报酬，是基本工资的补充形式，根据员工的业绩和公司经济效益状况给予。奖金分考勤奖金、效益奖金、项目奖金、季度奖金、年终奖金、红包等。

（3）福利

福利是新能源汽车服务企业通过购置集体生活设施、提供劳务和建立补贴制度等方式，以解决员工在物质与精神生活上的普遍性需求或特殊困难而建立的公益性事业。福利分社会保险福利和用人单位集体福利等，有失业保险、人寿保险、遣散费、带薪休假、健康保障、工伤补偿、退休福利等。

总之，员工所得到的薪酬既是对其过去努力工作的肯定和补偿，也是激励其在未来继续努力工作。在员工心目中，薪酬不仅仅是自己的劳动所得，它在一定程度上代表着员工自身的价值、代表企业对员工工作的认同，甚至还代表了员工的个人能力、品行和发展前景。薪酬激励不单单是金钱激励，还隐含着成就激励、地位激励等。因此，薪酬激励能够从多角度激发员工强烈的工作欲望，成为员工全身心投入工作的主要动力之一。员工期望通过积极表现、努力工作，一方面提高自己的工作绩效，另一方面争取薪酬的晋升，在这个过程中，员工会体验到由于晋升所带来的自我价值实现感和被尊重的喜悦，从而激发起员工的工作创造性。客观、公正、合理地报偿为企业作出贡献的每一个员工，既有助于企业的发展，又能保证员工从薪酬中获得经济上、心理上的满足，有助于提高企业员工的积极性。

在制订薪酬激励策略时要注意：绩效评价必须与期望的绩效目标紧密衔接，基于绩效的回报一定要紧随已产生的绩效。绩效目标要富有挑战性并且详细具体，奖励金额要与完成目标的难易程度相匹配。同时，企业要重视薪酬体系的公平性。员工对内在、外在薪酬价值的主观评价和对产生分配结果的过程的主观评价对激励效果起着非常重要的影响。

2. 薪酬标准制订的原则

在人力资源管理中，制订公平合理的岗位薪酬标准是整个人事管理的基础和核心内容，而重要性原则、稀缺性原则和复杂性原则是制定科学合理的岗位薪酬标准必须坚持的三大基本原则。

1）重要性原则。重要性原则是指在制订岗位薪酬标准时，首先要根据岗位对企业的贡献程度大小来确定岗位的薪酬高低，即岗位对企业如果非常重要，则其薪酬标准相应较高。反之，则不然。

2）稀缺性原则。稀缺性原则是指在制订岗位薪酬标准时，除了要考虑该岗位的重要性程度外，还必须考虑该岗位任职资格的可替代性，即该岗位所要求的任职资格是否具有较强的特殊性或稀缺性，也就是从事该岗位工作的人员是否需要具备一般人不可能具备的特殊能力。如果该岗位虽然很重要，但是一般人都能胜任，则不应该给予较高的薪酬标准。新能源汽车服务企业的薪酬，由于是行业快速起步的发展期，基本薪酬往往高于传统汽车服务企业，特别是维修技术人员除了掌握传统汽车维修技术外，还需要拥有低压电工操作证，并掌握新能源汽车维修检测技术及相关的电气专业知识。

3）复杂性原则。复杂性原则是指在制订岗位薪酬标准时，还必须考虑该岗位工作的复杂程度，即从事该岗位工作的程序是否比较复杂、烦琐，或劳动量和劳动强度较大。如果某项工作虽然重要性和稀缺性都不是很突出，但是显得特别复杂，则应该相应的给予较高的岗位薪酬。

以上三大薪酬激励原则在实际应用过程中还应该考虑其优先顺序，并根据不同单位的实际情况给予不同的权重。但具体如何加以利用则是需要进一步探讨的问题。

2.5.2 绩效评估

1. 绩效评估的含义和目的

绩效指构成员工职位的任务被完成的程度，它反映了员工能在多大程度上实现职位要求。

绩效评估又称绩效考评、绩效评价、员工考核，是一种正式的员工评估制度，也是人力资源开发与管理中一项重要的基础性工作，旨在通过科学的方法、原理来评定和测量员工在职务上的工作行为和工作效果。

绩效评估是一种正式的员工评估制度，它是通过系统的方法、原理来评定和测量员工在职务上的工作行为和工作成果。绩效评估是企业管理者与员工之间的一项管理沟通活动。绩效评估的结果将直接影响薪酬调整、奖金发放及职务升降等诸多员工的切身利益。

在组织中绩效评估有多个目的，管理人员把绩效评估结果用于一般的人力资源决策，比如人员晋升、调职、解聘等，都要以绩效评估结果为基础；绩效评估结果还可用于确定培训和开发需求，即如果员工不适应当前工作要求的能力或技能，应用何种方法弥补；绩效评估结果还可用来作为人员招聘与员工开发计划有效性的标准；新员工干得好坏也可绩效评估结果进行判断；同样，培训与员工职业生涯开发计划的有效性如何，也可以通过考察这些项目参与者的绩效情况来作出评价；绩效评估结果还可为员工提供反馈，让他们了解组织如何看待他们的绩效；另外，组织的奖酬分配一般也以绩效评估结果为基础，根据绩效评估的结果来决定员工是否能获得晋升或其他报酬。

2. 绩效评估的类型

1）效果主导型。考评的内容以考评结果为主，效果主导型绩效评估着眼于"干出了什么"，重点在结果而不是行为。考评的是工作业绩而不是工作效率，所以标准容易制订，并且容易操作。目标管理考评办法就是该类考评。具有短期性和表现性的缺点，对具体生产操作的员工较适合，但不适用于事务性人员。

2）品质主导型。考评的内容以员工在工作中表现出来的品质为主，着眼于"怎么干"。由于其考评标准为忠诚、可靠、主动、有创新、有自信、有协助精神等，所以很难具体掌握，操作性与效度较差。适用于对员工工作潜力、工作精神及沟通能力的考评。

3）行为主导型。考评的内容以员工的工作行为为主，着眼于"如何干""干什么"，重在工作过程。考评的标准容易确定，操作性强，适用于管理性、事务性工作的考评。

3. 绩效评估管理的程序

一般而言，绩效评估工作大致要经历制订评估计划、选择考评内容、确定评估标准、选择评估方法、收集数据、评估分析、评估结果运用等阶段。

（1）制订评估计划

为了保证绩效评估顺利进行，必须事先制订评估计划，在明确评估目的的前提下，有目的地选择评估的对象、内容、时间。

(2) 选择考评内容

考评内容主要是以岗位的工作职责为基础来确定的,但要遵循以下四个原则。

1) 与新能源汽车服务企业文化和管理理念相一致。考评内容实际上是对员工工作行为、态度、业绩等方面的要求和目标,它是员工行为的导向。考评内容是企业组织文化和管理理念的具体化和形象化,在考评内容中必须明确：企业在鼓励什么、反对什么,并给员工以正确的指引。

2) 要有所侧重。考评内容不可能涵盖该岗位上的所有工作内容,为了提高考评的效率,降低考评成本,并且让员工清楚工作的关键点,应该选择岗位工作的主要内容进行考评,不能面面俱到。这些主要内容实际已经占据了员工80%的工作精力和时间。另外,对难以考核的内容也要谨慎处理,认真分析可操作性和在岗位整体工作中的作用。

3) 不考评无关内容。绩效考评是对员工的工作考评,对不影响工作的任何事情都不要进行考评。比如说员工的生活习惯、行为举止、个人嗜好等内容都不宜作为考评内容出现,如果这些内容妨碍到工作,其结果自然会影响相关工作的考评成绩。

4) 对考评内容进行分类。为了使绩效考评更具有可靠性和可操作性,应该在分析考评内容的基础上,根据汽车服务企业的管理特点和实际情况,对考评内容进行分类,如将考评内容划分为"重要任务""日常工作"和"工作态度"三个方面。

(3) 确定评估标准

绩效评估必须有标准,作为分析和考查员工的尺度。一般可分为绝对标准和相对标准。绝对标准是指以客观现实为依据,而不以考核者或被考核者的个人意志为转移的标准,如出勤率、废品率、文化程度等。所谓相对标准,就是采取员工之间相互比较的方法,此时每个人既是被比较的对象,又是比较的尺度,相对标准在不同群体中有差别,不能对每一个员工单独作出"行"与"不行"、"好"与"不好"的评价,如企业年终评优,规定各个车间评出一名先进工作者,这个先进工作者的标准就是相对的。一般而言,评估标准采用绝对标准。绝对标准又可分为业绩标准、行为标准和任职资格标准三大类。

(4) 选择评估方法

在确定评估目标、对象、标准后,就要选择相应的评估方法,常用的评估方法有以下九种。

1) 图尺度考核法：最简单和运用最普遍的绩效考核技术之一,一般采用图尺度表填写打分的形式进行。

2) 交替排序法：一种较为常用的排序考核法。其原理是在群体中挑选出最好的或者最差的绩效表现者,比绝对标准考核要简单易行得多。交替排序的操作方法是首先挑选出"最好的"与"最差的",然后挑选出"第二好的"与"第二差的",这样依次进行,直到将所有的被考核人员排列完为止,最终以优劣排序作为绩效考核的结果。交替排序法在操作时也可使用绩效排序表。

3) 配对比较法：一种更为细致的通过排序来考核绩效水平的方法,其特点是每一个考核要素都要进行人员间的两两比较和排序,使得在每一个考核要素下,每一个人都和其他所有人进行了比较,所有被考核者在每一个要素下都获得了充分的排序。

4) 强制分布法：在考核进行之前就设定好绩效水平的分布比例,然后将员工的考核结果安排到分布结构里。

5)关键事件法:通过员工的关键行为和行为结果对其进行绩效考核的方法,一般由主管人员将其下属员工在工作中表现出来的非常优秀的行为事件或者非常糟糕的行为事件记录下来,然后在考核时点上(每季度,或者每半年)与该员工进行一次面谈,根据记录共同讨论对其作出绩效考核。

6)行为锚定等级考核法:基于对被考核者的工作行为进行观察、考核,从而评定绩效水平的方法。

7)目标管理法:现代企业更多采用的方法,管理者通常十分强调利润、销售额和成本这些能带来成果的结果指标。在目标管理法下,为每个员工设定了若干具体的指标,这些指标是员工工作成功开展的关键目标,这些指标的完成情况将作为员工绩效考核的依据。

8)叙述法:在进行考核时,以文字叙述的方式说明事实,包括以往工作取得了哪些明显的成果,以及工作上存在的不足和缺陷。

9)360°考核法:即将原本由上到下、由上司评定下属绩效的旧方法,转变为全方位360°交叉形式的绩效考核。在考核时,通过同事评价、上级评价、下级评价、客户评价以及个人评价来评定绩效水平的方法。这种考核方法不仅是绩效评定的依据,还能从中发现问题并进行改善提升。

(5)收集数据

绩效评估是一项长期、复杂的工作,对于作为评估基础的数据收集工作要求很高。其主要做法包括以下七种:

1)记录法:将维修、服务的车辆数量、维修质量、成本等,按规定填写原始记录和统计表格。

2)定期抽查法:定期抽查服务的数量、质量,以评定期间内的工作情况。

3)考勤记录法:将出勤、缺勤情况及原因,是否请假等,一一记录在案。

4)项目评定法:采用问卷调查形式,指定专人对员工逐项评定。

5)减分登记法:按职务(岗位)要求规定应遵守的项目,制订违反规定的扣分方法,定期进行登记。

6)行为记录法:对优秀行为或不良行为进行记录。

7)指导记录法:不仅记录部下的各种工作行为,还将其主管的意见及部下的反应也记录下来,这样既可考察部下,又可考察主管的领导工作。

(6)评估分析

评估分析的任务是根据评估的目的、标准和方法,对所收集的数据进行分析、处理、综合。具体过程如下所述。

1)划分等级。把每一个评估项目,如工作态度、人际关系、出勤情况、责任心、工作业绩等,按一定的标准划分为不同等级。一般可分为3~5个等级,如优、良、称职、不称职。

2)对单一评估项目的量化。为了能把不同性质的项目综合在一起,就必须对每个评估项目进行量化并对不同等级赋予不同数值,用以反映实际特征。如:优为10分,良为8分,称职6分,不称职为2分。

3)对同一项目不同评估结果的综合。有多人参与的情况下,同一项目的评估结果可能不相同。为综合这些意见,可采用算术平均法或加权平均法进行综合,得出最终评估结果。

4) 对不同项目的评估结果的综合。有时为达到某一评估目标需要考察多个评估项目，只有把这些不同的评估项目综合在一起，才能得到较全面的客观结论。一般采用加权平均法。当然，具体权重要根据评估目的、被评估人的层次和具体职务来确定。

(7) 评估结果运用

有了评估结果并不意味着绩效评估工作的结束。在绩效评估过程中获得的大量有用信息可以运用到新能源汽车服务企业各项管理活动中。

1) 通过向员工反馈评估结果，帮助员工找到存在的问题，明确努力方向，这对员工改进工作、提高绩效会有促进作用。

2) 为人事决策提供依据，如任用、晋级、加薪、奖励等。

3) 检查企业管理的各项政策，如人员配置、员工培训等方面是否有失误，还存在哪些问题等。

2.5.3　员工激励

在管理学中，激励是指激发、鼓励、调动人的热情和积极性。所谓激发，就是通过某些刺激使人发奋起来。从诱因和强化的观点看，激励是将外部适当的刺激转化为内部心理的动力，从而增强或减弱人的意志和行为。从心理学角度看，激励是指人的动机系统被激发后，处于一种活跃的状态，对行为有着强大的内驱力，促使人们为期望和目标而努力。美国管理学家贝雷尔森和斯坦尼尔指出："一切内心要争取的条件、希望、愿望、动力等都构成了对人的激励，它是人类活动的一种内心状态。"所以，激励也是一种精神力量或状态。

1. 员工激励的作用

1) 激励可以挖掘员工的内在潜力。激励就是创设满足职工各种需要的条件，激发员工的动机，使之产生实现组织目标的特定行为的过程。管理人员对下属进行激励，就是使下属的需求和愿望得到某种程度的满足，并引导下属积极地按组织所需要的方式行动。美国哈佛大学教授威廉·詹姆斯通过对员工的激励研究发现，实行计件工资的员工，其能力只能发挥20%～30%；而在其受到充分激励时，其能力可发挥至80%～90%，其中50%～60%的差距是激励的作用。

2) 激励可以吸引组织所需的人才，并保持组织人员的稳定性。随着社会的发展，智力劳动的作用日益显著，组织内所拥有的各种专门人才的数量和质量对组织作用的发挥已经成为决定性的因素。因此，许多企业都在进行生产经营的同时，运用各种有效的激励方法来吸引人才，如支付高额报酬，提供良好的工作环境和生活条件，给予继续学习提高的机会等。同时，管理者有效地运用各种激励方法，也可以消除职工的不满情绪，增加其安全感、满意度，增强组织的吸引力，保持组织内人员的稳定性。

3) 激励可以鼓励先进，鞭策后进。任何一个组织人员的表现都有好、中、差之分，对不同的人运用不同的激励方法，可以使先进的人受到鼓励，继续保持其积极行为，也可以使表现一般和较差的人受到鞭策，认识到自己的不足，从而主动改变自己的行为。

4) 激励可以使员工的个人目标与组织目标协调一致。个人目标是由个人需要所决定的，它往往与组织的目标和要求相矛盾。运用激励方法进行目标管理，让员工参与自身目标和组织目标的制定，在设置组织目标时尽可能地考虑个人目标，并把组织目标具体分解为个人目标，可以使个人目标和组织目标很好地结合起来。同时，运用激励方法，可满足员工的合理需求，减弱或者消除其不合理要求，也可以调节员工的行为，使其与组织目标协调一致，更好地实现组织目标。

2. 员工激励的方法

（1）目标激励

目标激励是指确定适当的目标，诱发人的动机，以调动人的积极性。

（2）责任激励

责任激励是指让每个人都认识并担负起应负的责任，激发其为所承担的任务而献身的精神、满足其成就感。

（3）工作激励

工作激励是一种直接激励，是指让工作过程本身使人感到有兴趣、有吸引力，从而调动职工的工作积极性。

（4）事业激励

事业激励是指让员工把个人事业的发展与单位的前途命运紧密地联系在一起，可以充分调动员工的内在潜力。

（5）晋升激励

晋升激励是指将表现好、素质高的员工提拔到高一级的岗位上去，以进一步调动其工作积极性。

（6）经济激励

经济激励是指通过满足人们经济利益的需求，来激发人们的积极性和创造性。

（7）强化激励

强化激励是指对人们的某种行为给予肯定和奖励，使之巩固和发扬光大，或者对某种行为给予否定和惩罚，使之减弱和消退的过程。前者称为正强化，后者称为负强化。

（8）参与激励

现代员工都有参与管理的要求和愿望，创造和提供机会让员工参与管理是调动他们积极性的有效方法。

（9）尊重激励

一个企业的发展基石是对员工个性的尊重和对员工能力真诚、坚定的信任。只有相信、尊重员工，才能够激发员工的能动性，"尊重人是企业的成功之道"。

（10）荣誉激励

对那些为企业作出突出贡献的人，给予一定的荣誉，调动其工作积极性。

（11）情感激励

情感激励是指通过建立良好的情感关系，激发员工的士气，从而达到提高工作效率的目的。

（12）成果激励

成果激励是一种重要的激励手段，即利用人们对于成就感的追求来激发人们的工作积极性。

（13）环境激励

环境主要是指工作与生活环境，包括组织中的行为规范、人际关系、工作与生活条件等方面的内容。

（14）员工持股激励

员工持股激励是在市场经济条件下，员工激励的最根本的方法之一。

（15）危机激励

危机激励的实质是树立全体员工的忧患意识，做到居安思危，无论是在企业顺利还是困难的情况下，都永不松懈，永不满足，永不放松对竞争对手的警惕。

（16）公平激励

公平激励就是根据公平的心理规律，在管理中采取各种措施，力争做到公平，必须坚持客观、公正、民主和科学，使员工产生公平感，从而调动工作积极性。

随着经济的发展和社会的进步，激励手段实施起来比较复杂，困难也较大。但是，我们仍然可以通过努力来实现。通过与员工进行深入交流，了解并记录每个员工的需求与期望，寻找相应的激励措施，设计和实施不同的激励方案，只有这样，才能大大提高激励的效率。

2.6　员工职业管理

2.6.1　员工的招聘

1. 人员招聘的含义和原则

人力资源招聘是组织为了生存和发展的需要，根据人力资源规划和职务分析的数量和质量要求，从组织外吸收人力资源的过程。新能源汽车服务企业人力资源招聘就是通过各种信息途径吸引应聘者，并从中选拔、录用企业所需人员。获取企业在各个发展阶段所需要的人员，是人力资源招聘工作的主要目标。此外，通过企业代表与应聘者直接接触的过程，以及在招聘过程中进行的宣传工作，企业也可以达到树立良好的企业形象及吸引应聘者的目的。

新能源汽车服务企业人力资源招聘的过程中，应主要把握好以下五条原则：

1）择优、全面原则。择优是招聘的根本目的和要求。择优就是广揽人才，选贤任能，从应聘者中选出优秀者。招聘者要根据综合考核成绩，精心比较，谨慎筛选，作出录用决定。为确保坚持择优原则，应制订明确且具体的录用标准。

2）公开、竞争原则。公开是指把招考单位、种类和数量，报考的资格和条件，以及考试的方法、科目和时间等均面向社会公告周知，公开进行。竞争是指通过考试竞争和考核鉴别，确定人员的优劣和人选的取舍。只有通过公开竞争才能使人才脱颖而出，才能吸引真正的人才，起到激励作用。

3）宁缺毋滥原则。招聘决策一定要树立"宁缺毋滥"的观念。这就是说，一个岗位宁可暂时空缺，也不要让不适合的人占据。这就要求管理者决策时要有一个提前量，而且要广开贤路。

4）能级原则。人的能量有大小，本领有高低，工作有难易，要求有区别，所以招聘工作不一定要最优秀的，而应量才录用，做到人尽其才，用其所长，这样才能持久高效地发挥人力资源的作用。

5）全面考核原则。全面考核原则是指对报考人员从品德、专业知识、管理知识、能力、智力、心理、工作积极性、过去工作的经验和业绩进行全面考试、考核和考查，其中品德、专业知识、工作积极性相对重要，不招有专业知识但品德低下、工作懒惰的人员，而要招品德好、工作积极性高又积极学技术的人员，因为可通过技术培训改善其技术水平。决策者必须对应聘者各方面的素质条件进行综合性的分析和考虑，从总体上对应聘者的适合度作出判断。

2. 人员招聘的方式

企业的人事部门可以根据本企业的经营战略、经营环境、岗位需求和重要程度以及招聘职位的紧急程度，来确定具体的招聘途径。人员招聘的途径不外乎两种：外部招聘和内部招聘。

（1）外部招聘

外部招聘是指通过媒体或者招聘广告发布招聘信息，从外部寻求合适的人选来填补空缺。外部招聘渠道有招聘广告、人才交流会、校园招聘、职业介绍机构、雇员推荐和申请人自荐、猎头公司等。

外部招聘有利于树立企业形象，起到广告的作用，因为在招聘的过程中，企业通过在员工、客户和其他外界人士中进行宣传，形成了良好的口碑；外部招聘增加了引进新技术、新理念的概率。同时，也可以让内部员工产生危机感，激发员工努力奋进的工作状态。外部招聘还可以缓解内部员工之间的矛盾，改善工作作风，因为有些员工的嫉妒心较强，一旦在内部招聘中落选，容易出现消极懈怠、不服管理等负面情绪，而外部招聘则可以避免内部员工出现这种心理。

外部招聘的主要方式有以下五种：

1）广告招聘。广告招聘可以借助不同媒体的宣传效果，进行辐射面广的信息发布，或者有目标性地针对某一个特定的群体进行信息发布，如想招聘本地户籍的员工，可以只在本地发行的日报等媒介上刊登信息。

在采用广告方式进行招聘时，必须考虑选用何种媒体，以及如何构思广告。报纸、杂志、广播电视与大型招聘会现场派发岗位宣传资料等媒介方式，各有优缺点，在选择时要予以考虑。构思广告则更加重要，广告内容要能够吸引求职者的注意，引起求职者对工作岗位的兴趣以及申请工作的意愿，要能激励求职者采取积极的应聘活动，不能含有对某些人群的歧视。广告招聘的缺点是可能带来许多不合格的应聘者，应聘者数量大，会加大招聘甄选的工作量。

2）就业机构招聘。通过政府开办的公共就业机构，企业经常可以在正常费用或免费的情况下进行招聘工作。在利用就业机构获取求职者时，企业必须向就业机构提供一份精确、完整的招聘说明书，限定就业机构在甄选招聘人员过程中使用的程序或工具。

3）学校招聘。每年高等院校学生毕业的时间，是许多企业单位获得求职者最多、最集中的时间。从各个层次的高等院校中，企业可以获得许多很有晋升潜力的应聘者，这是新能源汽车服务企业获取大量高质量人才的重要途径。新能源汽车服务企业到学校招聘前，要选择招聘院校，确定招聘学生的专业，对派往学校的招聘人员进行培训，增强他们对大学生的甄选能力，这样做还能很好地塑造企业形象，提高企业的吸引力。

4）员工推荐求职者。员工推荐求职者的方式是所有招聘方式中成本最低的，而且经相关研究证明这也是获取合格应聘者的最好途径。对于求职者，可以通过已经在企业工作的员工了解关于组织的情况；对于组织，可以通过自己的员工了解求职者的情况，并且推荐人出于对自身工作的考虑，往往推荐的都是高素质的候选人，也就是组织的老员工已经先于人力资源部门对候选人进行了考察与筛选。一些企业还制订了这方面的激励政策，对成功推荐新员工的老员工给予奖励。但是员工推荐的缺点是可能不会增加员工类别与改善员工结构，因为员工推荐的候选人大多与其自身情况相似，如果管理层要改善员工结构，那么这种途径就不太可取。

5）随机求职者。也会有求职者主动走进企业的人力资源部或递交求职信函申请工作。这些人通常是对企业有所了解后主动递交申请，就职愿望比较强烈，被录用后对企业的忠诚度较高。无论录用与否，企业都应礼貌地对待这些求职者，不能不闻不问，否则会影响企业的招聘声誉。

（2）内部招聘

内部招聘是指通过内部晋升、工作调换、工作轮换、人员重聘等方法，从企业内部人力资源储备中选拔出合适的人员补充到空缺或新增的岗位上。内部招聘是增强员工对组织的奉献精神的中心举措，是增强企业凝聚力的关键策略。企业要制订合理、科学的内部招聘规划，许多企业的高层管理者都是从最低层级的岗位做起，一步一步晋升到现在的位置。

有效、科学的内部招聘需要做好人力资源管理的五项基本工作：识人、选人、用人、育人、留人。例如，在员工招聘时就能够发现与录用有发展潜力、对工作有积极性的人；录用之后做好有关员工各个时期的工作绩效评价及档案管理工作；为培养与发掘员工的能力，提供在职接受教育与培训的机会；在工作分析的基础上为有潜质的员工制订个人职业发展规划；运用不断的内部晋升留住骨干人才。

内部招聘对内部员工会产生激励作用，也是对员工职业生涯的一种规划。特别是获得晋升的员工，会因为自己的能力和表现得到企业认可，从而产生强大的工作动力，提高工作效率，增加对企业的忠诚度和归属感。从内部进行招聘的员工，企业对其之前的工作情况有一定的了解，同时，员工也应该是认可了企业的环境、福利、薪酬、政策才进行转岗或晋升，所以内部招聘员工进入新岗位的适应性强，可信度高，最重要的是可以确保稳定性，减少离职率。实行内部招聘可以节省一部分广告费用及对新入职员工的培训成本。尽管内部选拔有如上所述的许多优势，但其本身也存在着明显的不足，主要表现在以下方面：实现内部招聘容易发生部门之间"挖人才"的现象，不利于部门之间的协作；失去了给企业注入新鲜血液、引进人才的机会，虽然节约了一些成本，但实际上是对机会成本的巨大浪费；内部招聘容易使得同一部门内的员工有相同的文化背景，不利于组织的长期发展。

招聘是个双向选择，有时候招聘流程较长，即使选拔到适合的员工，也有可能因为其他企业相争而失去人才，导致前期所做的招聘工作付诸流水。

3. 人员招聘的主要步骤

新能源汽车服务企业人力资源招聘的过程一般包括以下步骤：

1）确定人员的需求。根据新能源汽车服务企业人力资源规划、岗位说明书和企业文化，确定企业人力资源需求，包括数量、技术能力、素质要求以及需求时间。

2）确定招聘渠道。确定企业所需人员是从内部选拔，还是从外部招聘。

3）实施征召活动。通过企业人力资源招聘广告、招聘会、招聘组织机构等实施征召活动，通过各种方式与企业招聘人员进行接触的人称为候选人。

4）初步筛选候选人。根据所获得的候选人的资料对候选人进行初步筛选，剔除明显不能满足企业需要的应聘者，留下来的候选人进入下一轮的测评甄选。

5）测评甄选。采用笔试、面试、心理测试、体检、履历审查等方式对候选人进行严格测试，以确定最终录用人选。

6）录用。企业与被录用者就工作条件、工作报酬等劳动关系进行谈判，签订劳动合同。

7）招聘评价。对本次招聘活动进行总结，并从成本收益的角度进行评价。

4. 测评方法

人事测评是人力资源招聘的重要工具。利用人事测评可以从应聘者中选出企业最需要的人。人事测评就是采用科学的方法，收集被测评者在主要活动领域中的信息，针对某一素质测评目标体系作出价值判断的过程。

1）面试。面试是企业最常用的，也是必不可少的一种测评手段。它是评价者与被评价者双方面对面地观察、交流互动的一种测评形式。

面试的主要任务是为录用决策解决疑问。通过面试，一般需要了解应聘者的以下情况：应聘动机；对本公司及其提供职位的了解程度；离开原来职位的具体原因；可以报到上班的时间；原来的收入水平以及期望的收入水平；工作经历、表现和感受；学历、专业知识、技能以及接受的培训；业余生活和爱好；应聘者本人的优缺点；外在仪表和内在的心理倾向；反应与应变能力；表达能力和情绪控制能力等。

2）笔试。笔试主要用来测试应聘者的知识和技能，也可测试应聘者的性格和兴趣。对知识和能力的测验包括两个层次，即一般知识和能力、专业知识和能力。一般知识和能力包括一个人的社会文化知识、智商、语言理解能力、数字能力、推理能力、理解能力和记忆能力等。专业知识和能力即与应聘岗位相关的知识和能力，如新能源车辆销售和维修知识、管理知识、职业道德知识、交流能力、人际关系能力、观察能力等。

3）能力测试。常用的能力测试方法包括：智力测试，语言表达能力测试，理解和想象能力测试，判断、逻辑推理和归纳能力测试，反应速度测试，维修操作、销售技能与身体技能测试等。

4）评价中心。评价中心是一种综合性的人事测评方法，评价中心技术综合使用了各种测评技术。评价中心最突出的特点是，使用情境性的测评方法对被测试者的特定行为进行观察和评价，这种方法通常是将被测试者置于一个模拟的工作情境中，通过采用多种评价技术，由多个评价者观察和评价被测试者在这种模拟工作情境中的行为表现。

评价中心常用的情境性测评方法有：无领导小组讨论，销售车辆演示，车辆故障诊断、车辆定责定损的书面案例分析，角色游戏等。这些方法都可以用于展现新能源汽车服务企业相关职位所需的胜任特质，所以经常用来对被测试者进行测评。

2.6.2 员工的解聘

1. 解聘发生的条件

没有正当理由，新能源汽车服务企业不得无故解聘员工。员工遭遇解聘后，没有了经济来源，这对许多人都是一个沉重的打击，并有可能对社会、企业产生不利的影响。因此，不论是对于被解聘的员工来说，还是对于负责解聘工作的人力资源部门的工作者来说，解聘工作都是一件让人烦恼、痛苦的事情，要谨慎处理。解聘通常在以下情况下发生：

1）员工工作业绩不合格，给予改进机会后仍然不能让组织满意。

2）员工行为不当，严重违反企业规章制度或国家相关法律法规者，如偷盗企业财物、泄露经营秘密、不服从管理者的正当工作安排、旷工缺勤并不改正、经济或刑事犯罪等。

3）员工工作努力，但是其能力与岗位要求差距很大。

4）对应的工作岗位撤销。3）、4）两种情况下，不一定采取解聘措施，可以平调、下调工作岗位。

5）因劳动合同订立时所依据的客观经济情况发生重大变化，致使劳动合同无法履行的，企业可与员工协商解除劳动关系，但应给予员工一定的经济补偿。

6）员工由于某种因素个人主动提出辞职。

人力资源部门的工作者在处理解聘问题时必须遵循我国劳动法等相关法律规定，严格执行企业制度和劳动合同，按照科学的程序处理问题，以避免让企业或其本人陷入不必要的诉讼困境或心理困境。

2. 解聘程序

在一般情况下，解聘程序如下：

1）离职谈话。在员工面临解聘之前，要进行离职谈话，先给予相应警告，提醒员工必须改进，否则即将解聘。对于主动辞职的员工，人力资源部门在收到员工的主动辞职信后，应在两日内与员工的部门领导进行沟通，了解该员工的工作状况、辞职原因等，谈话时应做好书面记录，如填写《离职谈话表》，并将沟通结果向企业领导汇报。

在离职谈话前，要精心选择与该员工进行解聘前谈话的人选及谈话地点，并设计谈话内容，消除或减少员工的不良反应。

2）解聘通知。解聘员工要由企业领导批准，领导批准后，向员工发出《解聘通知书》《离职移交清单》等书面通知，对员工的工作表现进行全面鉴定，并到相关部门办理移交手续。员工主动辞职时，应提前一个月向部门领导提交辞职申请和《员工离职审批单》，经部门领导和企业领导审批后，持审批通过的《员工离职审批单》，办理移交等解聘手续。

3）办理移交手续。进行离职审计，清点该员工正在使用的组织财物，列出清单，告知员工进行工作、物品的移交，没有移交的财物由员工所在部门予以追缴。慎重地与被解聘员工讨论解聘费，按照组织规章公平处理。

4）解聘防范。更换该员工曾经使用的门户锁匙与系统密码等，以避免不必要的损失。解聘员工后，要对该员工可能作出的非理性行为予以估计及防范。

5）解聘通告。召集该员工所在部门的全体人员召开非正式会议，告知该员工被解聘的信息，并书面通知企业的其他部门。

2.6.3 员工培训

员工培训是指组织为开展业务及培育人才的需要，采用各种方式对员工进行有目的、有计划的培养和训练的管理活动，公开课、内训等均为常见的员工培训形式。员工培训有员工技能培训和员工素质培训。培训方法有讲授法、视听技术法、讨论法、案例法、角色扮演法、自学法、互动小组法、网络培训法、场景还原法等。

1. 员工培训的含义和目的

员工培训是一个为员工灌输组织文化、道德、理念，提供思路、信息和技能，帮助他们提高素质和能力、提高工作效率，发掘内在潜力的过程。通过培训，向员工传递新能源汽车服务企业的核心理念、企业文化、品牌服务意识以及运作标准要求。员工培训一方面可以使新员工尽快适应并胜任岗位工作，使老员工改善工作态度，提高专业素养及能力；另一方面可以将员工个人的发展目标与企业的战略发展目标统一起来，满足员工自我发展的需要，调动员工工作的积极性和热情，增强企业的凝聚力。企业应最大限度地利用一切资源、采用不同形式开展培训。

2. 员工培训的基本原则

1）理论联系实际、学以致用的原则。员工培训要具有针对性和实践性，以工作的实际需要为出发点，与新能源汽车服务企业岗位的特点紧密结合，与培训对象的年龄、知识结构紧密结合。

2）全员培训与重点提高的原则。有计划、有步骤地对在职的各级各类人员进行培训，提高全员素质。同时，应重点培训一批技术骨干、管理骨干。

3）因材施教的原则。针对每个人员的实际技能、岗位和个人发展意愿等开展员工培训工作，培训方式和方法要切合个人的性格特点和学习能力。

4）讲求实效的原则。效果和质量是员工培训成功与否的关键，为此必须制订全面、周密的培训计划并采用先进、科学的培训方法和手段。

5）激励的原则。将人员培训与人员任职、晋升、奖惩、工资福利等结合起来，让受训者受到某种程度的鼓励，同时管理者应当多关心培训人员的学习、工作和生活。

3. 员工培训的内容

员工培训的内容主要包括以下三种。

（1）入企培训

这是针对新员工或新岗位要求进行的。入企培训主要包括：企业概况、企业人事规章制度、企业文化、企业服务项目及经营理念、各部门的运作了解及人员认识、工作业务及流程、安全与文明生产的相关规定、亲身体会等，时长一般为1~10周。

（2）适应性培训

适应性培训的目的是为员工补充新知识，提高员工素质，使其适应新技术和新质量要求的发展。适应性培训的内容包括：

1）标准化培训：旨在通过培训，让所有员工掌握标准化工作程序和不断改进技能，正确理解、运用标准开展工作，合理安排工作场所，形成标准规范化的新能源汽车服务流程。

2）质量培训：旨在让员工理解和接受质量标准或规范，确保通过高质量的新能源汽车服务和品牌服务，提高企业的信誉。

3）新技术、新设备培训：旨在让员工掌握、运用新能源汽车服务技术，使用新能源汽车服务设备，提高企业的新能源汽车服务能力和水平。

4）领导责任培训：旨在向各级管理人员及专业技术人员传授基本的管理知识和必要的管理技巧。

5）持续改进培训：旨在让员工掌握并运用不断改进的原理和创新理念，改进新能源汽车服务流程与方法，提高新能源汽车服务质量。

（3）提高性培训

提高性培训主要是对有培养前途的骨干以及高层管理人员进行管理技能、专业技术方面的专门培训，使企业能得到进一步提高。

4. 员工培训的形式

1）全脱产培训：即培训时间全部安排在工作时间。新员工正式上岗前，首先会接受为期五天左右的入企全脱产培训，了解新能源汽车服务企业的理念及价值观、服务体系等，然后在车间内接受为期三周的全脱产岗位技能培训。上岗后根据企业的新能源汽车服务要求、新技术、新标准、特种维修技术的要求和个人发展目标，不断地对其进行多岗位全脱产技能培训，使员工技能得以不断地提高。

2）工娱相结合的培训：这是一种知识性的提高素质的培训，但也能间接地对新能源汽车服务有益。

3）全业余培训：一般是员工自己要求的、不在工作时间内进行的培训，如学历培训。

4）师徒培训：由优秀老员工带徒弟，传授新能源汽车服务知识和技能。企业要给新员工安排师傅，并进行尊师爱徒教育，做好企业优秀品德、服务技能等的传、帮、带工作。

5. 培训的方法

1）讲授法。讲授法一般采用老师授课的形式。讲授的特点是比较简单，易于操作，成本不会太高。但是，讲授是一种单向沟通的过程，员工容易感到单调和疲倦，除非将互动的方法和讲授法结合在一起。讲授法是面向全体员工的，并没有针对性，员工的问题难以得到解决。

2）讨论法。讨论法有三种形式，即集体讨论法、小组讨论法和对立讨论法。讨论的优点是员工的参与性很强，在不停地思想碰撞中，可以迸发出智慧的火花。讨论法大多在员工已经掌握了一定的知识，需要对此加以深化的时候使用。可以请某位专家进行讲授，讲授结束后与员工进行讨论；也可以将论题列出来，每位员工围绕论题谈自己的经验和体会。

3）案例法。案例法属于能力层次的培训。培训师向大家介绍新能源汽车服务案例，让员工分成小组讨论。有的时候，培训师给出的信息并不全面，需要员工向培训师寻求信息，这样可以锻炼员工决策时全面掌握信息的能力。有时候，培训师不准备案例，而是由员工提前准备自己工作中遇到的案例。

4）游戏法。将游戏与培训内容联系起来，通过游戏，让员工领会到所要训练的内容，在游戏中学到知识。这种方法比较生动，容易激发员工兴趣。在实际操作的时候要注意游戏的选择，不能因为游戏而使员工忘记他们来上课的目的。游戏的插入时间也要进行选择。

5）角色扮演法。模拟真实的情境，由几名员工扮演其中的不同角色，其他员工分成小组讨论。各小组陈述意见后，重新进行演出或播放视频，由教师进行点评。最后，扮演角色的员工要对自己和其他角色扮演者进行点评。

6）自学法。员工通过企业发的教材自学，自学一段时间后，员工需要写出心得报告，也可以进行问卷调查，还可以要求员工写出所学资料的纲要。因每个人的学习方法不同，效率有高有低，人力资源部有必要进行监督和考核。

6. 新兴的培训方法

现代技术进步加快、产品生命周期缩短以及竞争加剧，这些都对员工的学习提出了更高的要求，终身学习是个人发展不可缺少的学习方式。随着信息技术的发展，大量的信息技术被引进到培训领域。这种情况下，新兴的培训方式不断涌现，如网上培训、虚拟培训、远程学习、培训支持技术等培训方式在很多企业受到欢迎。

1）网上培训，又称为基于网络的培训，是指通过公司的内网、外网或因特网对学员进行培训。将培训课程存储在培训网站上，分布在世界各地的学员利用网络浏览器进入该网站接受培训。

网上培训与现实培训相比较，具有以下四方面的优越性。

① 无须将学员从各地召集到一起，大大节省了培训费用。

② 网络上的内容易修改，且修改培训内容时，无须重新准备教材或其他教学工具，费用低，可及时、低成本地更新培训内容。

③ 网上培训可充分利用网络上大量的音频、图片和视频文件等资源，能够增强课堂教学的趣味性，从而提高学员的学习兴趣和效率。

④ 网上培训的进度安排比较灵活，学员可以充分利用空闲时间参加培训，不会影响正常工作。

网上培训的缺点是：网上培训要求企业建立良好的网络培训系统，这需要投入大量的培训资金，而中小企业由于受资金限制，往往无法承担相关培训设备和技术所需费用；另外，某些培训内容不适合采取网上培训的方式，如关于人际交流和实际操作的技能培训。

因此，进行网上培训的企业应注意：网上培训内容形式的设计尽量和需求一致；大量利用多媒体技术实现培训信息的传递；确保网络通畅；确保每个学员掌握关于网络操作的基本知识；网上培训不能完全代替课堂培训等。

2）虚拟培训，是指利用虚拟现实技术（即高性能计算机硬件与软件及各类先进的传感器的一种集成技术），生成实时的、具有三维信息的人工虚拟环境。受训员工通过运用某些设备接受和响应该环境的各种感官刺激，并可以通过多种交互设备（如头盔、数据手套和刚性外骨架衣服等）驾驭该环境以及使用可操作的物体，从而达到提高培训对象各种技能或学习知识的目的。虚拟培训特别适用于新能源汽车安全操作、部件拆装等，员工能从这种培训中获得感性知识和实际经验。

3）远程学习，是指通过计算机和网络技术使不同地域的人能够达到同步学习的目的。远程学习适用于为分散在不同地域的企业提供关于新产品、政策、程序的信息以及技术培训和专业讲座。

远程学习通常采用两种技术使人们之间进行双向沟通。一种是受训者的同时性学习，即通过培训设备受训者可以与培训者和其他受训者进行网络沟通。远程学习的另一种方式是通过个人计算机进行的个人培训。只要拥有个人计算机，员工就可以随时接受培训。通过公司的内部网、视频、教学软件可以分发课程材料和布置作业。而培训者和受训者之间则可以通过电子信箱、公告栏和电子会议系统进行沟通。此外直播可以让观看视频的受训者能通过电话或留言方式向培训者提问。此外，还可以通过互联网来开展专业课程和教育课程的培训，使员工可以获得学历文凭和从业资格认证。

远程培训最大的优点是能为企业节约交通费用。通过这种方式可使处于不同地区的员工都能获得专家的培训。远程学习的主要缺点是缺乏培训教师和受训者之间的沟通，要使培训获得良好的成效，必须在培训者和受训者之间形成良好的互动，而远程学习只利用了网络技术来为不同区域的人们提供讲座，因此沟通效果受到影响。

4）培训支持技术，是指借助于先进的电子技术，帮助受训员工了解有关培训内容，并使他们按照自己的需求来获取有关信息和决策规则等。目前有专家系统、电子会议软件、电子支持系统等新技术来支持培训。

7. 培训效果评估的指标

1）反应：测定受训者对培训项目的反应。主要了解培训项目是否反映了培训需求，培训项目的各项内容是否适用。

2）学习：测试受训者对所学原理、技能、态度的理解和掌握程度。

3）行为：测定受训者经过培训后在实际岗位工作中行为的改变，以判断所学知识、技能对实际工作的影响。

4）成果：测定培训对企业经营成果有何种具体而直接的贡献。

2.6.4 个人职业发展

新能源汽车服务企业员工的个人职业发展既关乎员工个人的发展，也与企业的发展密不可分，企业的发展可以成就员工个人的发展，员工个人的成长也可为企业的发展助力，二者共同和谐发展必将共赢。个人职业按发展方向可以分为向上发展、向内发展、左右发展和向外发展。

1）向上发展：在企业内向上晋升，这样就要求企业明确每个岗位的职能要求与相关待遇，让每位员工清晰地知道自己是否满足岗位需求，或还需要提升哪些能力才能胜任。个人则需要进行更全面的观察，总结出目标岗位需要什么样的工作技能，发现自己与目标岗位的差距在哪里。明确自己需要在什么地方提升，是管理的理念，还是在实战经验，然后对此建立一个系统的学习提升计划，各个击破。

2）向内发展：成为行业内更专业的人，如果对从事的工作内容有兴趣，并且在之前的工作中发现较适合从事此类工作，那么就可以向这方面发展。如某员工对技术有比较浓厚的兴趣，从实习开始就从事机电维修的工作，并且已经在企业内成为技术骨干，完全可以在专业方面有更高的造诣，成为行业内的高手。如果该员工确定以此为日后的发展方向，就要向业内顶尖人士看齐，平时花更多的时间，去钻研技术方面的学问，和同行业的人切磋交流，不断提升自己的技术水平。

3）左右发展：向其他职能岗位转换，机电维修技术人员可以向服务顾问、销售顾问等岗位进行转换，这样在未来的岗位上还可以继续沿用之前的知识和技能，为客户提供更好的服务。这一方面需要企业人力资源结合员工个人特质进行相应的规划，同时也要符合员工个人喜好与发展需求。

4）向外发展：寻求职业外的发展，这是企业所不愿意看到的，但也不必为此纠结，如果员工能在行业内发展，到产业的上下游企业发展也许会为企业带来新的助力；如果不能在行业发展，更不必为此担心，人员的流动属于正常现象。对于员工个人而言，向外发展一定要慎重，做决策之前一定要确认目前的岗位和企业都不适合自己。

作为企业，首先要根据企业的发展主动为员工进行职业规划，让员工能清晰地看到自己在企业的成长路径；其次是通过企业文化来熏陶员工，让员工有职业荣誉感和团队自豪感；第三是结合员工的特质和企业发展需求进行员工的职业规划，不能搞一厢情愿式的强迫性的职业规划。而作为员工，一是要对自己有一个清醒的认识，二是清楚自己的兴趣所在，三是掌握自己能胜任什么样的工作，最后了解自己的性格特点，知道自己适合做什么，以及想要做什么样的工作。

实 训 任 务

一、调研企业文化

学生实地到新能源汽车服务企业调研,在理论指导下,完成实习报告的填写工作,并对该企业的企业文化建设情况进行简单分析。

1. 实训目标

分组到新能源汽车服务企业调研,使学员能够理解企业文化的内容,熟知企业文化在企业中的作用与建设,了解新能源汽车服务企业与传统企业文化的不同,并根据《北汽新能源营销公司服务网点形象建设要求》对该站进行评判,同时填写完成《服务站形象建设表》,在课堂进行分享和点评,这一过程可使学员的沟通能力、观察力、自我管控能力、自我学习能力等得到锻炼和提升。

2. 注意事项

务必按照老师的指导,严格遵守企业的规章制度,尊重企业的每位员工。

3. 实训步骤及内容

1)到达企业后,与企业相关负责人的沟通,说明到企业调研的目的。

2)进行实地验证,根据《××新能源营销公司服务网点形象建设要求》对该站进行评判。

3)填写完成《服务站形象建设表》。

4)与企业人力资源部门进行沟通,了解企业的组织机构、人员配置等人力资源方面的内容。

4. 实习报告内容

调研企业名称:

沟通的企业负责人:

服务站类别:

	项目			
	门头		服务形象墙 logo	
	侧灯箱		接待台	
	卫生间		车间调度室	
	总经理办公室		车间培训室	
	站长办公室		工具资料室	
	财务办公室		调漆室	
	安全出口		保修旧件室	
指示牌	门外指示牌		售后服务接待区	
	厅内导流指示牌		吸烟区	
	前台接待指示牌		精品展示厅	
	客户休息室		机电维修车间	
	维修接待区		钣金维修车间	
	充电位		喷漆维修车间	

(续)

指示牌	维修竣工区		动力蓄电池维修车间	
	总成大修室		洗车区	
	员工休息室		备件库	
	客户用餐区			
上墙标牌	维护价格表		接待流程图	
	工时价格表		人员架构图	
	服务理念标牌		各项制度	
工作服			胸卡	
车间地面				

简单评判此服务站是否符合要求，并提出需要整改的内容。

二、理解组织机构

1. 实训目标

学员能够了解组织机构，知道自己应该向谁汇报工作。

2. 任务描述

作为一名某企业的北汽新能源服务站新入职的机电维修工，在接受完入厂培训后，人力资源负责人让服务站站长安排你的工作岗位，他把你带到技术主管处，该主管又把你带到某位机电维修技术人员处，让他作为你的师傅，并负责你的工作安排。一周之后，刚好你这位师傅没来上班，你自己接修了一辆不能充电的故障车，经过检查发现这是一辆事故修复车，不能充电是因为未能修复因碰撞而损坏的充电电缆，这时你应该向谁反映这个问题。

3. 实习成果

1）根据北汽新能源服务站组织机构图，你的直接领导人是谁？
2）如果他当时不在，为了解决问题你认为还应该向谁汇报？

三、熟知岗位说明

1. 实训目标

学员通过学习企业的岗位说明，知道自己所担任岗位在专业知识、技能等方面的要求。

2. 任务描述

作为一名某新能源汽车服务站已经入职的机电维修工，恰好有一个朋友需要购买一辆新能源汽车，于是你亲自接待了这个朋友，并向他介绍了店内的几款新能源汽车，还帮助他协调在店内办完了所有的购车手续，那天下午你没有维修车间工作，所以技术主管批评你脱岗去做其他工作，不遵守车间纪律。

3. 实习成果

1）技术主管对你的批评对吗？为什么？
2）根据新能源汽车服务站的各岗位说明，你的岗位职责是什么？
3）你认为正确处理这件事的方法是什么？

四、职业规划

1. 实训目标

学员根据所学习的知识，应对自己未来的职业发展有所规划。

2. 任务描述

在新能源汽车服务站已经平稳地度过了实习期，你通过了企业的考核，即将成为一名正式的新能源汽车机电维修技术人员。

3. 实习成果

撰写一份对未来职业的发展的理解，其中至少包括以下内容：

1）根据你的理解，有哪些因素决定了你未来的薪酬？
2）未来的工作任务与之前相比有什么不同？
3）未来个人职业发展规划是怎样的？

第 3 章

整车及衍生品销售管理

学习目标：
- ❖ 掌握整车及衍生品销售管理的流程。
- ❖ 理解新能源汽车市场分析和预测的一般方法。
- ❖ 学习汽车营销策略。
- ❖ 掌握库存管理的一般方法。
- ❖ 掌握汽车配件管理的内容和方法。
- ❖ 掌握客户关系管理与价值共创的含义和内容。

3.1 整车销售管理

3.1.1 销售管理

1. 新车销售业务流程管理

（1）接待　接待环节最重要的是主动与礼貌。新能源汽车销售人员在看到有客户来访时，应立刻面带微笑主动上前问好。如果还有其他客户随行，应用目光与随行客户交流。目光交流的同时，销售人员应做简单的自我介绍，并礼节性地与客户分别握手，之后再询问客户需要什么帮助。语气要尽量热情诚恳。

（2）需求咨询　需求咨询的目的是收集客户需求的信息。销售人员需要尽可能多地收集来自客户的所有信息，以便充分挖掘和理解客户购车的准确需求。汽车销售人员的询问必须耐心且友好，这一阶段很重要的一点是适度与信任。销售人员在回答客户的咨询时对服务的适度性要有很好的把握，既不要服务不足，更不要服务过度。这一阶段应让客户随意发表意见，并认真倾听，以了解客户的需求和愿望，从而在后续阶段做到更有效地销售。销售人员应在接待开始时便拿上相应的宣传资料，供客户查阅。

（3）车辆介绍　在车辆介绍阶段最重要的是针对性和专业性。销售人员应具备所销售新能源车辆的专业知识，同时亦需要充分了解竞争车型及与传统汽车相比的情况，以便在对本公司车辆进行介绍的过程中，不断进行比较，以突出本公司车辆的卖点和优势，从而提高客户对本公司车辆的认同度。

（4）试乘试驾　由于是新能源汽车，因此需要在试乘过程中给客户展示车辆在操作和性能方面与传统车的不同之处，给客户更多的正向心理暗示。在试驾过程中，应让客户集中精神体验车辆，避免多说话，以便让客户获得对车辆的第一体验和感受。

（5）报价协商　报价协商通常就是指价格协商。销售人员应注意在价格协商开始之前保证客户对于新能源汽车价格、性能、优惠、售后服务等信息已充分了解。

（6）签约成交　在成交阶段不应有任何催促的倾向，而应让客户有更充分的时间考虑和作出决定，但销售人员应巧妙地加强客户对于所购汽车的信心。在办理汽车销售合同等相关文件时，销售人员应努力营造轻松的签约气氛。签约后，客户交所购车辆的预付款，销售人员向车辆生产企业订车，并告知预计取车日期，或去车库取车，车辆销售人员将销售合同等存档，至此，汽车销售成交。

（7）交车　在交车前，销售人员要对车进行PDI（出厂前检查），并进行清洗，车身要保持干净，确保车辆在无损、正常的情况下交付。交车时，销售人员要填写交车清单，并得到用户认可和签字。交车后，销售人员要向用户交代车辆的正确操作（包括各功能按键及应急处理），特别是新能源车辆与传统燃油车在使用上的差异，以及后续车辆保险、车辆充电等工作。

（8）售后跟踪　汽车出售以后，要经常回访客户，及时了解客户对所购车辆的评价及其使用状况，提醒客户及时进行汽车维护等。

2. 二手车交易业务流程管理

（1）车辆合法性确认

二手车交易前，要进行车辆合法性确认，其主要内容有：

1）检查车辆识别码、动力蓄电池编码、驱动电机编码、发动机号是否与车辆行车执照的记载相吻合，厂牌、型号、发动机功率、动力蓄电池型号及生产厂商、车辆出厂日期是否与行车执照一致。

2）检查车辆有无机动车登记证书，有无行车证，是否已经按规定进行年检，有无车辆原始购车发票，有无购置附加税证等。

3）单位车辆，必须出具单位介绍信；个人车辆，必须出具个人身份证。

4）检查车辆保险单及保险到期时间。

5）检查是否有环保标志。

6）查询车辆是否有违法记录。

（2）车辆评估

1）识伪。查看被评估车辆是否为走私、盗抢、改拼装车辆，是否为国家行政机关罚没车辆，是否在抵押状态。

2）明确车辆属性。私家车、公务用车和营运车辆的属性是不一样的，早期新能源汽车多用于共享汽车（分时租赁），这些车辆后来大量进入二手车市场。根据《机动车强制报废标准规定》，营运载客汽车与非营运载客汽车相互转换的，按照营运载客汽车的规定报废，小、微型出租客运汽车的使用年限只有8年，而非营运车辆无使用年限限制。因此，明确车辆属性是十分重要的。

3）车况的检查。检查车辆的外观、内饰、动力蓄电池、驱动电机、发动机、底盘、电气及附属装置，有无事故发生，车辆的部件磨损程度。外观的检查包括：车辆是否发生碰撞受损、车门是否平整、油漆脱落情况和车辆的金属锈蚀程度；轮胎、玻璃的磨损程度及更换状况。内饰的检查包括：座位的新旧程度、座椅是否凹陷、座椅能否正常调节；车窗玻璃升降是否灵活；仪表是否为原装；踏板是否有弹性。动力蓄电池的检查包括：外观、连接线束与接口、单体一致性、通风装置、热管理系统、电位均衡（等电位）、绝缘性、密封性等。驱动电机的检查包括：外观、连接线束与接口、散热系统、电位均衡（等电位）、绝缘性、密封性等。发动机的检查包括：观察发动机的外部状况，查看机体外有无油迹；检查发动机油量、抽出机油尺查看机油是否混浊或起水泡；揭开散热器查看风扇传动带是否松紧合理等。底盘的检查包括：车辆前后座椅、车架、钢板弹簧、传动轴中间轴承等是否损坏，检查车底部漏水、漏油情况。电气及附属装置的检查包括：检查灯光、空调、反光镜、车载娱乐系统、随车工具等。车辆动力蓄电池充电系统等新能源汽车其他特有系统或部件的检查。

4）价格评估参考。价格评估一般以评估报告的方式进行，要有两名具有机动车鉴定评估师资质的人签字（其中至少要有一名高级评估师），还要有评估机构的资质说明。

(3) 车辆交易

1）之前车辆过户实行经营公司代理制，过户窗口不直接对消费者办理。目前客户可以将车开到二手车市场，由二手车经营公司为其代理或由客户自己完成过户程序。

2）二手车经工商部门备案后才能办理车辆的过户或转籍手续，买卖双方需签订由工商部门监制的二手车买卖合同，合同一式三份，买卖双方各持一份，工商部门保留一份。

3）评估报告出来后，即可办理过户手续。办理好的过户凭证由买方保留，卖方最好也保留一份复印件，以备日后不时之需。

4）有下列情况之一的，不予办理过户登记：

① 机动车与该车的机动车档案记载的事项不一致的；

② 机动车未解除海关监管的；

③ 机动车办理了抵押登记的；

④ 机动车或者机动车档案被人民法院、人民检察院、行政执法部门依法查封、扣押的；

⑤ 机动车所有人提交的资料无效的；

⑥ 机动车所有人的身份证明记载的姓名或者单位名称与机动车来历凭证记载的姓名或者单位名称不一致的；

⑦ 机动车所有人按照本办法第十条第三项、第四项、第五项规定提交的资料记载的内容与机动车不一致的；

⑧ 机动车所有人的住所不在车辆管理所管辖区内的；

⑨ 机动车达到国家规定的报废标准或者属于利用报废车辆的零部件拼组装的；

⑩ 机动车检验不符合强制性国家标准规定的；

⑪ 机动车属于被盗抢的。

3. 汽车消费信贷的工作流程管理

汽车消费信贷工作的参与单位有经销商、商业银行、保险公司、汽车厂家、公证部门、公安部门等，经销商的职责包括：负责组织协调整个汽车消费信贷所关联的各个环节；负责车辆资源的组织、调配、保管和销售；负责对客户贷款购车的前期资格审查和贷款担保；负责汽车消费信贷的宣传，建立咨询网点及组织客源；负责售后跟踪服务，及对违规客户提出处理。

以经销商为主体的信贷方式为例，详细介绍汽车消费信贷的操作程序，新能源汽车的操作流程和传统汽车基本是一致的。

(1) 经销商汽车消费信贷工作

通常内设如下部门及职责，也不排除各经销商会根据自己的情况进行部门的合并调整，职责也会随之变动。

1）资源部：负责商品车辆的资源组织、提运及保管。
2）咨询部：负责客户购车咨询服务、资料收集及车辆销售工作。
3）售后服务部：负责客户挑选车辆、上牌及跟踪服务。
4）档案管理部：负责对资料的登记、分类、整理、保管及提供客户分期付款信息。
5）审查部：负责上门复审，办理有关购车手续及与银行、保险、公证等部门工作的协调。
6）财务部：收款，开票，办理银行、税务业务，设计财务流程及车辆销售核算。
7）保险部：为购车人所购车辆办理各类保险。

（2）经销商汽车消费信贷业务的流程

1）客户咨询：客户咨询工作主要由咨询部承担，工作内容主要是了解客户购车需求、帮助客户选择车型、介绍购车常识以及如何办理汽车消费信贷购车、报价、购车手续等。由于客户咨询工作是直接面对客户的，所以礼貌待客、耐心解说、准确报价、周到服务是客户咨询员的基本工作要求。

2）客户决定购买：在客户咨询员的介绍和协助下，客户选中了某种车型决定购买，此时咨询员应指导客户填写《消费信贷购车初、复审意见表》《消费信贷购车申请表》等表格，报审查部审查。

3）复审：审查部应根据客户提供的个人资料、消费信贷购车申请、贷款担保等进行贷款资格审查，并根据审查结果填写《消费信贷购车资格审核调查表》等表格，还要对《消费信贷购车初、复审意见表》填写复审意见，然后将有关资料报送银行。

4）与银行交换意见：这一阶段主要由审查部将经过复审的客户资料提交贷款银行进行初审鉴定。

5）交首付款：这一阶段主要由财务部负责进行，财务部在收取客户的首期购车款后，应出具收据，并为客户办理银行户头和银行信用卡。

6）客户选定车型：客户选定车型后，由服务部根据选定车型填写《车辆验收交接单》，以备选车和提车时使用。

7）签订购车合同书：客户选定车型后，由审查部准备好购车合同书的标准文本，交于客户仔细阅读，确认无异议后，双方签订合同书。

8）公证、办理保险：办理公证和保险需要许多资料、手续繁杂，各部门间应相互配合，这一阶段需准备相关资料，这部分工作应由审查部和保险部共同承担。

9）终审：审查部将客户文件送交银行进行终审确认，鉴定合格的有关文件提交主管领导签署意见。

10）办理银行贷款：审查部受银行委托，与客户办理相关个人消费信贷借款手续。

11）车辆上牌：售后服务部携购车发票、购车人身份证、车辆保险单等有效证件，到车辆管理部门代客户办理车辆上牌。

12）给客户交车：售后服务部代客办理车辆上牌手续后，应留下购车发票、车辆合格证、行驶证、车辆购置费发票的复印件，然后向客户交车。

13）建立客户档案：经销商应建立完整的客户档案，以便售后服务工作和贷款催讨工作能顺利开展。

4. 汽车保险业务流程管理

机动车辆保险，简称车险，是指对机动车辆由于自然灾害或意外事故所造成的人身伤亡或财产损失负赔偿责任的一种商业保险。

机动车辆保险一般包括交强险（机动车交通事故责任强制保险的简称）和商业险，商业险主要分为主险和附加险，主险包括车辆损失险、第三者责任险和车上人员责任险；附加险包括车辆单独损失险、新增加设备损失险、车身划痕损失险、修理期间费用补偿险、车上货物责任险、精神损害抚慰金责任险、法定节假日限额翻倍险、医保外医疗费用责任险等。新能源汽车在使用过程中，除了传统的交通意外风险外，动力蓄电池起火等重大事故构成了新的风险因素。对于这些风险，需要进行产品创新，在保险保障和保险服务上实现升级。因此，为充分发挥保险保障功能，服务国家"碳达峰""碳中和"战略目标，支持国家新能源汽车产业发展，在中国银保监会的指导下，中国保险行业协会开发了《新能源汽车商业保险专属条款（试行）》。在投保中，被保险人购买主险后方可选择购买附加在主险上的各种附加险。此外，国家强制机动车所有人必须购买交强险。

汽车保险业务流程依次分为介绍保险、选择承保方案、填写投保单、验车验证、录入投保信息、投保审核、收取保费和签发保单。

1）介绍保险。购置车辆后，车辆所有人选择保险公司，并购买保险，成为被保险人或投保人。保险公司的业务员有如实告知义务，应向被保险人介绍保险种类、保险金额以及赔偿限额、赔偿处理程序以及要求、服务体系以及承诺等，对保险条款做必要的解释，供车辆所有人学习，以利于购买合适的保险。特别是要向车主说明新能源汽车商业保险责任有哪些不同和变化。

2）选择承保方案。被保险人根据实际需要选择相关的保险类型，保险业务员可根据自己的业务知识，从专业的角度为被保险人设计承保方案，并评估被保险人可能面临的风险，确定合适的保险金额以及赔偿限额。

3）填写投保单。当被保险人确定承保方案后，保险业务员应指导被保险人填写投保单，填写的内容包括：投保人的姓名、联系电话、地址、车辆种类、车牌号码、发动机号码及车架号、动力蓄电池编码、驱动电机编码、使用性质、吨位或座位、车辆行驶证、初次登记年月、保险价值、车辆损失险保险金额的确定方式、第三者责任险赔偿限额、附加险的保险金额或保险限额、车辆总数、保险期限、联系方式、特别约定、投保人签章等。投保单是被保险人向保险人申请订立保险合同的依据，也是保险人签发保单的依据，要慎重填写，谨防错误，不得涂改，并提醒被保险人履行如实告知义务，对与保险风险有直接关系的情况被保险人应当如实告知保险公司。

4）验车验证。根据被保险人的投保单，验证相应的车辆和证件，并复印相关的证件，对车辆拍照。必须复印的证件有：投保人的车辆行驶证、组织机构代码（被保险人为"法人或其他组织"的）、居民身份证（投保人为"自然人"的）、投保经办人的居民身份证、车辆合格证、新车购车发票和约定驾驶人员的机动车驾驶证等。

5）录入投保信息。由保险公司的工作人员将投保单中的投保信息等录入计算机，成为电子文件，供投保审核、出险理赔时使用，同时，存档投保单和相关证件的复印件。

6）投保审核。投保审核是保险公司在业务经营过程中的一个重要环节，由保险公司资深的专业技术人员对投保人的申请进行风险评估，决定是否接受这一风险，并在接受风险的情况下，决定承保的条件，包括使用的条款和附加条款、确定费率和免赔额等，排除不必要的运作风险。

7）收取保费，签发保单。投保审核完成后，被保险人缴纳保费，保险公司收取保费，开出发票，签发保单。至此，汽车保险业务流程结束，完成被保险人的投保。

3.1.2 新能源汽车服务企业的市场调研

1. 新能源汽车服务市场调研的含义

新能源汽车服务市场调研是以新能源汽车的购买者和市场营销的组合各要素为对象，运用科学的方法，收集、记录、整理和分析所有情报和信息资料，从而掌握市场的现状及其未来发展的一种企业经营活动。市场调研的目的既可能是通过了解市场供求发展变化的历史和现状，为市场预测提供相关资料，也可能是为了总结经验，或是为了寻找目标市场而进行市场细分的调查研究。

2. 新能源汽车服务企业市场调研的内容

从企业经营决策的需要出发，新能源汽车服务企业基于营销和服务管理的市场调研内容有以下五个方面：

（1）市场需求情况调研　主要调研本企业的服务在总体市场或各细分市场的需求量及影响因素。

1）需求量调研。新能源汽车服务企业是以新能源汽车及衍生品销售或服务为中心，为用户提供产品及附加服务。其市场需求的主要影响因素有经济发展水平、人均收入、新能源汽车保有量、车型构成和国家相关政策等。

2）消费行为调研。了解消费者的爱好、习惯、使用条件、使用强度、购买方式、购买人群、购买量、购买动机、购买时间等。

3）潜在需求调研。潜在需求分为两种：一种是用户已有购买欲望，且具备购买能力，也准备购买或接受维修服务的现实需求；另一种是有潜在的购买欲望，但由于种种原因暂时还不能接受服务的需求。

（2）销售趋势调研　主要包括购买者的需求趋势、企业调整营销策略后可能造成的销售变化趋势等。

（3）市场竞争调研　要使企业立于不败之地，首先要搞清楚谁是竞争对手或潜在的竞争对手，知己知彼，百战不殆。

1）调研竞争对手的基本情况。包括在与自己同一区域内的竞争对手数量、企业规模、能提供的服务、满足用户需求的总程度等。

2）调研竞争对手的竞争力。包括资产拥有情况、企业背景、目标市场、销售能力、销售渠道、销售价格、销售策略、服务质量、技术装备和水平、市场占有率等。

3）调研竞争对手发展新服务项目的动向。包括发展方向、特性、进程、运作情况、竞争力等。

4）调研潜在竞争对手。包括将要出现的新竞争对手和已有的竞争对手能力提高后的竞争力。

（4）销售渠道调研　主要调研产品或服务销售渠道的历史与现状，包括商品实体流经的各个环节、销售机构的基本情况、销售渠道的利用情况及促销手段的运用等。

(5) 企业经营政策执行情况调研　主要调研企业在产品、服务、价格、市场定位、广告宣传等方面的执行情况,包括用户反映、实施效果、改进意见等。

以上这些内容,只是市场调研的主要内容。但就一般情况而言,新能源汽车服务企业在各个不同时期,在市场营销中所遇到的问题不一样,调研的问题也就不相同。所以不同的新能源汽车服务企业,要根据自己的具体情况确定调研目的和内容,并开展调研工作。

3. 市场调研的步骤

市场调研工作必须有计划、有步骤地进行,以防调研工作的盲目性。市场调研可分为四个阶段:调研前的准备阶段、正式调研阶段、整理分析资料阶段和提出调研报告阶段。

(1) 调研前的准备阶段　对上游新能源整车厂提供的资料进行初步的分析,找出存在的问题,明确调研的关键和范围,根据调研的目标,制订市场调研的方案。主要包括以下五个方面:

1) 确定调研目标。在进行市场调研之前,要先确定调研目标,明确调研到底是为了解决什么问题。如果调研目标不明确,调研的作用就会打折扣,甚至南辕北辙。

2) 确定调研范围。要明确调研的范围,包括调研对象是什么样的用户,被调研对象由什么人组成等。

3) 确定调研方法。调研的方法多种多样,每个方法都有一定的优点、缺点和适用条件。调研者可以根据实际情况,选择合适的调研方法。

4) 确定经费预算。市场调研都会有一定的费用支出,要合理、全面地估计调研的各项开支。在进行预算时,应考虑调研项目、参与人员或公司等多方面因素。调研费用一般包括总体方案策划费、调研劳务费、资料费、印刷费、调研实施费(差旅费、礼品、人员培训等)、统计分析费用等。

5) 制订调研计划。当以上因素都基本确定后,调研者要制订调研计划。调研计划一般由摘要、调研目的、调研的内容和范围、调研的方法、调研工作安排与进度、调研预算等组成。

(2) 正式调研阶段　此阶段是调研者执行调研目的、收集资料信息的过程。也就是调研者到指定的目标市场和具体地点,寻找具体的调研对象,有目的地收集第一手资料。现场调研的及时性和准确性除了取决于调研者的素质外,工作过程的开展也对调研结果有很大的影响。在调研工作中,要事先对有关工作人员进行培训,并做好调研过程的监督与考核,保证调研工作合理进行。同时也要做好预防补救措施,保证调研工作按计划进行。在正式调研阶段,调查者还要确定收集调研信息的途径,保证资料数据真实、可靠。工作中要特别强调按原则办事,采取实事求是的态度,避免掺杂个人主观偏见。

(3) 整理分析资料阶段　当统计分析研究和现场直接调查完成后,市场调研人员拥有大量的第一手资料。首先要对这些资料进行编辑,选取一切有关的、重要的资料,剔除没有参考价值的资料。然后对这些资料进行编组或分类,使之成为某种可供备用的形式。最后对资料进行分析,把有关资料用适当的图表形式展示出来,以便说明问题或从中发现某种典型的模式,挖掘数据的内在关联,解释调研问题。

(4) 提出调研报告阶段　通过对调研材料的综合分析整理后,根据调研目标写出调研报告,得出调研结论。值得注意的是,调研人员不应把调研报告看成是市场调研的结束,而应继续注意市场情况的变化,以检验调研结果的准确程度,并发现市场新的造势,为后续的调研打好基础。一般来说，调研报告包括以下内容：

1）题目、调研人、调研日期。

2）目录、摘要。对主要调研发现予以摘要说明。

3）序言。说明调研的原因、背景、目的、意义等。

4）调研概况。说明调研地点、对象、范围、过程、采取的调研方法和调研程序。要尽量阐明采用何种调研方法，并解释选择此方法的原因。

5）调研结论与建议。这是调研报告的主要部分，根据调研的第一手资料、数据，运用科学的方法对调研事项的特点、原因、相互关系等进行分析和论证，提出主要理论观点，得出结论，并提出建设性意见。同时，也要指出调研过程中存在的不足、局限性与改进方法。

6）附件。包括一些复杂、专业性的内容，通常将调研问卷、抽样名单、地址、分布地图、统计检验计算结果、表格、制图等作为附件内容，每一项内容都要编号，以便查询。

4. 市场调研方法

市场调研的资料来源主要有两种途径。通过市场调研得到的企业及消费者信息资料，称为第一手资料。通过收集一些公开出版的报纸、杂志及电视、网络、有关行业机构提供的统计资料，了解有关产品和市场信息的资料称为第二手资料。按资料获取方式的不同，市场调研可分为间接调研和直接调研两大类。

（1）间接调研　间接调研又叫文案调研，市场调研人员充分了解企业市场调研的目的之后，搜集企业内部和外部各种相关资料文献，加以整理、归纳、演绎、分析后，得出相关市场调研报告和建议。

间接调研的资料来源包括国家或地方统计资料，如国家与政府有关部门的决定、发展计划、统计年鉴、统计局发布的消息等；行业协会公布的信息；图书、期刊、报纸等资料；计算机网络资料；咨询公司提供的资料，汽车企业积累的数据资料，如公司管理部门、财务部门、市场部门等提供的信息。资料收集是文案调研的核心工作，因此在实施过程中要注意以下原则。

1）系统全面的原则。很多情况下因资料不全等原因无法深入分析，要设法寻找资料来源的出处，保证资料的完整、系统、准确。

2）相关性原则。获取的资料一定要和调研的目标相关，避免选取无关或关联度不高的资料。

3）时效性原则。第二手资料都有时间范围，使用时要考虑距离调研的时间间隔，尽量选择近期的资料。

4）经济性原则。使用间接调研的优点是省时省钱，如果费用太高，就失去了间接调研的优势和意义。

（2）直接调研　直接调研又叫实地调研。汽车服务企业所需要的资料，大部分是通过实地调研得到的，主要以获取第一手资料为主。直接调研常用的方法有三种。

1）观察法。观察法是由调研人员到现场对调研对象的情况进行观察记录，取得第一手资料，以此来判断用户的购买动机、购买行为、购买态度等调研内容的方法。观察法又包括下面三种形式：直接观察法、行为记录法和痕迹观察法。

观察法的优点是可以客观地搜集、记录被调研对象的现场情况，结果比较真实可靠。缺点是调研费用较高，所要调研的问题只能在现场经过较长时间观察才能得到调研结果，对被调研者内在因素的变化，如消费者对产品的态度、偏好等不一定能观察到。

2）访问法。访问法就是将要调研的问题，通过一定的方式，向被调研者提出，获取所需要资料的方法。根据访谈形式的不同，又可分为问卷调研、电话调研、网络调研、面谈法四种。

3）实验法。实验法就是通过各种实验手段来收集资料。例如，当汽车厂商要推出一种新产品或新的推销策略时，根据所要调研的项目选择一定规模的对象，在适当的地方开展小范围的实验，结合消费者的反馈信息，对于实验结果进行研究，来改进自己的产品或推销策略。该方法可在产品更改包装、外观造型，改变广告、价格等情况时使用，观察市场对所做改变的接受程度。根据操作方法的不同，又可分为实验室观察法和销售区域实验法。

3.1.3 汽车服务企业的市场预测

1. 市场预测的含义

所谓市场预测，就是运用科学的方法，对影响市场供求变化的诸因素进行调查研究，分析和预见其发展趋势，掌握市场供求变化的规律，为经营决策提供可靠的依据。预测为决策服务，市场预测是为了提高管理的科学水平，减少决策的盲目性。企业需要通过预测来把握经济发展或者未来市场变化的有关动态，减少未来的不确定性，降低决策可能遇到的风险，使决策目标得以顺利实现。市场预测可以预判市场未来发展趋势，为新能源汽车服务企业确定生产、经营方向提供有参考价值的依据。

2. 市场预测的分类

（1）按预测性质划分

1）定性预测。以研究预测对象的发展规律为基本出发点，主要考虑各方面因素的变化，运用逻辑推理的方法，来推断预测对象的未来发展趋势。在实际工作中，由于各种因素的影响，有时不可能全面掌握预测对象及其影响因素的统计资料，很难以定量的形式进行分析，只能凭借积累的经验、少量的数据和主观判断等，对事物的发展趋势和未来状态进行分析、假设、判断、推理、估计和评价。

2）定量预测。定量预测是在充分掌握大量、准确、系统数据资料的基础上，建立合适的数学模型，通过分析和计算推断出事物在未来可能发生的结果。定量预测是依据事物过去和现在的统计资料和情况，分析研究其发展变化规律，对未来进行预测的。但是影响事物的因素是多方面的，由于诸多因素变化的不可预见性，再加上有些因素无法用定量方式描述，建立数学模型时也不可能把所有的因素都考虑进去，预测结果与实际是有误差的，因此不能认为定量预测的预测结果一定能准确地反映事物的未来发展趋势。实际上，定量预测的结果常常需要进行修正。

3）综合预测。前面两种方法都有其局限性，为了克服其缺点，提高预测的准确性，在预测时，常常是把定性方法和定量方法结合运用，使之互相验证、互为补充。综合预测法一方面可以对各种不同预测结果进行对比分析，找出并消除其中的不确定因素；另一方面，可以找出各相关事件相互影响的规律，把它们结合起来进行分析，以提高预测结果的准确性。

（2）按预测期限划分

1）长期预测。指预测期限为五年以上的预测，属于战略预测或规划性预测，通常只能用于发展趋势的估计。由于预测期限较长，且受未来诸多不确定因素的影响较大，因此预测结果与实际结果的差距较大，需要根据实际情况不断调整预测结果。

2）中期预测。通常指预测期限在一年以上五年以下的预测，属于战术预测，由于期限相对较短，对预测期内的各种影响因素考虑得比较全面和准确，预测误差相对较小。

3）短期预测。一般指预测期限为一年之内的预测。这种预测结果的准确性和可靠性都比较高。预测结果的准确性和可靠性与预测期限有关。而预测期限的长短，要依据预测对象的内容、性质、特点和具体要求，以及进行经营决策和制定战略的需要而定。

3. 市场预测的内容

新能源汽车服务企业市场预测一般包括以下九方面的内容：

1）市场占有率预测。市场占有率是指某服务企业某品牌汽车的销售（或维修服务）量或销售额与市场上同类品牌汽车的全部销售（或维修服务）量或销售额之间的比率。它着重考虑的是产品本身的特性和本企业员工的销售对销售量的影响。

2）市场需求预测。预测销售（或维修服务）市场的需求量以及发展趋势，包括对现有的和潜在的需求进行预测。

3）资源预测。预测企业发展新产品（新的服务项目）有无充足、可靠的资源。

4）市场购买力预测。预测所在区域市场现有购买力水平和潜在的购买力水平情况。对消费者的消费倾向、消费结构、消费心理的变化进行分析预测。

5）商品生命周期预测。预测在市场发展过程中某种商品处于生命周期的哪个阶段，以便采取相应的策略。

6）新产品发展预测。预测由于新技术、新材料、新工艺的应用所导致的新产品发展方向、新产品的结构变化等。

7）价格变动趋势预测。价格对产品供应与销售来说，是一个非常敏感的因素，通过预测价格涨落情况及发展趋势，有助于调整企业的经营方式。

8）库存预测。零部件的库存是新能源汽车维修服务企业安排生产的重要依据。这里主要预测汽车零部件库存状况，以妥善解决有关竞争和销售问题以及生产发展安排问题。

9）经营效果预测。主要是对本企业各种产品（服务）的经营效果以及改变经营策略后所取得的经营效果的预测。

3.1.4 新能源汽车服务企业的营销策略

1. 产品策略

产品具有丰富的内涵和宽广的外延，不仅包括有形的实物，还包括无形的信息、知识版权、实施过程以及劳动服务等内容。从市场营销学的角度来讲，产品就是能够满足一定消费需求并能够通过交换实现其价值的物品和服务。产品包括有形产品和无形产品两大类。

企业欲在竞争中保持优势，就必须与竞争对手有所区别，突出自己的优势或个性，也就是向市场提供具有差异化的产品或服务。差异化是指设计一系列有意义的差别，以使本企业的产品或服务能够同竞争对手的产品或服务相区别。新能源汽车服务企业可以在以下六个方面寻求差异化，即产品（服务项目）、服务、人员、渠道、时间和形象。

（1）产品（服务项目）差异化

并不是每一种产品都有明显的差异化，但是，几乎所有的产品都能够找到一些可以实现差异化的特点。汽车服务是一种可以高度差异化的服务产品。

1) 特色项目。特色项目是指基本维修功能的某些增补。要注意的是，并不是每一个特色都值得企业去推行，特色必须是有价值的。同时，企业在为自己的产品设计特色的时候，除了考虑这个特色是否有价值外，还要考虑增加该特色的成本和用户愿意为这项特色额外支付的费用。这些特色项目可能有外观改装、性能改装、高压部件修复等。

2) 性能质量。性能质量是指汽车维修服务项目的可靠性。这是指在一定时间内汽车保持不坏的可能性。用户一般愿意为维修的可靠性付出较高代价。由于汽车属于耐用高档消费品，因此维修的可靠性和耐久性是汽车用户十分重视的指标。

3) 保修期。耐用性是衡量一个维修项目在正常使用条件下的预期使用寿命。一般来说，购买者愿意为耐用性较长的产品支付更高的成本。所以，虽然市场监督管理部门和各生产企业都有产品或维修服务的"三包"服务，并对保修期进行明确规定，但更多服务企业通常会提出更加严格的保修期服务。

(2) 服务差异化

除了实体产品差异化以外，企业也可以对其所提供的服务实行差异化。新能源汽车服务的重要性逐渐为汽车服务企业所重视，并且成为决定业绩的一项重要因素。特别是当维修质量较难突出差异化时，在竞争中取得成功的关键常常依赖于增值服务和服务的质量。在新能源汽车维修服务中，服务差异化主要体现在：预约的方便性、客户培训、技术咨询、上门接送车、修后服务跟踪和车主俱乐部等多种服务上。

1) 预约方便性。汽车服务企业要考虑如何使用户以最便捷的方式向维修厂预约维修时间，以节省维修的时间成本以及提高维修厂资源的利用率。互联网的普及和电子商务的产生为用户提供了一种随时随地可以预约的方式，这种便捷的预约方式已经开始被采用，发展电子商务是必然的趋势。

2) 客户培训。客户培训是指企业对车主进行新能源汽车构造、汽车工作原理以及汽车的正确安全使用等知识的培训，比如如何进行科学充电、高速公路如何安全驾驶、开车如何省电或提升车辆续驶里程、如何延长汽车使用寿命、如何正确维护车辆等车主经常遇到和关注的常识问题。

3) 技术咨询。技术咨询是指企业向车主无偿地提供车辆维修技术资料与信息，提出维护建议，提供车辆交易与更新的顾问服务等内容。例如，有些企业推出的管家式服务中要求接待人员为客户提供提醒服务，其中有提醒消费者按时享受企业所承诺的免费走合维护，提醒用户注意某些常规使用规范，如进行年检年审、购置保险等。

4) 其他服务。企业还能找到许多其他方法，提供各种服务来增加附加价值，也可以将上述差异因素融合起来。比如有些企业为车主免费提供熨西服、擦皮鞋、清洗沙发套和窗帘的服务；车主等候提车时可在网吧、休息室或水吧休闲娱乐；儿童可到游乐室玩耍。总之，舒适、快捷、无微不至的服务和汽车的外观、内饰一样，是车主身份地位的体现。

(3) 人员差异化

服务差异化不仅包括提供服务产品的种类和竞争对手不同，也包括提供服务的人员。因此，企业可以通过聘用和培养比竞争对手更优秀的员工来获得强大的竞争优势。如果没有高素质的员工，服务的精神就无法得到体现，甚至根本无法实现企业原定提供的服务。

人员差异化包括：员工的资历、能力、诚实、可靠、责任心与沟通协调等多个方面。有些企业在接待大厅中显眼的位置将骨干员工的照片、证书与资历原件材料用透明展柜展出，就是为了突显这种差异化。

（4）渠道差异化

渠道差异化包括新能源汽车服务企业的地理位置、覆盖区域及其经营网点的分布，用户报修与提车的便捷性等，这种差异化对于连锁经营的新能源汽车服务企业尤为重要。

（5）时间差异化

有人这样总结汽车服务行业的竞争历程：20世纪70年代是价格的竞争，80年代是质量的竞争，90年代是服务的竞争，而21世纪则是时间的竞争，这是因为，当今成功人士最短缺的就是时间。怎样为车主节省时间、提高效率是新能源汽车服务企业应该重点考虑的竞争差异点。

（6）形象差异化

即使竞争产品及其服务看上去都一样，用户也能从企业的品牌形象方面得到一种与众不同的印象。形象是公众对企业的看法。要使一个产品具有有效的和正面的形象，需要做到以下三点：第一，它必须传递特定的信息，包括产品的主要优点和定位；第二，它必须通过一种与众不同的途径传递这一信息，从而使其与竞争产品有所区分；第三，它必须产生某种感染力，从而触动用户的心。树立一个强有力的形象需要创造力和刻苦的工作，同时也需要时间的考验和积累。要树立形象，必须利用企业可以利用的每一种传播手段，并且不断强化。

2. 价格策略

价格策略是指汽车服务企业通过市场调研，对用户的需求和企业的生产成本以及市场竞争状况进行分析，从而选择一种能吸引用户、实现营销组合的价格策略。在我国市场竞争日益激烈的今天，价格策略成为国内新能源汽车服务企业重要的营销手段。

（1）影响产品或服务价格的因素

新能源汽车服务企业提供的产品或服务价格的高低，主要是由产品或服务质量中包含的价值量的大小决定的。但是，从市场营销角度来看，产品或服务的价格除了受价值量的影响外，还受以下七种因素的影响和制约。

1）汽车生产与流通成本。产品在生产与流通过程中耗费的一定数量的物化劳动和活劳动就是产品的成本。成本是影响产品价格的实体因素，汽车成本包括汽车生产成本、汽车销售成本和汽车储运成本。维修成本包括直接人工费用、修理用直接材料费、维修企业间接费用（相当于工业的制造费用）等。整车厂为了保证再生产的顺利实现，通过市场销售，既要收回汽车成本，同时也要保证一定的盈利。

2）用户需求。用户的需求对产品或服务定价的影响，主要通过汽车用户的需求能力、需求强度、需求层次反映出来。产品或服务定价首先要考虑产品或服务价格是否适应汽车用户的需求能力，如果用户的需求能力强，企业在定价时，可以定得高一些；反之，则应低一些。其次要考虑用户的需求强度，如果用户对某些服务或产品的需求比较迫切，且对价格不敏感，企业在定价时，可定得高一些；反之，则应低一些。另外，不同的需求层次对产品定价也有影响，对于能满足较高层次需求的产品，其价格可定得高一些；反之，则应低一些。

3）产品或服务的特征。企业提供的产品或服务的特征是新能源汽车产品自身或相关服务所形成的特色。一般指造型、质量、性能、服务水平、商标、装饰、维修能力等，它能反映汽车产品或服务水平对消费者的吸引力。如果产品或服务供不应求，定价时即使比同行高一些，用户也能够接受。

4）市场竞争对手的行为。产品或服务定价是一种挑战性行为，任何一次产品或服务价格的制定与调整都会引起竞争对手的关注，并导致竞争对手采取相应的对策。在这种对抗中，竞争力强的企业定价自由度较大；竞争力较弱的企业定价的自由度相对较小。

5）市场结构。根据新能源汽车服务市场的竞争程度，市场结构可分为四种不同的类型：完全垄断市场、寡头垄断市场、垄断竞争市场、完全竞争市场。不同的市场结构下，各参与竞争企业对市场的控制程度不同，产品或服务的定价也就不同。

6）政府干预。为了维护国家与消费者的利益，维护正常的市场竞争秩序，国家制定的相关法律法规将会干预新能源汽车服务企业的定价行为。

7）社会经济状况。一个国家或地区经济发展水平越高，发展速度越快，人们的收入水平增长就越快，购买力就越强，企业定价的自由度就比较大；反之一个国家或地区经济发展水平越低，发展速度越慢，人们的收入水平增长就越慢，购买力就越弱，企业定价的自由度也就越小。

（2）新能源汽车服务企业的定价目标

一般来讲，新能源汽车服务企业的定价目标有以下五大类。

1）利润导向的定价目标。企业进行市场经营的根本目的是追求效益。利润是企业发展的前提，新能源汽车服务企业也不例外，因此，企业常把利润作为重要的定价目标。以利润为导向的定价目标有三种：利润最大化目标、目标利润目标和适当利润目标。

2）销量导向的定价目标。以市场销量为导向的定价目标是指新能源汽车服务企业期望达到某一销售量或市场占有率而确定的价格目标。以销量为导向的定价目标主要有：保持或扩大市场占有率；增加销售量。

3）竞争导向的定价目标。以竞争为导向的定价目标是指在激烈的市场竞争中，企业以应付或避免竞争而采取的定价目标。在激烈的市场竞争中，竞争对手对价格都很敏感，在对产品或服务进行定价前，一般要广泛收集市场信息，把本企业的产品性能、质量和成本与竞争对手相比较，然后制订本企业的价格。以竞争为导向的定价目标通常采用的方法有：与竞争对手产品同价；高于竞争对手产品的价格；低于竞争对手产品的价格。

4）产品或服务质量导向的定价目标。质量导向的定价目标是指新能源汽车服务企业在市场上树立以质量领先的目标，从而在价格上作出相应的决策。优质优价是一般的市场准则，从完善的市场体系来看，高价格的产品或服务自然代表或反映产品的高性能、高质量及其优质的服务。采取这一目标的新能源汽车服务企业必须具备以下两个条件：一是拥有高性能、高质量的产品；二是能够为用户提供完善、优质的服务。

5）企业生存导向的定价目标。当新能源汽车服务企业遇到产能过剩或在激烈的市场竞争中处于劣势时，企业要把维持生存作为自己的首要目标，生存比利润更重要。对于这类汽车服务企业来讲，只要他们的价格能够弥补变动成本和一部分固定成本，即产品或服务的单价大于企业变动成本，他们就能够维持运营。

（3）新能源汽车服务企业的定价策略

在激烈的市场竞争中，企业开发的汽车新产品或服务能否及时打开销路、占领市场和获得满意的利润，除了新产品或服务本身的性能、质量及必要的营销策略之外，还取决于新能源整车厂能否选择正确的定价策略。目前新能源汽车新产品定价有以下七种策略：

1）撇脂定价策略。这是一种高价保利策略，在汽车新产品或服务投放市场的初期，企业将新产品或服务价格定得较高，以便在较短的时期内获得较高的利润，尽快收回投资。撇脂定价策略的优点是：新产品或服务刚投放市场时，需求弹性小，尚未有竞争对手，因此，只要新产品有新意、质量过硬，就可以制定较高的价格，满足那些高端消费者求新、求异的消费心理。由于价格（利润）较高，企业可以在较短时期内取得较大利润同时留有降价空间，可以在竞争对手大量进入该市场时主动降价，打压竞争对手，提高市场竞争能力，同时也符合价格由高到低的消费心理。撇脂定价策略的缺点是：在新产品或服务尚未树立市场声誉时，高价不利于开拓市场，一旦销售遇阻，新产品或服务就有夭折的风险。另外，高价投放市场时如果销路旺盛，也很容易引来竞争对手的进入，导致竞争加剧。

2）渗透定价策略。这是一种低价促销策略，在汽车新产品或服务投放市场时，直接将新产品或服务价格定得较低，使消费者易于接受，便于打开和占领市场。渗透定价策略的优点是：一是可以利用较低价位迅速打开新产品的市场销路，占领市场，实现薄利多销；二是可以有效阻止竞争对手的进入，有助于控制市场。其缺点是：投资回收期较长，一旦渗透失利，企业就会一败涂地。

3）满意定价策略。这是一种介于撇脂定价策略和渗透定价策略之间的定价策略，制定的价格比撇脂价格低，比渗透价格高，是一种中间价格。这种定价策略能使汽车服务企业和用户都比较满意，比前两种定价策略的风险小，成功的可能性大，但也要根据市场需求、竞争情况等因素进行具体分析。

4）按产品生命周期定价策略。在汽车或服务产品生命周期的不同阶段，定价的三个要素（即成本、用户和竞争对手）都会发生变化，定价策略也要适时、有效地随之进行调整。

5）折扣和折让定价策略。在经营过程中，企业为了竞争和实现经营战略，经常对产品或服务价格采取折扣和折让策略，直接或间接地降低产品或服务价格，以争取更多的用户，扩大业务量。灵活运用折扣和折让策略，可以提高企业经济效益。具体来说，常见的折扣和折让策略有以下三种：数量折扣、现金折扣、季节折扣。

6）心理定价策略。每一产品或服务都能满足汽车用户某一方面的需求，产品或服务的价值与用户的心理感受有很大的关系。这为心理定价策略的运用提供了市场空间，企业在定价时可以利用用户的心理因素，有意识地将产品或服务价格定得高或低，以满足用户心理的、物质的和精神的多方面需求，通过用户对汽车产品或服务的偏爱或忠诚，引导用户的消费观念，扩大市场销售量（销售额），从而获得最大效益。常见的心理定价策略有：整数定价策略、尾数定价策略、声望定价策略、招徕定价策略、分级定价策略。

7）针对汽车产品或服务组合的定价策略。一个整车厂往往会有多个系列的多种产品或服务同时生产和销售，这些产品或服务之间的需求和成本既相互联系，又存在一定程度的"自相竞争"。定价时应结合关联的产品或服务组合制定产品或服务的价格系列，使产品或服务组合的利润最大化。这种定价策略主要有以下两种情况：同系列汽车产品或服务组合定价策略；附带选装配置的汽车产品或服务组合定价策略。

3. 促销策略

促销是企业通过人员或非人员的方式，沟通企业与消费者之间的信息，引发、刺激消费者的消费欲望和兴趣，使其产生购买行为的活动。不同的促销方式有不同的效果，各种促销方式及其主要特点如下：

（1）人员推销

人员推销即企业利用推销人员推销产品，也称为直接推销。对汽车服务企业而言，其主要形式是派出推销人员与用户直接面谈沟通。人员推销方式具有直接、准确、推销过程灵活、易于与用户建立长期友好合作关系以及双向沟通的特点。但这种推销方式成本较高，对推销人员的素质要求也较高。

（2）广告促销

广告促销是通过报纸、杂志、广播、电视、网络、广告牌等广告传播媒体形式向目标消费者传递信息的促销方式。采用广告宣传可以使广大消费者对企业的产品、商标、服务等加强认识，并产生好感。

广告促销的特点是可以更为广泛地宣传企业及其产品，传递信息面广，不受消费者分散的约束，同时广告还能起到倡导消费、引导潮流的作用。

（3）营业推广

营业推广又称销售促进，是指企业运用各种短期诱因鼓励消费者和中间商购买、经销或代理企业产品或服务的促销活动。其特点是可有效地吸引客户，刺激购买欲望，可以较好地促进销售。但它有贬低产品之意，因此只能是一种辅助性促销方式。

（4）公共关系

公共关系（Public Relations，简称公关），也称公众关系。它是指企业在从事市场营销活动中正确建立企业与社会公众的关系，以便树立企业良好形象，从而促进产品销售的一种活动。公共关系是一种创造"人和"的艺术，它不以短期促销效果为目标，通过公共关系使公众对企业及其产品产生好感，并树立良好的企业形象，并以此来激发消费者的需求。公共关系是一种长期的活动，着眼于未来。各种促销方式的特点可以用表3-1来概括。

表3-1 各种促销方式的特点

促销方式	优点	缺点
人员推销	推销方法灵活，针对性强，容易及时促成	对人员素质要求较高，费用较大
广告促销	信息传播面广，易引起注意，形式多样	说服力小，不能直接成交
营业推广	吸引力大，效果明显	只能在短期使用，有贬低产品的意味
公共关系	影响面大，可使消费者印象深刻	促销效果间接，产生促销效果所需时间长；活动开展艺术性强

（5）促销组合

所谓促销组合，就是企业根据产品的特点和营销目标，综合各种影响因素，对各种促销方式进行选择、编配和运用。促销组合是促销策略的前提，在促销组合的基础上，才能制订相应的促销策略。因此，促销策略也称为促销组合策略。影响促销组合策略制订的因素主要有以下四个方面：

1）产品因素。消费者对于不同类型的产品有不同的要求，而且对不同类型产品的促销方式要求也各不相同。对于频繁购买的日常用品和生活耐用品，消费者倾向于品牌偏好的产品，因此对产品知名度的宣传就显得尤为重要，应采用广告、营业推广、公共关系等手段进行宣传。而新能源汽车属于价值较高、购买风险比较大的产品，消费者购买时通常比较理性、慎重，广告宣传无法满足其需求，采用人员推销的方式更为有效。

2）促销目标。在企业营销的不同阶段，为适应市场活动的不断变化，要求有不同的促销目标。因此，促销组合和促销策略的制订，要符合企业的促销目标，根据不同的促销目标，采用不同的促销组合和促销策略。

3）产品生命周期。当产品处于导入期时，需要进行广泛的宣传，以提高知名度，因而广告促销的效果最佳，营销推广有助于鼓励消费者尽早试用。当产品处于成长期时，广告和公共关系仍需加强，营销推广则可相对减少。产品进入成熟期时，应增加营业推广，减少广告投入，因为此时大多数用户对该产品已有一定程度的了解，在此阶段应大力进行人员推销，以便与竞争对手争夺用户。

4）促销预算。任何企业用于促销的费用总是有限的，有限的促销费用自然会影响营销组合的选择。因此，企业在选择促销组合时，首先要根据企业的财力及其他情况进行促销预算；其次要对各种促销方式进行比较，以尽可能低的费用取得尽可能好的促销效果；最后还要考虑到促销费用的分摊。

4. 竞争策略

任何企业都想在同行中做强做大，获得更高的市场占有率，争取更大的市场销量，但是，市场竞争是残酷的，企业要想做强做大，必须知己知彼，在对市场环境、竞争对手、企业本身作出正确分析后，制订完善的市场竞争策略。

(1) 市场领导者策略

作为市场领导者，占有最大的市场份额，在定价、开发新产品、分销范围、促销力度等方面都具有领导地位。市场领导者要想长期保持其领导地位，需要做好以下工作：

1）开发新市场。市场领导者需要为产品寻找新的用户，发现并推广产品的新用途或者促使现有用户提高对产品的使用量。

2）稳住现有市场份额。要保持住现有的市场份额，市场领导者可以采用阵地防御、侧翼防御、以攻为守、反击防御、机动防御、退却防御等策略。

3）扩大市场份额。研究表明，市场份额和盈利率具有较高的正相关关系，因此，企业应追求市场份额的扩大以保持自己的领先地位。

(2) 市场挑战者策略

任何企业都有做行业老大的想法，特别是居于行业第二位、第三位的企业，他们会伺机对市场领导者发起进攻，争取更大的市场份额。大多数市场挑战者的策略目标是扩大市场份额，可以选择三种进攻的对象，一是攻击市场领导者，这会有很大的风险，但是一旦胜利将会有很大的潜在收益；二是选择和自己规模相当但是经营不善的企业作为进攻对象；三是攻击实力或各种经营手段相对较弱的小企业。进攻策略有正面进攻、侧翼进攻、包围进攻、迂回进攻和游击进攻等。进攻时，可选用价格折扣策略、廉价产品策略、优质高价策略、改进服务策略、降低生产成本策略、广告促销策略等。

(3) 市场追随者策略

市场中居于第二位、第三位的企业，如果不想对市场领导者发起进攻，而是接受领导者的领先地位，甘愿扮演追随者的角色，则可以采取全面模仿领先者的策略，也可以采用部分模仿的策略以及改进者的策略。

（4）市场补缺者策略

对中小企业来说，它们既不能充当挑战者，也不能充当追随者，但可以充当市场补缺者。市场补缺者针对较小的目标市场提供产品和服务，若能经营好也可以获得可观的利润。市场补缺者可以采用最终用户专业化、垂直专业化、客户规模专业化、特殊客户专业化、地理市场专业化、产品专业化、服务专业化、销售渠道专业化等方式来建立自己的优势。

3.2 库存管理

新能源汽车服务企业的库存商品涉及整车、精品、配件、辅料等一系列需要管理的流动资产，为了保证企业的正常运营，并实现成本优化，必须对库存进行有效的管理。

3.2.1 库存的含义及功能

库存是指处于储存状态的物资，是储存的表现形态。库存可以分为两类：一类是生产库存，即直接消耗物资的库存，它是为了保证所消耗的物资能够不间断地供应而储存的；另一类是流通库存，即企业的成品库存、生产主管部门的库存和各级物资主管部门的库存。库存是仓储的基本功能，除了进行商品储存保管外，它还具有整合需求和供给、维持物流系统中各项活动顺畅进行的功能。企业为了能及时满足用户需求，就必须经常保持一定数量的商品库存，譬如一定数量的新能源汽车整车和相关的衍生品。合理的库存能够防止生产中断，节省订货费用，改善服务质量，防止短缺。若企业库存不足，会造成供货不及时，供应链断裂，丧失市场占有率或交易机会。库存也有一定弊端，商品库存需要占用大量资金，产生一定的库存成本，同时会存在商品积压和损坏导致的库存风险。因此，在库存管理中既要保持合理的库存数量，防止缺货和库存不足，又要避免库存过量而发生不必要的库存费用。

1. 库存的功能

在现实经济生活中，商品的流通并不始终处于运动状态，作为储存表现形态的库存是商品流通的暂时停滞，是商品运输的必需条件。库存在商品流通过程中有其内在的功能。

1）调节供需矛盾，消除生产与消费之间的时间差。不同的产品（商品），其生产和消费情况是各不相同的。有些产品的生产时间相对集中，而消费则是均衡的；有些商品生产是均衡的，而消费则是不均衡的。生产与消费、供给与需求，在一定程度上存在时间上的差别。为了维护正常的生产秩序和消费秩序，尽可能地消除供求之间、生产与消费之间这种时间上的不协调，库存起到了调节作用，它能够很好地平衡供求关系、生产与消费关系。

2）创造商品的"时间效用"。"时间效用"就是同一种商品在不同的时间销售（消费）可以获得不同的经济效果，为了避免商品价格上涨造成损失或为了从商品价格上涨中获利而建立的投机库存刚好满足了库存的"时间效用"功能。但也应该看到，在增加投机库存的同时，也占用了大量的资金和库存维持费用。但只要从经济核算角度评价其是合理的，库存的"时间效用"功能就能显示出来。但新能源汽车及其衍生品的"时间效用"功能基本很难实现。

3）降低物流成本。对于生产企业而言，保持合理的原材料和产品库存，可以消耗或避免因上游供应商原材料供应不及时需要进行紧急订货而增加的物流成本，也可以消除或避免下游销售商由于销售波动进行临时订货而增加的物流成本。但是不同的企业对于库存管理，有不同的认识。概括起来主要有以下三种库存管理方式。

① 保有库存。在库存上有更大的投入可以带来更高水平的用户服务。库存作为企业生产和销售的物资保障服务环节，在企业的经营中占有重要地位。企业保持一定的库存，有助于保证生产正常、连续、稳定进行，也有助于保质、保量地满足用户需求，维护企业声誉，巩固市场占有率。

② 库存控制，保持合理库存。库存管理的目的是保持合适的库存量，既不能过度积压，也不能短缺。让企业管理者困惑的是：库存控制的标准是什么？库存控制到什么量才能达到要求？如何配置库存是合理的？这些都是库存管理的风险计划问题。

③ 以丰田公司为代表的企业提出的所谓"零库存"。主要代表是准时生产方式（Just in Time，JIT），他们认为，库存即浪费。零库存就是其中的一项高效库存管理的改进措施，并得到了企业的广泛应用。

2. 库存的合理化

库存合理化是指以最经济的方法和手段从事库存活动，并发挥其作用的一种库存状态及其运行趋势。具体来说，库存合理化包含以下内容。

（1）库存"硬件"配置合理化

库存"硬件"是指各种用于库存作业的基础设备。实践证明，物流基础设施和设备数量不足、技术水平落后，或者设备过剩、闲置，都会影响库存功能的有效发挥。如果设施和设备不足，或者技术落后，不但库存作业效率低下，而且也影响库存物资的有效维护；如果设施和设备重复配置，导致库存能力严重过剩，也会增加储存物资的成本而影响库存的整体效益。因此，库存"硬件"的配置应以能够有效地实现库存职能，满足生产和消费需要为基准。作为新能源汽车服务企业，如果有整车销售业务，库存车的存放"硬件"如果配置不合理，将会对后续的销售带来负面的影响。同样，衍生品（如精品、配件等）"硬件"的存放不合理，将会增加运营成本，降低企业利润。

（2）组织管理科学化

库存组织管理科学化表现在以下三个方面：

1）库存货物数量保持在合理的限度之内，既不能过少，也不能过多。

2）货物储存的时间较短，库存货物周转速度要快。

3）货物储存的结构合理，能充分满足生产和消费的需要。

3.2.2 库存控制的方法

库存物资品种繁多，而每一种物资又有其不同的特点和要求。因此，对不同的物资应采取不同的库存控制方法。以有整车销售业务的新能源汽车服务企业来说，即便是单一品牌，但由于车型、年款、配置等不同，所以品种也很多，而配件的品种数就更多了。与库存量控制直接有关的因素有以下四种。

① 订购点，又称订货点，即提出订货时的库存量。

② 订购量，即每次订货的物资数量。

③ 订购周期，即前后两次订货的时间间隔。

④ 进货周期，即前后两次进货的时间间隔。

当库存物资的消耗完全均衡时，可以均衡订购，即在相同的订购周期内订购相同数量的物资。当物资消耗不均衡时，订购量与订购周期的长短不完全成正比关系，形成了库存控制的两种基本类型：一是固定订购量的定量控制；二是固定订购周期的定期控制。在实际工作中，也有把两种类型结合起来运用的，因而物资库存控制的基本方法主要有三种：定量库存控制法、定期库存控制法和定期定量混合控制法。

1. 定量库存控制法

定量库存控制法又称订购点法，是一种以固定订购点和订购量为基础的库存控制方法。它采用永续盘点方法，对发生收发动态的物资随时进行盘点，当库存量降低到订购点时就提出订购，每次订购数量相同，而订购时间不固定，由物资需要量的变化来决定。因此，定量库存控制法的关键是正确地确定订购点。订购点是提出订购的时间界限和订购时的库存量标准，由备运时间需要量和保险储备量两部分构成。

$$订货点量 = 备运时间需要量 + 保险储备量$$
$$= 平均每日需要量 \times 平均备运天数 + 保险储备量$$

定量库存控制法在实际运用中往往采用"双堆法"控制，即把该种物资分为两堆储存，第一堆是订货点量，其余的作为第二堆。在发料时，首先动用第二堆，一旦第二堆用完，就及时提出订购和采购。这种控制方式简便，减少了事务性工作，便于目视管理和计算机管理。

定量库存控制法的优点是：可以经常掌握物资库存动态，及时提出订购，不易发生缺货；保险储备量较少；每次订购量固定，能采用经济订购量；盘点和订购手续比较简便，尤其便于应用计算机进行控制。

定量库存控制法的缺点是：订购时间不固定，难以作出周密的采购计划；不适用于需要量变化大的物资，不能及时调整订购数量；不利于各种物资合并采购，因而会增加订购费用和订购工作量等。这种方法一般适用于价格较低、需要量较稳定、备运时间较短的物资。

2. 定期库存控制法

定期库存控制法是以固定检查和订购周期为基础的一种库存控制方法。它对库存物资进行定期盘点，按固定的时间检查库存量并随即提出订购，补充至一定数量。订购时间是预先固定的，每次订购量则是可变的，根据提出订购时盘点的实际库存量来确定。订购量的计算公式如下：

$$订购量 = 订购周期需要量 + 备运时间需要量 + 保险储备量 - (现有库存量 + 已订未到量)$$
$$= (订购周期天数 + 平均备用天数) \times 平均每日需用量 + 保险储备量 - (现有库存量 + 已订未到量)$$

式中，订购周期是指两次库存检查并提出订购的时间间隔，是影响订购量和库存水平的主要因素；现有库存量是提出订购时的库存量；已订未到量是已经订购，能在下次订购前到货的数量。

定期库存控制法的优点是：可以按规定的时间检查物资库存量，然后把各种物资汇集起来一起组织订购，有助于降低订购费用，减少订购工作量。但与定量库存控制法相比，其保险储备量要相应增加，而且盘点手续较烦琐。

3. 定期定量混合控制法

定期定量混合控制法也称最高最低库存控制法，它是以规定的最高库存量标准和最低库存量标准为基础的一种库存控制法，即 $\Sigma\sigma$ 控制法。Σ 是指最高库存量，指订购时要求补充到的最高点；σ 是指最低库存量，指订购点的库存量。这种方法是定期库存控制法和定量库存控制法的综合，是一种不严格的订购点法。它由三个参数控制，即检查周期、订购点和最高库存量。实行定期检查，当实际盘点库存量等于或低于订购点时就提出订购，而订购量是可变的，这是区别于定期库存控制法最主要的一点。

当采用这种方法时，订购点除了包括备运时间需要量和保险储备量外，还包括检查周期需要量。

订购点 σ = 备运时间需要量 + 检查周期需要量 + 保险储备量

备运时间需要量 = 平均备运天数 × 平均每日需用量

检查周期需要量 = 检查周期天数 × 平均每日需用量

最高库存量 Σ = 检查周期需要量 + 订购点库存量

订购批量 = 最高库存量 − 现有库存量

定期定量混合控制法比定期库存控制法订购次数少，每次订购的规模较大，因而费用较低，但库存水平较高。保险储备量也相应地要多一些，以适应供需情况的变化。这种库存控制方法主要适用于需要量较少、但有时变动较大的物资。

4. ABC 库存管理法

企业所需要的生产资料、品种规格极为繁杂，有的企业所需的物资多达成千上万种。各种物资品种占用的资金数量差异很大。因此，企业应根据自己的生产经营特点及规模大小，采用 ABC 库存管理法，对繁杂的物资品种进行分类，实行资金的重点管理，这样既能简化管理工作，又能提高经济效益。

ABC 库存管理法就是把库存品种繁多的物资，按其重要程度、消耗数量、单位价值量的大小、资金占有情况进行分类排序，即把企业全部物资划分为 A、B、C 三大类，进行分类管理。A 类品种少，占用资金大；C 类物资品种很多，但占用资金很少；B 类物资介于 A 类和 C 类之间，如表 3-2、图 3-1 所示。

表 3-2　ABC 库存管理方法分类

类别	定义	对象	品种	比重（%）品种数量	比重（%）价值	管理方式	库存方式
A	占库存金额比例大，数量少而单位价值量高的品种	① 高价品种 ② 用量不大的品种 ③ 研制周期长的品种 ④ 逐年变化快的品种 ⑤ 必须成批购买的品种	各种重要总成与贵重基础件	8~15	70~80	重点管理	采取按期订货方式，每月核对库存，按需要进货
B	介于 A 类与 C 类之间	① 价格中等的品种 ② 用量中等的品种	一般汽车配件	20~30	15~25	普通管理	采取按期订货方式，储存量减少时进货
C	占库存金额比例小，数量大而单位价值量低的品种	① 低价品种 ② 大量使用的品种	低价易耗材料	50~60	5~10	一般管理	批量进货

（1）对 A 类物资的管理　A 类物资占用资金最多，是物资管理的重点，物资储备天数

必须严格控制，定期核定库存，按需进货，以利于减少资金占用，从而加速资金周转。对于有整车销售业务的新能源汽车服务企业来说，整车就属于 A 类物资，对其管理要注意以下四点：

1）根据历史资料和市场供需关系的变化规律，认真预测未来的需求变化，并依此组织订货。

2）多方了解新能源整车厂的变化，尽可能地缩短采购时间。

3）控制整车的销售规律，尽量减少出库量的波动，使仓库的安全储备量降低。

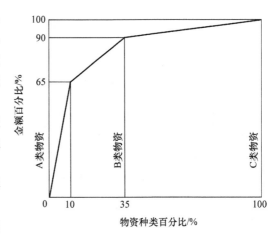

图 3-1 ABC 库存管理法

4）合理增加采购次数，降低采购批量。

（2）对 B 类物资的管理　B 类物资占用资金量比 A 类物资低，一般可适当控制，根据物资购买储备情况、出入库频率，适当地堆码摆放，提高仓储作业效率，还应注意以下三个方面。

1）当 B 类物资品种较多时，对资金占用量高的采用定期订购方式，资金占用量低的采用定量订购方式。

2）采用定量订购方式时，应按照经济合理的原则建立订货库存量标准。

3）保持一定的保险储备量，进行一般维护工作，防止物资变质。

（3）对 C 类物资的管理　C 类物资占用资金少，但品种繁多复杂，原则上可放宽控制，实行粗略的定额管理方法，可适当放大保险储备量。对于数量大而价值低的货物，可以不作为日常管理的范围，减少这类货物的盘点次数。

3.2.3 新能源汽车销售服务商库存管理

1. 目的

规范库存车辆管理，建立合理库存，维护库存车辆状态。

确保终端库存数据准确无误，便于销售数据分析及销售服务商考评。

2. 术语

库存车辆 = 销售服务商在库车辆 + 物流在途车辆

注：库存车辆不含试乘试驾车和服务代步车。

终端销售车辆：已实现对终端客户销售并上传客户档案的车辆。

3. 职责

新能源汽车服务企业销售管理各单位/部门的职责见表3-3。

表 3-3　各单位/部门职责

序号	单位/部门	职责
1	销售服务商	负责按照基本库存标准合理建库 负责建立库存车辆登记台账，并适时更新 负责配合某新能源汽车公司组织的各项库存盘点工作

(续)

序号	单位/部门	职责
2	新能源公司各大区	负责组织销售服务商开展日常库存盘点工作，并对达标情况进行公示并通报考核
3	新能源公司营销部	负责协助开展库存检查工作 负责库存数据管理及盘点工作
4	新能源公司财务部	负责兑现库存管理的考核结果

4. 基本库存标准

1）销售服务商库存车辆不得低于《年度销售合同》中约定的最低库存量。

2）遇新产品上市或市场发生变化时，新能源汽车公司将相应调整基本库存标准。

5. 库存管理要求

1）先进先出：加强库存车辆库龄管理，对库龄超过3个月的车辆应采取积极措施，尽快销售。

2）车辆检查：所有入库、出库的新车必须进行PDI检查，以确保新车的品质。

3）安全原则：车辆入库、出库时，工作人员务必保持小心驾驶，保证新车完好无损；关注当地气象预报，如遇台风、冰雹等恶劣气候，应提前对库存车辆采取保护措施，以免造成车损。

4）定期维护：在库车辆必须定期检查、维护，建立管理制度并指派专人负责。

6. 考核

（1）基本库存标准

各销售服务商须按照基本库存标准建立最低库存量，对未达标部分按100～200元/(辆·次)予以考核。

（2）库存检查

各销售服务商应当积极配合库存检查工作，凡发现弄虚作假（瞒报、窜货）或不予配合的，新能源汽车公司将给予严肃处理和考核。

3.3 精品管理

汽车精品指的是汽车装饰品，也是现代汽车的衍生品。汽车精品能满足驾驶人及乘员对汽车内部附属装饰、便捷服务的需求。随着我国汽车行业的快速发展，汽车销量每年都呈上升趋势，而汽车行业的竞争也日渐加剧，汽车精品成为汽车整车销售与售后服务的重要支柱，它也是吸引客户、增加公司经济收益的重要来源之一，精品营销能力的强弱主要取决于精品件的市场营销策略，同时，汽车精品也是企业获得竞争优势重要途径之一。新能源汽车精品与传统汽车精品在管理上，既有共性，也有差异。

3.3.1 汽车精品的分类与特点

1. 汽车精品的分类

汽车精品主要分为汽车内饰精品、汽车外饰精品、汽车电子精品等，新能源汽车精品也是如此。

1）汽车内饰精品主要是指用于汽车内部装饰和布置的产品。常见内饰精品有：汽车香水座、坐垫、冰垫、脚垫、腰垫、地毯、座套、钥匙扣、公仔、风铃、窗帘、保温壶、防爆膜、防盗锁、安全气囊、车用衣架、隔热棉、门边胶、手机架、安全带、气压表、方向盘套、仪表装饰板等。

2）汽车外饰精品主要是指用于车外装潢的产品。常见外饰精品有：行李架、晴雨挡、门外饰件、外拉手贴件、挡泥板、车贴、汽车天线、雾灯框、汽车尾灯框等。

3）汽车电子精品主要是指汽车电子控制装置和车载汽车电子装置。常见电子精品有：导航、车载 DVD、行车记录仪、车载 MP3、倒车影像、汽车音响、汽车逆变器、汽车加湿器、汽车氙气灯等，新能源汽车还有电网便携外接充电设备、太阳能便携充电设备、低速行车模拟发声器、座椅通风及加热等。

2. 汽车精品的特点

汽车精品具有以下三个特点：

（1）非生活必需品

客户对于精品的了解，几乎全靠销售顾问介绍。因为这些是日常生活中的非必需品，通常来说，汽车精品不会有大量广告宣传。

（2）客户不了解精品具体功能与用途

由于汽车精品没有大量的广告宣传，又不是常用的生活必需品，所以大多数人对各种汽车精品不了解，即使有所了解，认识也并不深刻，绝大多数汽车精品的客户都不了解它们的具体功能和用途。比如，很多车主认为防爆膜颜色越深越好，颜色深的膜遮光和隔热效果比颜色浅的膜好，但实质上，辨别防爆膜质量的好坏要从它的隔热率、透光率、紫外线隔阻率、防爆性能等方面去鉴别。

（3）大多需要与安装服务相结合

汽车精品不像超市里的产品，可以付钱后拿着就走，大多数汽车精品需要安装，并且只有由专业技师进行安装。

3.3.2 汽车精品的销售模式

由于汽车精品具有以上特点，所以销售方面也有着与一般商品不同的方式。

1）随车赠送大礼包。

2）独立销售的方式，即在店内设精品经理及推销人员，专门推广代理商精品，这也是一种非常可取的销售方式。

3）把精品装设在新车上一起销售，是前装销售的一种。

3.3.3 精品的展示与存放

1. 精品摆放专区的选择

选择精品摆放专区要遵循以下三个原则。

1）精品摆放专区一定要在展厅中进行选择。

2）精品摆放专区一定要让售前的客户和售后的客户都能第一时间看到。

3）可以适当地挪移展厅的展车，来扩大精品摆放专区的面积。

2. 精品展示的原则

(1) 外部展示吸引原则

设计完精品专区后,一定要有相关的海报以及套餐设计来吸引客户,如图3-2所示,只有将客户吸引到精品专区之后才能有可能进行售卖。

(2) 灯光照射原则

如图3-3所示,通过精品专区灯光不同角度的照射,显得非常有档次。

图3-2 精品专区海报

图3-3 精品专区灯光

(3) 专柜专用原则

如图3-4所示,精品专用柜台摆放专用的产品,让客户耳目一新。精品专区设立的目的有两个:一是提升精品销量;二是吸引客户参观,只要能够通过不同手段吸引客户,让客户进入精品专区内参观,就有销售的机会。

图3-4 精品专用柜台

3.3.4 精品的销售策略与实施

1. 销售技巧和策略

(1) 将精品与车辆进行捆绑销售

根据车辆的情况进行全面的装潢(加装精品),并和同款未进行装潢的车辆放在一起做对比,这样会给客户带来最直观的感受,也能向客户展示装潢与不装潢的不同效果,从而促进客户购买经过装潢的车辆。

例如，车辆安装电动脚踏、电动尾门等之后，对其重新定价，进行打包销售，甚至可以为它起一个新名字，如××型经典版等。打包后的价格是在其他同品牌店里找不到的，通过对比，发现已加装的车辆看起来性价比更高，客户购买的概率也会随之提升。

（2）裸车销售，与装潢过的同款车辆做对比，推荐装潢升级

当客户态度很坚决要购买裸车时，销售顾问不要强行要求客户购买已装潢的车辆，这也是在为后期销售精品打基础。

当客户完成新车交付后，销售顾问再进行精品的销售。引导客户观看店内已做过装潢的同款车型，并告知客户加装精品可以提升车辆档次。也可以让客户对同款已装潢过的车辆进行对比体验，刺激客户的购买欲望。

另外，还可以将赠送的装潢与更高级的装潢进行对比，从而促使客户升级购买。

（3）在需求分析阶段就介绍精品，但不要刻意推销

在与客户沟通的过程中，要用心挖掘客户对于精品的需求，可以先将符合客户要求的精品做简单功能介绍，等待机会推荐购买。例如，客户有孩子，可以向客户介绍儿童座椅的保护作用以及使用儿童座椅的好处；家中有老人的客户，可以介绍脚踏的实用性；女士用车较多的，可以为客户介绍防紫外线玻璃膜的好处等。

当客户完成购车交易后，销售顾问再针对客户的需求进行详细且专业的介绍。总而言之，销售顾问要时刻为客户着想，让客户感觉自己需要这些精品，这样成功的概率就会更大。

（4）精品打包销售

对于确实想要购买精品的客户，可以采用打包销售的方法，这样是为了促进客户多在店内购买产品。例如，加装真皮座椅3000元、玻璃膜3000元、脚垫后舱垫1000元，合计需7000元，如果打包销售价格为5250元，则省下1750元，这样客户就会更加动心。

这个方法其实就是利用了客户的"占便宜心理"，将其与店内的促销策略相结合，成交率就会大大提升。

（5）告知客户在本店装潢的优势

客户购车后必定会进行装潢，但多年来对整车授权销售4S店的负面宣传，导致客户有"害怕被宰"的想法。因此，从思想上要打消客户的顾虑，可以告诉客户如果在其他店发现本店销售的同品牌、同等级、同质量的产品更便宜，本店可退差价。此外，要着重向客户介绍在店内做装潢的优势和客户利益。

1）整车销售部门的精品都是经过严格检测、厂家同意后才能进货，因此产品质量是可以担保的，有售后的；在外面是没有这样的保障的。

2）专业的人做专业的事，授权销售4S店是最了解本品牌售卖车型的，因此在加装精品的过程中不会对车辆造成任何伤害。

3）在外面的修理厂加装精品涉及非法改装，将无法保修；而授权销售4S店的所有加装程序都是经过报备的。

4）可以为客户提供精品的明细表，有据可查，一旦出现问题，可以迅速帮助客户彻底解决，客户可以更加放心地消费。

5）告知客户若精品在使用过程中出现问题，在质保期内随时可以更换。

（6）将服务有形化，做实验证明店内装潢的质量

例如玻璃膜的防紫外线功能，通过现场实验让客户亲身体验效果。将次品与店内正品做对比，效果会更加明显。另外，还可以通过证书证明产品质量，让客户安心消费。

2. 制定绩效考核目标促进销售

设定合理目标：要根据实际情况设定当月精品销售目标，并与当月的销售台次挂钩。但需要注意的是，要设定"踮起脚"能完成的目标，切勿盲目自信。同时，还要根据市场变化不断调整目标，以达到最佳状态。

层层分解：就是要做到人人头上有指标，且与总体目标相吻合。初期可以加大精品销售的提成力度，做阶梯式提成；只有正激励，没有负激励；通过树立典型等手段，激发员工的积极性；通过及时兑现让员工看到丰厚的收益等。

除设置合理目标、层层分解外，还要重点进行过程管控。至少每3日进行一次目标进度管理，及时让优秀的员工进行经验分享，也要让在销售过程中受到挫折的员工分享困难，团队共同找出对策，这是最有效的提升方法。

还有一点是加强培训，由于部分员工对于精品销售的知识掌握得不够全面，在与客户沟通中容易处于劣势。因此要组织员工进行专题培训，讲解产品知识以及如何挖掘客户需求，形成重点话术，为销售顾问提供更有力的支持。

3.4 配件管理

在汽车服务企业中，人们把新车出厂后使用过程中所需的汽车零部件和耗材统称为汽车配件。它包括新车出厂后维护和修理过程中用来更换的新配件或修复件、需要的各种油和液，以及用于提高行驶安全性、舒适性和美观性的产品。配件在新能源汽车服务企业的管理环节中非常重要，配件不但具有商品属性，还涉及售后服务的客户满意度、售后服务流程的衔接等一系列问题，因此我们不但要对配件产品有整体的认识，还要重点学习配件库存的控制和管理。

3.4.1 汽车配件的分类

根据我国汽车配件市场供应的实用性原则，汽车配件分为易损件、标准件、车身覆盖件与保安件四类，新能源汽车的配件中又增加了高压部件这个类别。

1. 易损件

在对汽车进行二级维护、总成大修和整车大修时，易损坏且消耗量大的配件称为易损件。

（1）发动机易损件

曲柄连杆机构：气缸体、气缸套、气缸盖、气缸体附件、气缸盖附件、活塞、活塞环、活塞销、连杆、连杆轴承、连杆螺栓及螺母、曲轴轴承、飞轮总成和发动机悬置组件等。

配气机构：气门、气门导管、气门弹簧、挺杆、推杆、摇臂、摇臂轴、凸轮轴轴承、正时齿轮和正时齿轮传动带等。

燃油供给系统：燃油滤清器、汽油软管、电动汽油泵、压力调节器、空气流量传感器、进气压力传感器、喷油器、三元催化转化器、输油泵总成、喷油泵柱塞偶件、出油阀偶件和喷油器等。

冷却系统：散热器、节温器、水泵和风扇等。
润滑系统：机油滤清器滤芯、机油软管等。
点火系统：点火线圈、分电器总成及附件、蓄电池、火花塞等。
其他部件：空气滤清器、活性炭罐、活性炭罐电磁阀、PCV 阀等。

（2）底盘易损件

传动系统：离合器摩擦片、从动盘总成、分离杠杆、分离叉、踏板拉杆、分离轴承、复位弹簧、变速器的各档变速齿轮、凸缘叉、滑动叉、万向节叉及花键轴、传动轴及轴承、从动锥齿轮、行星齿轮、十字轴及差速器壳、半轴和半轴套管等。

行驶系统：主销、主销衬套、主销轴承、调整垫片、轮辋、轮毂、轮胎、内胎、钢板弹簧片、独立悬架的螺旋弹簧、钢板弹簧销和衬套、钢板弹簧垫板、U 形螺栓和减振器等。

转向系统：转向器总成、转向助力电动机纵拉杆与横拉杆等。

制动系统：制动器及制动蹄、盘式制动器摩擦块、液压制动主缸、液压制动轮缸、储气筒、止回阀、安全阀、制动软管、空气压缩机限压阀和制动操纵机构等。

（3）电气设备及仪表的易损件

包括发动机点火高压线、低压线、车灯总成、安全报警及低压电路熔断器和熔丝盒、继电器、点火开关、车灯开关、转向灯开关、变光开关、脚踏板制动开关、车速表、电流表、燃油存量表、冷却液温度表、空气压力表和机油压力表、新能源汽车的高压熔断器等。

（4）密封件

密封件包括各种油封、水封、密封圈和密封条等。

2. 标准件

按国家标准设计与制造的，并具有通用互换性的配件称为标准件。汽车上属于标准件的有气缸盖紧固螺栓及螺母、连杆螺栓及螺母、发动机悬置装置中的螺栓及螺母、主销锁销及螺母、轮胎螺栓及螺母、轴承等。

3. 车身覆盖件

车身覆盖件是指为使乘员及部分重要总成不受外界环境的干扰，并具有一定的空气动力学特性的、构成汽车表面的板件，如发动机舱盖、翼子板、散热器罩、车顶板、门板、行李舱盖等均属于车身覆盖件。

4. 保安件

汽车上不易损坏的配件称为保安件，如曲轴起动爪、正时齿轮、扭转减振器、凸轮轴、汽油箱、调速器、机油滤清器总成、离合器压盘及盖总成、变速器壳体及上盖、操纵杆、转向节、转向摇臂和转向节臂等。

5. 高压部件

高压部件是新能源汽车上特有的配件，如动力蓄电池、驱动电机、电机控制器、DC/DC、车载充电机、高压分配盒、PEU 总成、PDU 总成、高压线缆、维护开关等。

此外，汽车配件按照用途可以分为：必装件、选装件、装饰件和消耗件。

必装件是指汽车正常行驶所必需的配件，如转向盘、发动机、动力蓄电池、驱动电机、变速器等。

选装件不是汽车正常行驶所必需的配件，但是可以由车主选择安装以提高汽车性能或功能，如音响、氛围灯、氙气前照灯、尾翼等。

装饰件又称为精品件,是为了汽车的舒适和美观而加装的配件,一般对汽车本身的行驶性能和功能影响不大,如真皮座椅、底盘大包围等。

消耗件是指汽车使用过程中容易发生损耗、老旧,需要经常更换的配件,如润滑油、前风窗玻璃清洁剂、冷却液、制动液、刮水器、汽油滤清器和机油滤清器等。

3.4.2 汽车配件订货

1. 汽车配件订货员岗位职责

汽车配件订货是一项专业性很强的工作,汽车配件订货的好坏直接影响汽车配件经营与过程能否顺利进行。汽车配件的订货工作主要由配件计划员即订货员完成,配件订货员应具有高度的责任感及敬业精神,熟悉配件订货流程,努力钻研订货业务知识,不断积累配件订货经验,千方百计保证配件供货。配件订货员的主要岗位职责如下:

1)与供货商保持良好供求关系,掌握市场信息,培养职业敏感性,对市场及订货进行预测,并将有关信息反馈给配件供应商或厂商配件科。

2)科学制订配件订购计划,并向厂商发出配件订单,开展配件订货工作。

① 掌握配件的现有库存和安全储备量,适时制订配件的采购计划和呆滞配件的处理方案,熟悉维修业务对配件的需求,确保业务的正常开展。

② 按月做好配件计划和订货工作,并根据生产需要做好紧急订货工作,不得违反品牌的有关规定,无故推迟、延期配件的订货以及计划的编制,要求做到供应不脱节。

③ 制订采购计划应能清楚说明采购配件数量或名称、编号,报配件经理批准后采购。

④ 熟练运用配件管理系统完成配件查询、订货、入库等工作。配件计划员应能根据配件安全库存缺省信息及客户订购信息,及时订货;通过汽车配件计算机管理系统生成配件订单,传给配件供应商或汽车厂商配件部门;订单上传后,随时跟踪订单的处理状态,直至配件到货;确保配件的正常供应,协调解决客户急需的配件。

3)及时做好配件的入库工作,以实收数量为准,打印入库单,并负责配件相关的财务核算及统计工作。

4)根据供应和经营情况,适时制订库存调整计划,做好入库验收工作,对于购入配件质量、数量、价格上存在的问题,作出书面统计,并监督采购人员进行异常处理。

5)协助部门经理贯彻执行配件仓库管理制度,完成公司领导交办的其他任务。

2. 配件订货计划的制订

科学制订订货计划是配件订货员很重要的一项工作。配件订货员下订单之前必须对各零件现有的库存情况、销售情况有足够的了解。通过销售报表分析零件的销售历史、销售趋势,并结合仓库的库存状态制订订货计划。订货计划在经过审批后按订货日历发出。制订配件订货计划选择品种时,应该关注以下主要信息:

1)本企业经营影响区域内的品牌车辆的市场占有情况,主要信息来源为外部媒体与内部资料。

2)本企业销售部门的销售能力、销售特点和销售趋势。

3)本企业售后维修客户的实际保有量、客户流失率、车型分布、使用年限和行驶里程、维修技术特点。

4）了解最新的维修技术要求。
5）掌握本企业的配件库存结构、配件销售历史、销售趋势。
6）是否是新零件、停产件。
7）是否是常用件、易损件；是否具有季节性特点；当月是否有促销活动。
8）配件的质量信息。
9）配件是否有替换件。
10）若提交订单后显示配件缺件，则再次订货时应加以考虑，因为正常订单的缺件是潜在库存，要避免重复订货。
11）配件的供货周期及交货时间、交货品种、交货数量误差。
12）节假日的供货影响等。

3.4.3 汽车配件采购

1. 汽车配件进货的原则

汽车配件进货应遵循的原则主要包括以下方面。

1）坚持数量、质量、规格、型号、价格综合考虑的购进原则，合理组织进货，保证配件刚好满足客户的需要。
2）坚持优质优价、不抬价、不压价、合理确定配件采购价格的原则，坚持按需进货，以销定购的原则；坚持"钱出去、货进来、钱货两清"的原则。
3）购进的配件必须加强质量的监督和检查，防止假冒伪劣配件进入企业，流入市场。在配件采购中，不能只重数量而忽视质量，只强调工厂"三包"而忽视产品质量的检查，不符合质量标准的配件坚决不进，不进"人情货"。
4）购进的配件必须有产品合格证及商标。实行生产认证制的产品，购进时必须附有生产许可证、产品技术标准和使用说明。
5）购进的配件必须有完整的内、外包装，外包装必须有厂名、厂址、产品名称、规格型号、数量、出厂日期等标志。
6）要求供货单位按合同规定按时发货，以防配件积压或缺货。
7）对价值高的配件必须落实好客户后再进货，如发动机、车架等。
8）坚决反对吃回扣等不正之风。

2. 对所购配件产品进行分类检验

为了提高工作效率和达到择优进货的目的，可以把产品分为以下五种检验类型。

1）名牌和质量信得过的产品基本免检，但名牌也不是终身制，而且有时还会遇到仿冒产品，所以应对这些厂家的产品十分了解，并定期进行抽检。
2）对多年多批进货后，经使用发现存在某些质量问题的产品，可采用抽检该产品几项关键项目的方法，检查其质量稳定性。
3）对以前从未进货过的配件，采用标准规定的抽检数，在技术项目上尽可能做到全检，以对其质量得出一个全面的结论，作为今后进货的参考。
4）客户曾批量退货或少量、个别换货的产品，应尽可能采取全检，并对不合格部位重点检验。若再次发现问题，应拒付货款，并注销合同，不再进货。
5）一些小厂的产品往往合格率低，而且一旦兑付货款后将很难索赔，因此尽量不进这类产品，如确需进货，检验时一定要严格把关。

3. 汽车配件进货程序

（1）进货渠道的选择

汽车配件经营企业大都从汽车配件生产厂家进货，应选择以优质名牌配件为主的进货渠道。但为适应不同层次消费者的需求，也可进一些非名牌厂家的产品。进货时可按 A 类厂、B 类厂、C 类厂的顺序选择进货渠道。

A 类厂是主机配套厂，这些厂知名度高，产品质量优，大多是名牌产品。这类厂应是进货的重点渠道。合同签订形式可采取先订全年需要量的意向协议，以便厂家安排生产，具体按每季度、每月签订供需合同，双方严格执行。B 类厂的生产规模和知名度不如 A 类厂，但配件质量有保证，配件价格也比较适中。B 类厂的订货方法与 A 类厂不同，一般可以只签订较短期的供需合同。C 类厂是一般生产厂，配件质量尚可，价格较前两类厂家低。这类厂的配件可作为进货中的补充。订货方式也与 A、B 类厂有区别，可以采取电话、电子邮件等方式，如需签订供需合同，以短期合同为宜。

（2）供货方式的选择

1）对于需求量大、产品定型、任务稳定的主要配件，应当选择定点供应、直达供应的方式。

2）对需求量大但任务不稳定或一次性配件，应当采用与生产厂签订合同直接供货的方式，以减少中转环节，加速配件周转。

3）对需求量小，如一个月或一个季度需求量在订货限额或发货限额以下的配件，宜采取由配件供销企业的门市部直接供货的方式，以减少库存积压。

4）对需求量少但又属于附近厂家生产的配件，也可由产需双方建立供需关系，由生产厂家按协议供货。

（3）进货方式的选择

汽车配件零售企业在组织进货时，要根据企业的类型、各类汽车配件的进货渠道以及汽车配件的不同特点，合理安排组织进货。汽车配件零售企业的进货方式一般有以下方面：

1）现货与期货。现货购买灵活性大，能适应需要的变化情况，有助于加速资金周转。但是，对需求量较大且消耗规律明显的配件，宜采用期货形式，签订期货合同。

2）一家采购与多家采购。一家采购是指对某种配件的购买集中于一个供应者，这种方式采购的配件质量稳定、规格对路、费用低，但无法与其他供应者比较、机动性小。多家采购是对同一配件分别从两个以上的供应者订购，通过比较可以有较大的选择余地。

3）向生产厂购买与向供销企业购买。一般情况下，向生产厂购买时价格较为便宜，产需直接挂钩，可满足特殊要求。供销企业网点分布广，有助于就近及时供应、机动性强。

4）成立联合采购体，降低零配件采购成本。联合采购就是几个配件零售企业联合派出人员，统一向汽车配件生产单位或到外地组织进货，然后给这几个配件零售企业分销，这样能够相互协作，节省人力，凑零为整，拆零分销，有助于组织运输。其困难在于组织工作比较复杂。

5）电子采购。电子采购也称网上采购。它具有费用低、效率高、速度快、业务操作简单、对外联系范围广等特点，是当前最具发展潜力的企业管理工具之一。

6）招标采购。招标采购是在众多的供应商中选择最佳供应商的有效办法，适合大量、大规模采购。它体现了公平、公开和公正的原则，能以更低的价格采购到所需的配件，可更充分地获取市场利益。

7）即时制采购。即时制采购是一种先进的采购模式，是在恰当的时间、恰当的地点，以恰当的数量、恰当的质量采购恰当的配件。如按季节采购配件。

上述七种类型各有各的长处，企业应根据不同的情况适当选择，并注意在实践中扬长避短，不断完善。

（4）供货商的选择

主要从价格和费用、产品质量、交付情况、服务水平4个方面选择供货商。

1）价格和费用。价格和费用的高低是选择供货商的一个重要标准。固定市场中存在固定价格、浮动价格和议价，要做到货比三家、价比三家，择优选购。在选择供货商时不仅要考虑价格因素，同时还要考虑运输费用因素。价格和费用低可以降低成本，增加企业利润，但不是唯一标准。

2）产品质量。价格和费用虽低，但如果供应的配件质量较差而影响修车质量，反而会给用户和企业信誉带来损失，所以选购配件时要选购名牌产品或配件质量符合规定要求的产品。

3）交付情况。要考虑供货商能否按照合同要求的交货期限和交货条件履行合同，一般用合同兑现率来评价。交货及时、信誉好、合同兑现率高的供货商，当然是选择的重点。

4）服务水平。要考虑供货商可能提供的服务，如服务态度、方便用户措施和服务项目等。另外，在选择供货商时，要注意就近选择，这样能够加强同供货单位的联系和协作、能得到更好的服务、交货迅速、临时求援方便、节省运输费用和其他费用、降低库存数量等。同时，也要考虑其他供货商的特点，比较各供货商的生产技术能力、管理组织水平等，然后作出全面的评价。

为了作出恰当的评价，可以根据有日常业务往来的单位及市场各种广告资料编制各类配件供货商一览表，然后按表内所列的项目逐项登记，逐步积累，将发生的每一笔采购业务都填写补充到该表中去，在此基础上进行综合评价，选出可长久订货的供货商。

3.4.4 配件出库管理

对于配件的出库，一定要做到迅速和准确，必须要依据合法的出库凭证，同时要贯彻合理的发放和出库的原则，防止配件或辅料过期变质。通过不同的出库核算方法对库存进行核算，对出库凭证不全等情况一定不出库。在出库后要做好配件出库的登记。

1. 汽车配件出库相关制度

以下为某品牌汽车专营店的配件出库管理制度。

第一条 仓管部门应在下列四种情况下出货。

1）维修作业领料。

2）维修换件借用。

3）客户购买。

4）索赔。

第二条 除上述各项出库外公司仓库部可视实际情形的需要出库。

第三条 各项出库均要有不同的领料单证，同时由领取人亲笔签名方可领取。

第四条　使用部门、个人急需用料情形下，库管员可事先电话通知部门负责人，按领用人的要求正确填写出库单并出库，但事后要补签手续。

第五条　任何出货仓管人员均应于出货当日将有关资料入账以便存货的控制。

第六条　各部门人员向仓管部门领货时应在仓库的柜台办理，不得随意自行进入仓库内部，各仓管人员应阻止任何人擅自入内。

第七条　发料人在配件出库时应详细检查商品的性能品质及附件是否优良或齐全。

第八条　配件领出后严禁出货人擅自将所领出的物品移转给其他人或部门。

第九条　库存配件外借，出库后一律限于当天归还仓库。

2. 出库流程

汽车配件出库流程如图3-5所示。

3. 出库类型

（1）正常维修配件的出库

维修作业领料：正常维修作业需要领料，由维修班组派人领料，并有领料人在领料单上签字确认后方可领料。出库单上类型注明是维修。

维修换件借用：有些情况下，车辆在维修的过程中，需要通过换上新件来判断旧件是否损坏，这时维修人员就会向配件部门借一个新件。这种情况就需要填维修借件单。

（2）三包索赔件的出库

由于索赔件的特殊性，所以索赔件的出库必须特殊注明。

（3）外销配件的出库

一般情况配件是不允许销售的。但是特殊情况下少数配件则允许销售。这些允许销售的配件一般是更换时操作比较简单的，比如机油、冷却液、滤清器等，或者是销售给本品牌其他网点的配件。

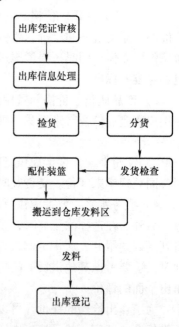

图3-5　汽车配件出库流程

3.4.5　配件的库存管理

1. 仓库管理员岗位基本职责

仓库管理员日常工作职责是做好仓库配件的管理，对配件的质量进行验收，对仓库的安全工作进行定期检查，同时与配件部门其他人员及时沟通和协调工作。

1）对库存管理工作严格按照仓库保管原则及5S实施。

2）掌握查询该品牌车型配件编码体系的方法。

3）掌握查询该品牌新旧车型配件的应用知识。

4）接到配件的货单后，一定要严格按照该品牌的接货程序进行验收与收货。

5）对于预留的配件，仓库管理员必须合理地安排好预留货位，同时立即填写好到货通知书，及时提交给发货员，以便及时通知维修前台进行配件领取。

6）到货通知书必须由订货人员（配件部发货员）确认签字后，一联由配件部发货员提交给维修前台，另一联由仓库管理员贴在预留货位上进行标示。

7）认真做好库房内防火、防水工作，及时发现隐患，及时报告。

8）如遇到休息与休假时，应把遗留或未完成的工作书面交接给代工的同事。

9）在日常工作中，必须与配件部各岗位人员及时沟通，并协调各部门做好工作。

2. 配件仓库日常管理原则

配件仓库的日常管理可以提高配件的供应率，同时降低损耗，因此科学的日常管理尤为重要。配件仓库日常管理应该遵循下列原则：

1）仓库管理员必须保证仓库整洁、有序、通道畅通，并负责配件的验收、保管、发放及盘点工作。

2）对每天的入库状态进行复核，从系统下载每天入库明细表，核对每笔入库，对于错误入库的配件及精品应及时上报配件部主管说明问题所在，并立即进行纠正处理。

3）对到货的配件进行检查时，如发现数量与随货清单不相符的，应及时与配件计划员说明，并向供应商反馈。如发现入库配件有质量问题，应及时按程序向供应商索赔。

4）每天必须进行动态盘点，及时将仓库待料情况反馈至配件计划员，减少配件的待料时间，提高配件的供应率。

5）每天对配件库存区域、收发货区域进行检查，及时进行合理的调整，对于预留的配件给予合理的货位，预留在配件架上的配件每周清理一次。对于时间超过半个月的预留件，应及时编制好存放货位，调整摆放于货架上，并做好登记及标示工作。

6）必须做好日常盘点跟进工作及定期盘点工作，并对库存进行分析，如对超出异常的配件，应及时通报给配件部主管。

7）必须按照要求把库存配件分类存放，标识清楚、摆放整齐、便于搬运。

8）每种配件须确定其安全库存量，并根据实际库存情况及时进行采购。安全库存量每年至少要重新评估一次，以满足公司发展和市场变化的要求。

9）配件进出库时，配件员应及时把相应的数据输入计算机，做到数据库、物、号相符。

10）验收不合格的配件禁止办理入库手续，由采购员立即通知供应商做退货处理，不能及时处理的退货，由仓管员存放于指定的地点并做好标识。

11）保持仓库环境清洁卫生。

12）保持仓库及四周水电设施、消防器材完好。

13）做好仓库的防漏、防潮，如发现仓库漏雨，应及时上报部门领导并通知相关部门处理。

14）验收合格的配件，验收人员签字后，由仓管员在物料包装上注明配件的入库日期并搬入仓库分类上架。

15）对于预约服务订购的配件，须按客户分类存放于预约服务配件专柜，并标明客户姓名。

16）对每天订单上的每一项配件进行全方位的跟踪，把相应配件到货状态及时反映在看板上，让所有的配件部同事及时了解所有配件的状态。

17）常用配件应放置在靠近仓库的发料处。

18）配件存放形式须科学合理、便于发放，并保持包装完好。

19）所有配件均按大类分组摆放，并必须标有配件号。对库存配件遵循先进先出的原则，以保证配件仓库处于良性循环。

20）经过变更的新配件要与未变更的旧配件分开存放，并按先进先出的原则处理。

21）配件仓库中油漆和易燃物（如动力蓄电池、油液等）必须有专门的存放区域，与其他配件隔离。

22）按照5S的要求进行仓库管理。

3. 库存盘点

盘点是每个配件仓库每日都需要进行的业务之一。配件的库存数是否与系统的数量一致，每日的流动部分是否得到了正确的统计，都直接关系到各网点的利益。配件盘点的内容包括：盘点配件的数量、盘存货位、核对账与实物、核对账与账。库存盘点一般分为日常盘点和定期盘点。

日常盘点在不同的品牌配件部门也称为动态盘点或永续盘点，主要是对每天出入库的配件进行盘点，核实账物是否相符，优点是能够及时发现问题，并进行相应的更正。日常盘点的步骤如图3-6所示。定期盘点也称为实地盘点或月盘，进行定期盘点的时间间隔由各配件部门根据自身的情况确定。

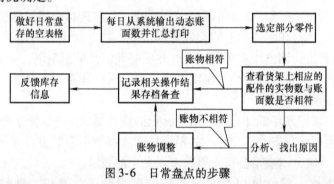

图3-6 日常盘点的步骤

定期盘点的作用是进行所有类别配件的数量盘点，并进行配件质量检查与修整，及时处理呆滞配件，并核对账与实物、核对账与账。定期盘点的步骤如图3-7所示。

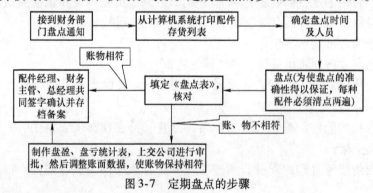

图3-7 定期盘点的步骤

3.5 客户关系管理与价值共创

客户关系管理是指企业为提高核心竞争力，利用相应的信息技术以及互联网技术协调企业与客户间在销售、营销和服务上的交互，从而提升其管理方式，向客户提供创新式个性化的客户交互和服务的过程。其最终目标是吸引新客户、保留老客户以及将已有客户转化为忠实客户，扩大市场。

3.5.1 客户关系管理

1. 客户关系管理的功能

客户关系管理的功能可以归纳为三个方面：市场营销中的客户关系管理、销售过程中的客户关系管理、客户服务过程中的客户关系管理。

（1）市场营销中的客户关系管理

客户关系管理系统在市场营销过程中，可有效帮助市场人员分析现有的目标客户群体，如主要客户群体集中在哪个行业、哪个职业、哪个年龄层次、哪个地域等，从而帮助市场人员进行精确的市场投放。客户关系管理还能有效分析每一次市场活动的投入产出比，根据与市场活动相关联的回款记录及举行市场活动的报销单据做计算，就可以统计出所有市场活动的效果报表。

（2）销售过程中的客户关系管理

销售是客户关系管理系统中的重要组成部分，主要包括潜在客户、客户、联系人、业务机会、订单、回款单、报表统计图等模块。业务员通过记录沟通内容、建立日程安排、查询预约提醒、快速浏览客户数据有效缩短了工作时间，而大额业务提醒、销售漏斗分析、业绩指标统计、业务阶段划分等功能又可以有效帮助管理人员提高整个公司的成单率、缩短销售周期，从而实现最大效益的业务增长。

（3）客户服务过程中的客户关系管理

客户服务主要用于快速及时地获得问题客户的信息及客户历史问题记录等，这样可以有针对性并且高效地为客户解决问题，提高客户满意度，提升企业形象。客户服务过程中的客户关系管理主要包括客户反馈、解决方案、满意度调查等功能。应用客户反馈中的自动升级功能，可让管理者第一时间得到超期未解决的客户请求，解决方案功能使全公司所有员工都可以立刻提交给客户最为满意的答案，而满意度调查功能又可以使最高层的管理者随时获知本公司客户服务的真实水平。有些客户关系管理软件还会集成呼叫中心系统，这样可以缩短客户服务人员的响应时间，对提高客户服务水平也起到了很好的作用。

2. 客户关系管理的日常工作

（1）阶段一　识别客户

1）将客户名输入到数据库中。

2）采集客户的有关信息。

3）验证并更新客户信息，删除过时信息。

（2）阶段二　对客户进行差异分析

1）识别企业的"金牌"客户。

2）哪些客户导致了企业成本的发生？

3）企业本年度最想和哪些企业建立商业关系？选出几个这样的企业。

4）上年度有哪些大宗客户对企业的产品或服务多次提出了抱怨？列出这些企业。

5）去年最大的客户是否今年也订了不少的产品？找出这位客户。

6）是否有些客户从你的企业只订购一两种产品，却会从其他地方订购很多种产品？

7）根据客户对于本企业的价值（如市场花费、销售收入、与本公司有业务交往的年限等），把客户分为 A、B、C 三类。

(3) 阶段三　与客户保持良性接触

1）给自己的客户服务中心打电话，看得到问题答案的难易程度如何。
2）给竞争对手的客户服务中心打电话，比较服务水平的不同。
3）把客户打来的电话看作一次销售机会。
4）测试客户服务中心自动语音系统的质量。
5）对企业内记录客户信息的文本或纸张进行跟踪。
6）哪些客户给企业带来了更高的价值？与他们更主动地对话。
7）通过信息技术的应用，使得客户与企业做生意更加方便。
8）改善对客户抱怨的处理。

(4) 阶段四　调整产品或服务以满足每一位客户的需求

1）改进客户服务过程中的纸面工作，节省客户时间，节约公司资金。
2）使发给客户的信息更加个性化。
3）替客户填写各种表格。
4）询问客户，他们希望以怎样的方式、怎样的频率获得企业的信息。
5）找出客户真正需要的是什么。
6）征求名列前十位的客户的意见，看企业究竟可以向这些客户提供哪些特殊的产品或服务。
7）争取企业高层参与客户关系管理工作。

3.5.2　北京新能源汽车营销有限公司客户关系管理

1. 目的

通过定期、定量的客户满意度评价体系，准确了解终端客户对新能源产品及经销商、服务站所提供的汽车销售以及售后服务过程满意程度的客观评价和变化趋势，并实施持续的改善，以促进客户满意度的持续、稳步提升。

2. 适用范围

本办法适用于新能源汽车客户对新能源汽车产品的满意度评价及经销商、服务站所提供的销售服务、售后服务的满意度评价。

3. 术语

SSI：终端客户对经销商在销售各环节提供的服务的满意程度。

CSI：终端客户对服务站在售后各环节提供的服务的满意程度。

飞行检查：由新能源汽车营销公司或委托第三方开展的，针对经销商、服务站硬件建设、服务设施、服务环境及其他相关要求执行的公开检查。

电话调查：由新能源汽车营销公司或委托第三方开展的，针对客户，通过电话外拨形式，以了解客户对车辆使用及经销商、服务站服务满意程度的调查。

预约面访：由新能源汽车营销公司或委托第三方开展的，针对客户，通过面对面访谈形式，以深入了解客户对车辆及经销商、服务站服务满意程度及意见、建议的调查。

神秘调查：由新能源汽车营销公司或委托第三方开展的，针对经销商、服务站，以神秘客户身份了解经销商、服务站对销售、服务流程执行程度的调查。

4. 管理内容和管理流程

（1）客户满意度调查流程

1）满意度调查的启动。根据满意度工作的相关内容，选择合适调研方式，适时开展相关满意度调查，并在规定周期内完成满意度调查工作，输出满意度调查结果、报告，并报给相关业务部门。

2）满意度调查项目的确定。客户关系部根据销售服务、售后服务的相关执行标准，综合业界调查内容、客户关注点等多方面内容制订相关服务满意度调查问卷，经销售管理部、服务管理部共同评审后执行。质量管理部根据车辆质量相关标准，综合业界调查内容，客户关注点等多方面内容制订相关服务满意度调查问卷。

3）满意度结果的输出及应用。满意度调查工作完成后，由满意度调查执行部门输出满意度调查结果及报告至相关业务部门，相关业务部门根据满意度调查的结果，制订业务改善计划，并落实实施。

（2）客户满意度调查项目

客户满意度调查项目见表3-4。

表3-4 客户满意度调查项目

调查项目	调查对象	调查内容	调查频次	结果输出	结果发布
飞行检查	经销商、服务站	硬件设施、服务设施、流程执行等	季度	调查分析报告	调查结束
预约面访	组织客户、终端客户	SSI、CSI 等	季度		
电话调查	终端客户	SSI、CSI、试乘试驾等	季度		
神秘调查	经销商、服务站	销售、售后服务标准流程等	季度		

（3）调查对象及成绩计算方法

经销商、服务站：根据飞行检查、神秘客户调查问卷相关项目得出经销商、服务站对新能源汽车公司相关政策的执行成绩，此成绩作为提升优化参考依据，参与经销商、服务站考核。

终端客户：根据电话调查问卷相关项目得出个人客户对接受服务的经销商、服务站的满意程度，此成绩作为提升优化参考依据，参与经销商、服务站考核。

组织客户：针对组织客户特殊性，编制组织客户专用问卷，主要以面访形式调查组织客户对销售、售后、产品相关满意度，此成绩作为提升优化参考依据，不作为经销商、服务站考核依据。

（4）飞行检查执行标准

1）调查对象。正式运营（通过验收并获准营业）满三个月的新能源汽车公司经销商、服务站。

2）调查内容。新能源汽车公司经销商、服务站在执行各项服务标准流程过程中所产生的各项记录，硬件建设、服务设施、服务环境等项目。具体细则以调查问卷为准，并根据市场环境不断修订。

3）执行标准。由新能源汽车公司客户关系部组织人员或委托第三方人员对经销商、服务站进行飞行检查，飞行检查为明访形式，检查人员必须亮明身份，经销商、服务站有义务配合飞行检查。

4）调查频次及发布时间。飞行检查每季度进行一次，并在全国调查结束后的次月公布成绩。

（5）电话调查执行标准

1）调查对象。第一类为新能源汽车公司已交车终端客户；第二类为1~2个月内有接受过新能源汽车公司服务站服务的终端客户。

2）调查内容。新能源汽车公司经销商、服务站在销售、售后服务过程中对标准流程的落实度及客户满意度。具体细则以调查问卷为准，并根据市场环境不断修订。

3）执行标准。由新能源汽车公司客户关系部组织人员或委托第三方人员对调查对象进行电话访问。

针对第一类调查对象，由销售管理部提供准确交车信息，客户关系部在交车后7~15天对个人客户进行抽样SSI电话调查访问，每家经销商每月有效样本应不小于10个。

针对第二类调查对象，由服务管理部提供客户工单信息，客户关系部按照维护＞自费维修＞保修的调查顺序，对个人客户进行抽样电话调查访问，每家服务站每月有效样本应不小于15个。

4）调查频次及发布时间。电话调查每月滚动进行，并在当季调查结束后的次月公布成绩。

（6）预约面访执行标准

1）调查对象。第一类为新能源汽车公司已交车所有客户（包含终端客户、组织客户等）；第二类为半年内有接受过新能源汽车公司服务站服务的所有客户（包含终端客户、组织客户等）。

2）调查内容。销售、服务流程中重点考核项，对标 J. D. Power 调查项目，新能源汽车特殊调查项目，车辆使用、质量相关项目，客户意见及建议等。具体细则以调查问卷为准，并根据市场环境不断修订。

3）执行标准。新能源汽车公司客户关系部组织人员或委托第三方人员对调查对象进行面对面访谈。

针对第一类调查对象，由销售管理部提供准确交车信息，客户关系部对客户进行抽样邀约访谈，每家经销商每季度样本不少于3个。

针对第二类调查对象，由服务管理部提供准确工单信息，客户关系部对客户进行抽样邀约访谈，每家服务站每季度样本不少于1个。

4）调查频次及发布时间。预约面访每季度进行一次，并在全国调查结束后的次月公布成绩。

（7）神秘调查执行标准

1）调查对象。已营业（通过验收并获准营业）满三个月的新能源汽车公司经销商、服务站。

2）调查内容。新能源汽车公司经销商、服务站对销售、服务标准流程的执行程度及服务态度，服务表现等客户主观感受。具体细则以调查问卷为准，并根据市场环境不断修订。

3) 执行标准。新能源汽车公司客户关系部组织人员或委托第三方人员对经销商、服务站进行神秘调查。

针对已交车客户，调查人员以神秘客户身份对新能源汽车公司经销商进行暗访。

针对半年内接受过服务站服务的客户，调查人员邀约客户共同对新能源汽车公司服务站进行暗访。

4) 调查频次及发布时间。神秘调查每半年进行一次，并在全国调查结束后的次月公布成绩。

3.5.3 北京新能源汽车营销有限公司客户关怀办法

1. 目的

为提高客户忠诚度，延长客户使用产品生命周期，改进产品质量并有效开展口碑宣传，特制定本办法。

2. 适用范围

本办法适用于北京新能源汽车营销有限公司客户关系部所进行的客户关怀。

3. 术语及定义

客户关怀：客户所感知到、体会到和以一致方式交付的服务和质量。

4. 管理内容及规定

（1）客户信息

1) 客户中心随时维护并更新用户信息、车辆信息、维修维护信息等。
2) 根据客户关怀的内容，客户关系科输出所需的客户信息。
3) 通过电话回访、调查问卷、售后服务等方式了解客户需求。

（2）节日关怀

1) 节日前一个月，由客户关系科确认客户关怀方案、费用预算。节日包括元旦、春节、劳动节、端午节、中秋节、国庆节等。
2) 通过综合性宣传推广方式（包括 LED 电子屏、短信、条幅、媒体广告等）宣传节日关怀活动。
3) 节日关怀包括短信祝福、小礼品赠送、鲜花赠送、客户互动活动等。

（3）生日关怀

1) 客服中心根据客户购车时填写的出生日期，在客户生日当日发送生日祝福短信。
2) 生日关怀包括短信祝福及生日蛋糕代金券赠送等。
3) 每人生日蛋糕代金券礼品不超过 100 元。
4) 生日蛋糕代金券发放对象为私人客户。
5) 生日蛋糕代金券以短信的形式通知用户，由北汽新能源授权的服务站发放。同时，服务站向用户介绍服务项目和优惠活动。
6) 服务站凭用户接收到的短信发放生日蛋糕代金券，并请用户签字确认。
7) 客服中心根据生日蛋糕代金券发放情况，对用户进行回访，确认发放情况的真实性。

（4）短信关怀

短信关怀包括政策类、祝福类以及行车关怀类，各项短信关怀管理内容详见表 3-5，各项短信关怀内容详见表 3-6。

表 3-5　短信关怀管理内容

序号	短信种类	短信事项	管理内容
1	政策类	首次维护提醒	客户购车后 80 天内,由客服中心对须进行首次维护的客户发送短信提醒
2		定期维护提醒	车辆首保后,根据《用户手册》"定期维护"中的维护规范,由客服中心发送短信提醒客户
3	祝福类	生日祝福	根据客户登记信息的相关内容(生日、身份证号码),由客服中心在客户生日当日向客户发送生日祝福短信
4		节日祝福	由客服中心在放假前一天对客户发送节日祝福短信
5	行车关怀类	夏季使用提醒	由技术支持科根据实际情况在每年 5 月初编制完成夏季纯电动汽车使用注意事项和使用常识。客服中心以短信的形式发送至客户
6		冬季使用提醒	由技术支持科根据实际情况在每年 10 月初编制完成冬季使用注意事项和使用常识。客服中心以短信的形式发送至客户
7		特殊天气提醒	关注气象局发布的特殊天气预警(蓝色、黄色、橙色、红色预警级别),在特殊气候警报发布 1h 内,结合天气情况,向客户发送相关温馨提醒信息和行车注意事项
8		智能出行	短信提醒客户道路拥堵情况、顺行信息、限号变更等

表 3-6　短信关怀内容

序号	业务类型	具体分类	短信内容
1	政策类	首次维护	尊敬的用户:您好!非常感谢您选购北汽新能源纯电动汽车,请您自购车之日起行驶 10000km 后带上维护手册、行驶证,到×××服务站进行车辆首次维护。祝生活愉快!
2		定期维护	尊敬的用户:您好!您的爱车距离上次维护已经 3 个月(或超过 5000km),为保障您出行顺畅,北汽新能源提醒您及时进行车辆维护,服务热线 400-650-6766。祝您行车平安!
3		年检到期	尊敬的用户:您好!根据您的购车信息和国家相关政策,您的爱车需要年检了,为保障您出行顺畅,北汽新能源提醒您及时进行车辆年检。祝您行车平安!
4		三包到期	尊敬的用户:您好!根据您的购车信息和国家相关政策,您的爱车保修期限(里程)将到期,北汽新能源提醒您对车辆进行全面检修,属质量问题可享受厂家三包政策。
5	祝福类	春节	值此佳节来临之际,北汽新能源全体员工恭祝您及您的家人:节日快乐!阖家幸福!
6		元旦	尊敬的客户:元旦快乐!祝您在新的一年好事连连、幸福满满。北京汽车新能源感谢您对新能源事业的支持,愿幸福成功永和您相伴!
7		劳动节	值此五一佳节来临之际,北汽新能源全体员工恭祝您及您的家人:节日快乐!阖家幸福!
8		端午节	"端"起夏日的清凉,"午"动快乐节拍;"端"起美味的粽子,快乐随风而"午";"端"起祝福的酒杯,喜悦满天飞"午"。北汽新能源全体员工祝您节日愉快,阖家欢乐!
9		中秋节	自古中秋月最明,凉风届候夜弥清。一天气象沉银汉,四海鱼龙跃水精。月到中秋分外明,又是一年团圆日。北汽新能源全体员工祝大家节日愉快,身体安康!
10		国庆节	一辆爱车,带来自由;一次起动,带来绿色随行;一份问候,带来秋日的关怀;一句祝福,来自心底,愿健康平安快乐幸福永远伴您身边。北汽新能源祝您国庆快乐!

(续)

序号	业务类型	具体分类	短信内容
11	行车类	夏季	北汽新能源温馨提示:夏季来临之际,雷雨天气较多,可能会造成雷雨灾害事故,请注意防范。北汽新能源提醒您:雷雨天气尽量避免车辆充电,注意行车安全!
12		冬季	温馨提示:道路结冰,空气污浊。北汽新能源提醒您大部分地区仍持续雾霾天气,请您注意行车安全,当心路面湿滑。如车辆出现问题,请联系 400 – 650 – 6766

3.5.4 客户价值共创

1. 价值共创的含义

价值共创是指 21 世纪初管理大师 Prahalad 等人提出的企业未来的竞争将依赖于一种新的价值创造方法——以个体为中心,由消费者与企业共同创造价值的理论。传统的价值创造观点认为,价值是由企业创造并通过交换传递给大众消费者,消费者不是价值的创造者,而是价值的使用者或消费者。

图 3-8 为企业价值共创支持系统,随着环境的变化,消费者的角色发生了很大转变,消费者不再是消极的购买者,而已经转变为积极的参与者。消费者积极参与企业的研发、设计和生产,并在消费领域贡献自己的知识技能以创造更好的消费体验,这些都说明价值不仅仅来源于生产者,而是建立在消费者参与的基础上,即来源于消费者与企业或其他相关利益者的共同创造,且价值最终是由消费者来决定的。

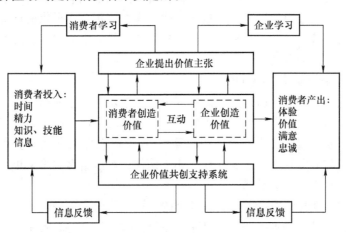

图 3-8 企业价值共创支持系统

价值共创对企业和消费者都具有重要的意义。通过让客户参与价值共创,帮助企业提高服务质量、降低成本、提高效率、发现市场机会、发明新产品、改进现有产品、提高品牌知名度、提升品牌价值等,这些构建了企业区别于其他竞争对手的竞争优势。消费者通过参与价值共创,可以获得自己满意的产品,获得成就感、荣誉感或奖励,通过整个价值共创的交互获得独特的体验等;消费者的这些收获又进一步对企业产生影响,如提高客户的满意度、忠诚度、购买意愿等。

2. 价值共创的分类

价值共创主要可以分为生产领域的价值共创和消费领域的价值共创。

生产领域的价值共创既可以体现在制造业上，也可以体现在服务业上，消费者作为生产者参与生产过程。

客户参与制造业的生产，实现与企业价值共创，制造业价值共创主要体现在客户参与新产品的开发。通过让客户参与企业的设计和研发活动，不但会降低成本、提高效率，而且能够开发出合适的产品，制造出让客户满意的产品。

服务业价值创造是客户与服务提供商的互动和适应过程，在服务业中，客户可以被视为兼职员工，实现企业和消费者实现双赢。服务业价值共创主要体现在客户参与新服务开发、客户参与服务创新、客户参与自助服务技术等方面。

消费领域的价值共创作为一种新的价值创造形式，共同创造的是体验价值，是真正的价值共创，价值的创造由消费者主导和决定。该领域价值共创研究主要体现在以下三个方面。

（1）消费者单独创造价值

消费者单独创造价值指消费者在自己的消费过程中使用企业提供的产品或服务而创造价值，价值由消费者单独创造，企业不参与消费者的消费过程。根据企业是否参与客户的日常消费过程，将服务逻辑分为全面服务逻辑和自我服务逻辑。全面服务是指企业通过为消费者提供信息、技术、技能等方面的支持来主动参与消费者的消费过程，进而试图影响消费者的偏好；自我服务是指企业只是为消费者提供其价值主张，并不参与消费者的消费过程，消费者在消费过程中使用企业提供的产品或服务这种价值主张来创造自己的价值，即消费者单独创造价值。但是自我服务中消费者要通过在消费过程中使用企业提供的产品或服务才能获得价值，也就是说这种价值的获取是建立在企业提供的产品或服务之上，因此，实质上价值还是由企业和消费者共同创造的。

（2）消费者与企业互动共创价值

消费者与企业互动创造价值是共创价值理论的主要观点，企业的目标不是为客户创造价值，而是动员客户从企业提供的产品或服务中创造自己的价值。与消费者接触比较多的重要人员（如上门服务员、推销员以及服务顾问等），不但可以提供满足消费者需要的产品或服务，而且通过他们与消费者之间真诚互动和相互信任，可以给客户带来更好的体验。

（3）消费者之间互动共创价值

消费者之间的互动是消费者的重要服务体验，这种体验会影响消费者对企业的满意度和忠诚度。社区中创建价值的四类方式，即社会网络的构建、印象管理、社群义工和品牌使用，它们直接来源于消费者的贡献，并完全发生在消费领域。

3. 价值共创——颠覆传统价值创造模式

驾车出行已成为普通的生活场景之一，各品牌主机厂都在研发性能多样、适合不同场景的车辆。但是无论研发团队如何的精干，做多大范围的市场调研，用户驾车场景的信息收集仍然不会完整。当消费者遇到新的场景时该怎么办？汽车在新的环境下出现问题如何处理？客户在不同条件下对驾车的体验如何？在新的环境下如何正确驾驶才能稳妥？这一系列的问题不能单纯通过研发团队的智慧来解决。我们试想一下是否可以有这样一个平台，将众多汽车用户囊括进来，同时还包括了4S店、维修站、保险公司等众多涉及汽车的关联方。

"汽车价值共创模型"包括了主机厂、品牌商客户、竞争对手在内的众多相关方。当一个客户想买某一品牌汽车的时候，自己会做一些调研，还可能咨询其他驾车的用户，同时也会到4S店看车、试驾，咨询保险业务；驾车去外地时也可能会出现维修、理赔等情况，因此在购车的整个场景中会涉及多个部门和人员。传统的"企业思维方式"仅限于主机厂和客户之间生产和消费的关系，而从价值共创模型来看，主机厂和消费者仅仅是汽车关系网中的两个节点。而接触车辆的个体会有更多，他们会在不同时间、不同地点、不同场景接触到车辆，了解车辆不同的状态，产生不同的反馈信息。综合这些信息将会使得主机厂掌握"全场景车辆信息"，而这些信息用于车辆的设计、研发时将会产生不可估量的价值。因此，汽车价值共创模型展示出来的是"价值共创空间"，是通过企业、消费者、关联方构成的社群。通过这个平台可以招募已有的客户、潜在客户、技术专家、超级体验师等，通过彼此的互动来维系社群的存在、贡献出具有价值的意见和建议，从汽车的设计源头来提升品质和性能。

"汽车价值共创模型"为我们揭示出了一种全新的价值创造模式，即以"客户体验"为核心，由客户和品牌共同创造价值。随着价值共创的效益逐渐显现，越来越多的客户乐于表达自己的喜好和预期，越来越多的主机品牌愿意从中获取有价值的信息。在这样的背景下，形成了全新的价值共创机制。随着企业和客户之间的边界范围不断地扩展，围绕产品的相关群体都会成为价值共创的元素，共创主体越来越庞杂，互动越来越频繁，而共创价值也越来越高。

价值共创模型揭示出了一个趋势：消费者和品牌商（企业）的角色将会被重新定义，二者不再是买方和卖方的关系，而是合作共赢的伙伴。按照这一逻辑，我们将上述模型展开来看，会得到新的一代价值创造体系。企业不再是产品价值的核心，消费者也不再是被动地接受，双方变成了合作关系。企业的责任是经营共创的平台，为客户创造体验场景。众多的消费者会寻找多元化的体验场景来尝试，所创造出来的价值必然是不同体验结果的综合体，企业在培育了良好的体验场景后，开始收获成果。在这个过程中产品质量不再是首要的关注点，取而代之的是共创体系的质量。高质量的共创体系不仅要有高效的基础设施作为保障，同时还要善于发布主题，制造场景，让客户进行多样化的体验，但其内涵始终遵循企业创新方向、遵守企业文化和社会责任。

4. 建立价值共创机制——IERT 机制

为保证共创能够顺利完成并发挥应有的作用，企业需要构建一个共创的机制。共创机制（IERT 机制）应包含四方面因素：互动（Interaction）、体验（Experience）、风险评估（Risk Assessment）和透明度（Transparency）。

1）互动。通过互动不仅可以了解客户的需求，还可以让用户深度参与，和企业、设计团队做到共情、共景、共识。通过互动，企业的设计团队可以充分了解消费者的需求，站在消费者的角度来审视问题。有了情感和心理上的统一，设计者就可以和客户一起进入场景，识别关键环节和影响要素，体会在不同场景下消费者对产品性能的预期和依赖，还可以识别出客户对产品失灵或性能降低的容忍度。在完成这些工作的基础上，需要和客户就产品的设计性能和客户预期达成共识。保留能实现且符合成本要求、技术水平、设计理念的内容，搁置有争议的内容，摒弃有损企业形象、消费者利益的内容，在消费者预期和产品设计可行性之间取得平衡，更主要的是取得消费者的谅解，这样的设计才能获得消费者充分的认可和足够的包容。

2）体验。如果说互动是纸上谈兵，体验则是实际感受的过程。企业一定要让消费者得到体验的机会，同时给予必要的支持。如提供相关的专业知识、使用工具、必要的场景等。通过资源的投入来保证充分体验的必备条件，让消费者毫无阻碍的按照自己的方式去实践，随心所欲的进入实用场景中，从而激发内心真实的感受。这个过程既可以验证消费者想法的科学性与可行性，同时也是检验设计团队的理解能力、研发能力，企业技术水平和资源保障能力的过程。若消费者的体验感受好，不仅可以获取第一手资料，还可以树立企业的形象、赢得消费者的信心。从研发阶段就可以培养"粉丝群"，通过不断地体验缔造出专业水准的超级用户。

3）风险评估。对于消费者体验后的评价和期待，企业除了收集、整理外，还有一项重要的工作就是评估风险。这里的风险主要是指产品一旦投入使用，对消费者造成的伤害和对企业带来的不利影响。在与消费者沟通的过程中，设计团队很可能因为创意和灵感而兴奋，容易忽略潜在的风险。对于风险管控的最佳办法就是"披露"，毫无掩盖的公之于众。在消费者为产品性能欢呼的时候，设计者们需要保持冷静的头脑，充分评估产品可能带来的风险。在充分评估风险的同时，将具体内容以及潜在危害进行披露，不仅保证了消费者的知情权，同时还大大降低了"危机公关"的概率和处置成本。

4）透明度。一直以来损害消费者利益的最大因素是信息的不对称。为此，企业可以攫取大量的隐形利润和非法所得。但是随着网络信息的不断发展和普及，消费者的专业水平不断地提升，生产环节的"黑箱"和"信息孤岛"正在逐渐消失。随着商品、技术和信息获取的成本越来越低，企业很难有所隐瞒。与其让消费者挖出来，不如生产厂家率先做到信息透明，如成本、周期、利润率、产品知识等相关信息都可以列入透明范畴。让消费者充分了解产品信息的另一个好处是可以提升消费者对于价值共创机制的信任程度，充分的信任不仅有助于价值共创的实施效果，同时还会有助于维护价值共创机制的长远发展。

实 训 任 务

一、新能源汽车售后服务满意度调查

新能源汽车售后满意度调查问卷
开场白

您好，您是(代入上面姓氏)_____先生/女士吗？（否，"请问您贵姓？"）记录姓氏：_____

我是××新能源客服代表，工号×××，想对您进行售后满意度的调查回访，耽误您几分钟的时间，请教您几个问题，可以吗？多谢您的支持和配合！

甄别问卷

Q1　请问您的车牌号码后三位是？

是	继续访问
不是	终止访问（标记错误电话）

（核对资料中记录是否与客户陈述一致，若不一致则结束回访，并标记为错误样本；如

客户有疑问，表明这是新能源厂家执行的满意度调查项目，询问车牌号后三位只是为了确认是客户本人在接听电话，并无其他意图）

Q2　您是否在20××年××月××日去过××新能源4S店（或特约维修站）做维修或维护？

是（差不多）	继续访问
不是（应该没有）	终止访问（标记工单错误）

说明：不需要精确，仅须确认至月份即可，无须日期。

Q3　请问您是否参与了整个维修和维护的服务过程？

是	跳至Q5题
不是	跳至Q4题

说明：如果车主无法界定自己是否参与了整个维修或维护过程，进行统一的解释说明"整个过程包括本人亲自去送车至4S店（或特约维修站），确认维修和维护项目，且维修或维护后本人亲自去提车"。

Q4　您方便告诉我是哪位参与了整个过程吗？谢谢！
姓名：_____联系电话：_____手机：_____
（联系到该人后重新开始访问，从开场白开始）

Q5　您去的是(根据工单显示的服务站)吗？

是	继续访问
不是	记录服务站名称并终止访问：

名称不记得，询问地址，并根据地址判断是否为该维修站。

Q6　记录被访者的性别（男□/女□）。

主体问卷

以下问题，请回忆服务过程，只须回答是或否。

	执行力（是否题）	服务规范评价		
		是	否	不记得/不清楚/拒答
Q1	当您进入××新能源服务站时，服务人员接待是否迅速？			
Q2	服务接待人员是否在维修、维护前对您的车辆进行了全面检查？			
Q3-1	服务人员是否对本次服务时间进行了预估？			
Q3-2	（只针对Q3-1回答了"是"的提问）本次服务是否在预估时间内完成？			
Q4	服务接待人员是否提前告知了您此次维修、维护的预计费用？			
Q5	交车前，服务接待人员是否对本次服务内容向您进行了说明？			
Q6	交车前，××新能源服务站是否主动为您提供免费充电服务？			
Q7	交车前，××新能源服务站是否对您的爱车进行了清洗？			
Q8-1	通过本次维修、维护，您爱车的问题是否得到了解决？			

(续)

	执行力（是否题）	服务规范评价		
		是	否	不记得/不清楚/拒答
Q8-2	（只针对 Q8-1 回答了"否"的提问）那么，最主要是什么原因导致未满足您的需求呢？是零配件缺货？还是维修工具与设备不齐全？还是维修人员的技术问题？[单选]			
	零配件缺货			
	维修工具与设备不齐全			
	维修人员的技术问题			
	其他请注明：			

以下问题，请用 1～10 分为这家服务站的服务进行评价。

不满意		一般		满意		非常满意		超乎想象	
1	2	3	4	5	6	7	8	9	10

若客户评价低于 5 分，直接追问不满意原因、感受及建议，并记录在 Q5 中。

Q1　综合方面考虑，您对这家服务站本次服务的总体满意度可以打几分？

1	2	3	4	5	6	7	8	9	10	不计分

Q2　您对本次接待您的服务人员的满意度可以打几分？

1	2	3	4	5	6	7	8	9	10	不计分

Q3　您对客户休息区整体服务的满意度（设施、饮料、服务人员态度等）可以打几分？

1	2	3	4	5	6	7	8	9	10	不计分

Q4　您对××新能源服务站环境及整洁程度的评分是？

1	2	3	4	5	6	7	8	9	10	不计分

Q5　为能向客户提供更为贴心和优质的服务，您觉得目前××新能源服务站在售后服务中有哪些地方需要进一步改进或增加哪些服务呢？

访问员读出：现在访问已经结束，非常感谢×先生（女士）对我们的支持，祝您健康、平安，再见！

二、新能源汽车试乘试驾服务满意度调查

新能源汽车试乘试驾满意度调查问卷

开场白

您好,您是<u>(代入上面姓氏)</u>　　　先生(女士)吗?(否,"请问您贵姓?")记录姓氏:_____

我是××公司客服代表,工号×××,想对您进行试乘试驾满意度的调查回访,耽误您几分钟的时间,请教您几个问题,可以吗?多谢您的支持和配合!

甄别问卷

Q1　您是否在20××年××月××日试驾了××新能源×××车型车辆?

是(差不多)	继续访问
不是(应该没有)	终止访问(标记信息错误)

说明:不需要精确,仅须确认至月份即可,无须日期。

Q2　您去的是<u>(根据经销商信息)</u>吗?

是	继续访问
不是	记录经销商名称并终止访问:

名称不记得,询问地址,并根据地址判断是否为该经销商。

Q3　记录被访者的性别(男□/女□)。

主体问卷

以下问题,请回忆服务过程,只须回答是或否。

	执行力(是否题)	服务规范评价		
		是	否	不记得/不清楚/拒答
1	销售顾问是否向您介绍试乘试驾的路线、内容和时间?			
2	销售顾问是否与您签署试乘试驾协议?			
3	试驾车是否车况良好,整洁干净?			
4	试驾车是否有明显标识的专用试乘试驾车辆?			
5	车辆内的温度是否已经调节到您舒适的水平?			
6	销售顾问是否为您介绍了新能源汽车的使用及政策优势?			
7	上车后,销售顾问是否为您简要介绍新能源车辆特殊操作功能和驾驶的注意事项?			
8	换乘时,销售人员是否主动询问是否需要调节主驾驶座椅和方向盘并提供帮助?			
9	试乘试驾后,销售顾问是否邀请您对其进行评分,并帮助您了解车辆的性能?			

以下问题,请用1~10分为经销商的服务进行评价。

不满意		一般		满意		非常满意		超乎想象	
1	2	3	4	5	6	7	8	9	10

若客户评价低于 5 分,直接追问不满意原因、感受及建议,并记录在 Q2 中。

Q1 您对这次试乘试驾的安排是否满意,请您打分?

1	2	3	4	5	6	7	8	9	10	不计分

Q2 为向客户提供更为贴心和优质的服务,您觉得目前××北汽新能源经销商在服务中有哪些地方需要进一步改进或增加哪些服务呢?

访问员读出:现在访问已经结束,非常感谢×先生(女士)对我们的支持,祝您健康、平安,再见!

三、客户服务满意度五项调查

客户服务满意度五项调查问卷　　　　编号:

客户基本信息

送修人姓名:　　　　车牌号:　　　　服务站:
送修日期:　　　　　回访日期:

开场语

您好,我是××新能源汽车服务热线的工作人员,正在进行一项售后服务表现的满意度调查。能占用您几分钟时间吗?我代表××新能源汽车感谢您的合作!

开始调查

针对本次服务,如果用 5 分表示非常满意,1 分表示非常不满意,下面五项问题,请您打分。
访员注意:用户回答 3 分及以下,询问改进需求建议

1. 您对本次服务接待是否满意?

　　　　□1 分　　□2 分　　□3 分　　□4 分　　□5 分

改进建议:

2. 您对本次维修时长是否满意?

　　　　□1 分　　□2 分　　□3 分　　□4 分　　□5 分

改进建议:

3. 您对该服务站的休息环境是否满意?

　　　　□1 分　　□2 分　　□3 分　　□4 分　　□5 分

改进建议:

（续）

4. 此次维修是否解决了您的车辆故障？
□已解决　　　　□1分　　　□2分　　　□3分　　　□4分　　　□5分 □没解决（访员与客户预约下次维修时间及服务站） 改进建议：
5. 交车前服务人员是否主动为您清洗车辆？
□是　　　　　　□1分　　　□2分　　　□3分　　　□4分　　　□5分 □否（我们对××服务站没有主动为您清洗车辆表示抱歉，我们会要求××服务站进行整改） 改进建议：
您认为该服务站的收费标准是否透明、合理？（仅对有服务消费的客户进行调查）
□1分　　　□2分　　　□3分　　　□4分　　　□5分 改进建议：
结束语：我们的调查到此结束，非常感谢您的配合，××新能源汽车祝您用车愉快！

第 4 章 售后服务管理

学习目标：
- 掌握新能源汽车服务企业安全管理的内容及方法。
- 了解新能源汽车服务企业对于环境保护的责任与工作方法。
- 掌握汽车售后维修服务的工作流程和工作内容。
- 掌握新能源汽车服务企业售后服务资源管理的内容。
- 了解我国汽车产品三包规定。

4.1 安全管理

安全是生产过程的第一要素，也是企业管理的一项基本原则，更是搞好生产的有力保障措施。在生产过程中必须时时刻刻注意安全生产，以确保全体员工的生命安全，以及客户和企业的财产安全。每年汽车服务企业都要接受各种安全检查，有交通部门的、公安部门的、消防部门的、安监部门的，特别新能源汽车服务企业涉及用电及动力蓄电池，更加受到各部门的关注。做好安全生产与劳动保护是企业经营管理者的重要职责，也是企业每位员工必须遵循的基本原则。只有认真落实《中华人民共和国安全生产法》，加强企业的安全生产监督管理，做好劳动保护措施，才能防止和减少生产安全事故，或降低事故损伤程度。

4.1.1 消防安全

消防安全是新能源汽车企业管理的重要组成部分，良好完善的管理方案能为企业生产运营提供安全保障，其消防安全应做到以下方面：

1）消防工作贯彻预防为主、防消结合的方针，实行防火安全责任制。单位应建立义务消防队或指定义务消防员，制订有关突发情况处置预案，并组织应急演练。

2）生产场地和厂房设施应符合消防安全规范要求，并取得消防部门的《建筑工程消防验收意见书》或《消防安全复查意见书》。

3）实行防火安全责任制，建立健全各级责任人制度，制订消防安全制度、消防安全操作规程。

4）组织职工进行消防宣传教育和消防知识培训。

5）按照国家有关规定配置消防设施和器材、设置消防安全标志，并定期由有资质的部门进行检验、维修，确保消防设施和器材完好、有效。

6）消防器材应配备充足、有效，安放位置合理，要安放在明显、易取的地方。

7）任何人不得损坏或者擅自挪用消防设施、器材。

8）应对各种消防设施、器材进行编号管理，定期对消防设施、器材进行检查，并按管理要求做好记录。

9）厂区范围要保障疏散通道、安全出口畅通，并设置符合国家规定的消防安全疏散标志。

10）在作业场所内不得安排员工宿舍，不得搭建住人阁楼。留人值班的场所要安装独立式火灾报警装置。

11）厂区值班人员不超过2名，值班场所应离开作业场所并独立设置。

12）作业场所内不得储存易燃、易爆化学危险物品。

13）汽油、稀释剂等易燃物品不能进入板焊工作区（车辆本身燃油箱内的燃油除外）。

14）机械维修工作区内，确认周围10m内无汽油（车辆本身燃油箱内的燃油除外）、酒精、稀释剂等易燃物品后，才能使用手持电动砂轮机。

15）禁止在具有火灾、爆炸危险的场所使用明火。因特殊情况需要使用明火作业的，应当按照规定事先向安全消防部门办理审批手续，作业人员应当遵守消防安全规定，并采取相应的消防安全措施。

16）从事电焊、气焊、电工等具有火灾危险的作业必须持证上岗，并严格遵守消防安全操作规程。燃油箱周围严禁焊接施工。

17）禁止用燃油、易燃易爆剂清洗零件。

18）严禁在生产区域内和仓库区内吸烟；不得在作业场所内生火做饭。

19）不得乱拉、乱接电线。不得超负荷使用电气设备。

20）使用电气设备应注意防水、防火、防漏电。移动设备应先切断电源（手持电动设备除外），防止触电事故和火灾。

21）配件、材料仓库防火管理的有关规定：
① 仓库消防安全通道必须保持畅通。
② 仓库消防设施、器材配备充足、有效，安装、摆放位置合理。
③ 仓库物品必须分类放置，电路开关、插座下方不得堆放物品。
④ 仓库醒目位置设有"禁止烟火"标志，严禁将火种带入仓库。
⑤ 仓库管理员必须熟悉库存物的分类、性质和消防安全要求，掌握消防器材的使用和维护方法，做好本岗位的防火工作。
⑥ 物品入库前，必须仔细检查，确定无火种等隐患后，方准入库。
⑦ 凡仓库需要进行烧焊施工的，须报安全管理部门审核同意后方可施工，施工时要采取相应的防火措施。

4.1.2 生产安全与防护

为了认真贯彻"安全第一""预防为主"的方针，减少或不发生责任安全生产事故和人员伤亡事故，控制好生产现场，根据季节性的特点，重点检查电气设备、机械设备、消防设备，检查化工仓库、材料仓库，检查生产现场员工遵章守法和操作规程执行情况。

1. 生产场地区域的设置

1）生产区域总体布置及作业流程应满足安全作业要求。
2）设置生产区域、备料区域、完工区域。按功能划分清楚，要有明显的安全通道。
3）制订安全生产管理制度，包括各工种安全操作规程、各层级人员安全责任，以及职业卫生要求。

4）生产区域内设置安全线，指引车辆有序进出。

5）电焊机、氧气瓶、乙炔瓶要定置管理。

6）动力蓄电池维修需要专门设置作业区，并悬挂相关警示标志。

2. 安全线的设置和设置废品区

1）在生产班组设置安全线，做好移动设备、流动工具车等设备的定置管理，确保员工的安全，防止设备伤人事故发生。

2）在生产现场上设置废品区，严格进行可回收、不可回收、化工原料工业垃圾的分类。

3. 车辆出入管理

1）在生产区域设置车辆限速警示牌，进入厂区限速 5~10km/h。

2）应划出车辆的停放场地并标明行车路线，车辆通道应保持畅通。

4. 场内驾驶安全

1）场内停放时车身要直、方向要正，斜坡停车要垫三角木。

2）指示车辆行驶、移位时，不得站在车辆正前方与后方，并注意周围障碍物，倒车要有员工在后方指挥。

3）应设置制动的标志或警示。

5. 易燃易爆物和动火管理

1）焊工等专业技术人员必须持证上岗，操作工必须经过严格培训，达到上岗要求方可上岗，并严格执行操作规程。

2）在生产现场，严格控制氧气瓶、乙炔瓶存放量，总量不得超过2瓶。

3）氧气瓶、乙炔瓶距离应保持5m，离明火距离为10m。

4）在生产现场要有危险警示和禁烟警示。

5）油漆和稀释剂严禁堆放在生产场所，严禁用汽油清洗零部件。

6）严禁在下列情况下进行焊接作业：

① 凡未经消除危险的易燃易爆气体、液体、粉尘的场所和仓库。

② 没有认真清洗的生产、储存过易燃、可燃液体或其他易燃物品的设备、容器。

③ 有压力或密封的容器、管道。

7）新能源汽车操作场地应配备有效消防措施，动力蓄电池的存放和维修要符合安监部门和环保部门的要求，建立通风设施并安装有消防喷淋设施，除干粉灭火器外，还需要配备水基灭火器，且应放置于明显便于取用的地点，灭火器箱不得上锁，动力蓄电池维修场地附近建议配备沉浸池。

6. 用电安全与防护

新能源汽车企业应制订严格的用电管理办法，为企业安全生产运营提供保障，合理的用电安全管理如下七点：

1）制订用电安全管理制度、电气设备安全操作规程。

2）购买合格的电气产品，不购买和使用未标明生产厂名称及地址、无生产许可证、无产品质量检验合格证的电气产品。

3）电工作业人员需持有电工证。

4)电气线路的安装必须符合电气安全规范。要严格按照用电器具的容量选用适当的电线和开关插座,要对规定使用搭铁的用电器具金属外壳做好搭铁保护。

5)电气设施要规范使用。

6)电气设施的检查与维修要遵守以下规定:

① 定期检查电源线路、开关、插座和插头,应安装牢固、结构完整、接触良好,发现破损、老化或接头烧蚀应立即停止使用并及时更换或维修。

② 对电气设备检修时,必须按照电业安全工作规程的规定认真实施停电、验电、放电、装设搭铁线、挂标示牌和装设遮栏等措施。

7)在新能源汽车全部断电或部分断电的电气设备上工作,必须完成下列措施:断电,挂锁,验电,放电,悬挂标示牌,装设遮栏,有监护人。

7. 设备使用安全与防护

设备使用寿命的长短、生产效率的高低,固然取决于设备本身的设计结构特性和制造水平,但在很大程度上也受是否能够合理、正确使用设备的影响。正确使用设备,能够在节省费用的条件下减轻设备的磨损、保持其良好的性能和应有的精度,延长设备的使用寿命,充分发挥设备的效率和效益。

合理正确地使用设备,具体来说应做好以下五项工作:

(1)做好设备的安装、调试工作

设备在正式投入使用之前,应严格按质量标准和技术说明安装、调试,安装调试后要进行试验运转,验收合格后才能正式投入使用,这是正确使用设备的前提和基础。

(2)合理安排生产任务

使用设备时,必须根据工作对象的特点和设备的结构性能来合理安排生产任务,防止和消除设备无效运转。使用时,既严禁设备超负荷工作,也要避免"大马拉小车"现象,造成设备和能源的浪费。

(3)切实做好设备操作人员的技术培训工作

操作人员在上机操作之前,须做好岗前培训,认真学习有关设备的性能、结构和维护等知识,掌握操作技能和安全技术规程等,经过考核合格后,方可上岗。严禁无证操作现象的发生。

(4)建立健全科学的管理制度

企业要针对各种设备的不同特点和要求,建立健全各项管理制度、规章制度和责任制度等,如持证上岗制度、安全操作规程、操作人员岗位责任制度、定人定车定设备工具的制度、定期检查维护制度、交接班制度及设备档案制度等。

(5)提供良好的设备工作条件和环境

保持设备作业条件和环境的整齐、清洁,并根据设备本身的结构、性能等特点,采取必要的防护、防潮、防尘、防腐、防冻、防锈等措施。有条件的企业还应该配备必要的测量、检验、控制、分析及保险用的仪器、仪表、安全保护装置。这对于精密、复杂、贵重的设备尤为重要。

8. 新能源汽车安全作业规程

(1)新能源汽车维修作业安全

1)由于新能源汽车电动系统电压属于危险电压(B级电压),因此从事新能源汽车维修作业的人员必须持有国家应急保障部门颁发的《低压电工操作许可证》。对电动系统专用装置作业时，必须穿戴齐全个人安全防护用品，必须至少两人进行，其中一人操作，一人监护；多人同时作业时，应有一人为现场负责人，并悬挂"严禁动车有人作业""高压危险请勿靠近"等安全警示牌。现场负责人应向作业人强调现场危险源及防护注意事项。

2）开始作业前必须设置安全隔离，放置安全警示牌，对工位铺设的绝缘垫进行绝缘检测；并对车辆进行保护，以免损坏车辆。对所有电动系统专用装置的零部件，也必须注意防护（包括高压零部件存放的防护），严禁随意触摸或用导电的金属敲打。

3）车辆在充电过程中不允许对高压部件进行移除、维护等工作，对电动系统专用装置进行任何操作时，应先切断低压电源，穿戴个人防护用品后断开高压电源。断开高压电源后，等待5min（也可适当延长），用万用表测量作业部位电压是否在安全电压范围。即需要按"断电—验电—放电—验电—隔离"流程操作后方可进行作业。拆装高压线束时，拆下的插接器需用绝缘胶带缠好或用相关绝缘防护器件进行隔离保护，不可暴力拆装，避免线束损坏或发生触电危险。

4）原则上不允许带电作业，如进行应急处理事件须带电作业时，必须做好相应的防护，一旦发现有危险情况或不可预料情况时，应及时停止作业，报告上级领导，同时做好现场监护，防止其他人员在不明情况下操作。如必须对高于安全电压的部位进行带电作业，须穿戴防护服和绝缘手套，并使用绝缘工具。

5）室内进行维护作业时，必须具有通风设施且照明强度适中，并配备必要的安全标志及安全隔离设备；操作区域地面铺设绝缘垫，工作前使用专用绝缘仪进行绝缘性能检查，确保操作过程中的安全。室外进行维护作业时，场地周边不得有易燃物品及与工作无关的金属物品，不得有大功率电器、电磁设备，必须安装维护工位的接地线；在维护高压作业前，必须将车身用搭铁线连接到专用维护工位的接地线上。

6）在进行动力蓄电池拆装时，举升车辆前必须按操作规程进行相应的检查，车辆举升高度原则上不超过1.7m，必须严格注意动力蓄电池举升车的举升高度以及与动力蓄电池的接触情况。

7）在拆装各类线束（缆）时，一定要注意各插接件按要求进行断开与接合；操作过程中任何设备工具的操作必须符合操作安全要求。

8）使用高压检测工具（如万用表）测量高压时，需遵守"单手操作"原则：所使用的表笔线上配备绝缘鳄鱼夹（需要根据车辆电压和电流采用对应的耐压等级和过电流能力），测量时先把鳄鱼夹接线端夹到电路的一个端子，然后用另一只表笔接到需要测量的端子进行测量读数。每次测量时只能用一只手握住表笔；测量过程中，严禁触摸表笔金属部分。

9）驱动电机等高压器件及线缆严禁用水冲洗，特别是禁用高压水枪进行冲洗，可用压缩空气冲或潮湿抹布进行表面擦拭，以防电气元件、高压线路进水。

10）所有继电器、熔丝、接线插头如有异常，应及时查清原因，排除隐患，严禁使用导线或不符合容量规定的保险和易熔线代替使用。

(2) 碰撞事故车维修安全与防护

当发生机械碰撞事故时，若电池部位受到撞击，将会导致电池出现严重的挤压、形变、穿刺等破损，导致内短路、发热、电解液蒸发、电池鼓胀，可能引发燃烧和爆炸等问题。另外，电池破损后，还可能出现电击情况，使汽车出现火灾事故。锂离子电池负极材料与空气接触以后，会造成剧烈氧化，导致电池破裂，严重的甚至还会出现燃烧爆炸现象。因此必须严格按如下规程完成：

1）碰撞事故车现场。

① 认真检查碰撞情况，查看车辆受损情况，车辆未发生冒烟起火的，重点检查动力蓄电池状况，要求穿戴相关个人防护装备进行，如无液体渗漏且外观无破损，应立刻断开低压系统供电和维护开关（MSD）或应急断电开关，之后用红外成像仪对动力蓄电池进行多方位的检测，在确认无灼热点（高温点）后，方可进行拖车等处理；如有液体渗漏且外观有破损，应立刻用红外成像仪对电池进行多方位的检测，在确认无异常高温点后，方可进行断开低压系统供电和维护开关（MSD）或应急断电开关等作业。

② 如果有灼热点，应立刻告知应急消防部门，同时进行持续观察，并寻找灭火水源，如果温度持续上升，应立刻用水直接喷淋蓄电池，让其迅速降温。

③ 如果是起火后已经被"扑灭"的车辆，同样需要用红外成像仪对蓄电池进行多方位的检测，并进行与上述相同的处理措施。

④ 拖车：事故车辆只能采用背负的方式移动至维修场地，如图4-1所示。

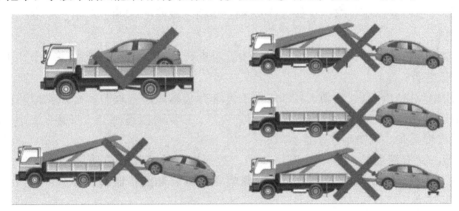

图4-1 新能源汽车拖车示意图

2）维修现场。

① 如果动力蓄电池无损伤，可按正常事故车维修作业要求执行。动力蓄电池可能存在损伤的事故车要将车辆置于室外并隔离48h，并且在整个隔离期间，车辆与其他车辆、建筑物或易燃的物体之间必须保留充足的空间。如有沉浸池或雨水收集池，可将车置于水池的旁边。

② 在整个隔离期间，必须将警告安全标志置于车辆驾驶人一侧的风窗玻璃上。同时采用红外成像仪对车辆进行热失控监测。

③ 48h后，检查完确认没有异常高温点后，就可按要求在专用工位对事故车进行拆解维修，进行拆解维修作业前要制订安全防范措施，首先要考虑人身安全，即使发生突发事故也要保证人身安全。因此，必须做到：a. 设置相关警示标识；b. 重点检查高压部件的外观，如高压线缆；c. 重点关注动力蓄电池的变化。

④ 整个事故车维修过程中，即便进行了高压断电，也要在操作现场放置警示牌。

⑤ 在进行车身修复焊接作业前，要同时断开高、低压线路，特别是不能对动力蓄电池

外壳进行焊接作业。

⑥ 在机械事故修复完成后，需要进行控制（保护）系统的复位，等电位线的检查，绝缘性能的检查，各项检查均无误后才能上电。

⑦ 若涉及热管理系统（如空调制冷系统的维修），应按相应的操作规范进行，冷却系统应按要求在维修后进行加注、排气和密封性测试。

⑧ 车辆正常上电后，应根据车型清除相关故障码并完成相关的安全操作，如果车辆可以正常上电，也须完成常规的转向、制动等安全验证后才能进行路试。

⑨ 路试完成后，应立刻完成充电等性能的验证，同时用红外成像仪对车辆动力蓄电池进行实时的热失控监测。

(3) 车身修复作业安全

车身修复施工条件较差，特别是涂装作业大多在充满溶剂气体的环境中作业，不安全因素较多，作业人员应熟知本工种作业特点和所用工具设备的安全操作方法，以确保安全施工。

1）施工场地必须有良好的通风条件，若在室内施工，要有良好的通风设备。

2）操作前根据作业要求，穿好工作服和工作鞋，戴好工作帽、口罩、手套、工作鞋罩和防毒面具。

3）操作人员应熟悉所使用的设备，使用前应进行检查。施工完毕后将设备、工具清洁干净，摆放整齐。

4）用钢丝刷、锉刀、气动工具和电动工具进行金属表面处理时，必须佩戴防护镜，以免眼睛沾污和受伤，如遇粉尘较多，应戴防护口罩，以防呼吸道感染。打磨施工中，应注意表面有无突出毛刺，以防刮伤手指。

5）酸、碱溶液要严格保管，谨慎使用。搬运酸、碱溶液时应使用专用工具，严禁肩扛、手抱。用氢氧化钠清除漆膜时，必须佩戴乳胶手套和防护眼镜，穿戴涂胶（或塑料）围裙和鞋罩。

6）施工场地的易燃品、棉纱等应随时清除，并严禁烟火。涂料库房要隔绝火源，要有严禁烟火的标志，并有消防用品。

7）工作结束后，打扫施工场地，残漆、废纸、线头、废砂纸等要随时清理，放置在垃圾箱内。

(4) 涉水车维修服务作业安全

1）水淹车：指由于涉水过深造成停驶或由于洪水等原因造成的短时水淹车，且淹没深度不超过轮胎中部轴线位置（即未淹没动力蓄电池）、淹没时间在1h内的车辆。

① 应穿戴适当的个人防护装备，进行拖挂装置的安装，并根据情况进行P位解锁，从而将车辆从水里拉出。

② 将车辆用背负的方式移动至维修场地，首先应穿戴适当的个人防护装备，完成车辆的安全下电处理；之后进行车辆水淹部件的检查，并进行相应的除湿处理，确认动力蓄电池或其他电动系统专用装置未进水后，方可给车辆上电。

③ 如果发现动力蓄电池进水，应穿戴适当的个人防护装备对电池拆解、检测、维修后，再重新将电池组恢复，之后进行动力蓄电池的绝缘性和密封性测试，测试正常才可安装使用。

④ 其他电动系统专用装置的其他部件进水后，也要进行拆解除湿处理，并进行相应的检测，确保无故障后才能装复。

2）泡水车：指被水浸泡过，且浸泡深度已经超过轮胎中部轴线位置（即淹没动力蓄电池）、淹没时间在 1h 以上的车辆。

① 应穿戴适当的个人防护装备，进行拖挂装置的安装，并根据情况进行 P 位解锁，从而将车辆从水里拉出。

② 将车辆用背负的方式移动至维修场地，首先应穿戴适当的个人防护装备，完成车辆的安全下电处理。

③ 进行电动系统专用装置的拆解、除湿、检查和维修后，进行相应的检测，确保无故障后才能装复。

④ 泡水车如果长时间（时间在 1 周以上）放置未处理，在维修时一定要对各控制单元进行开盖检查。

⑤ 泡水车在拆解检查完之前禁止上电，如果内部有水，会造成短路。

4.1.3 治安安全

新能源汽车服务企业为了保护公司人身及财产安全，维护正常生产秩序和公司的利益，树立良好的企业形象，除在消防、生产安全方面进行管理外，还要进行防盗等治安安全的管理，并制定相应的治安安全管理制度。

1. 职责与人员配备

人力资源部：为整个保安团队的直接主管部门，负责统筹管理。

保安队长：对所有保安的训练、督导、考核等进行管理。

保安人员：对全厂的厂纪厂规、消防、安全、节约等均有维持、监督、执行的责任。

2. 安保值班制度

（1）值班保安职责

1）准时上班、坚守岗位，不能擅自离岗；注意形象、服装整齐、仪表端正、精神饱满、文明站岗、礼貌待人，不干私事、服从指挥、尽职尽责；对领导指出的缺点，自我检讨、深刻反省、勇于改正。

2）对进、出大门的来宾及车辆礼貌询问、仔细查看，并登记在"来宾、车辆出入登记表"内。

3）特殊情形：工商局、税务局、社保局、派出所等单位的来宾，必须及时通知财务主管及总经理。

4）对所有人员出厂所携带的物品进行彻底检查，凭"物品放行条"对物品的名称、数量、是否经相关人员签批等状况核对无误后方可放行。

5）维护好大门口的秩序，使大门口保持时刻畅通，对聚集在大门两边聊天、玩耍的闲杂人员，劝其离开，并确保大门两边干净、整洁。

6）夜班保安在巡逻时应时刻保持高度的注意力，细心观察厂区的事物和动态，对可疑情况和人员询问检查，遇到自己解决不了的情况要及时上报。按指定时间熄灯，查看厂区各个地方的水、电、窗户是否全部关闭，将检查状况仔细填写在"保安检查日报表"上。

（2）保安人员工作职责及注意事项

1）保安人员要维护本厂人员及物资的安全，预防各种灾害、事故的发生。

2）加强对厂区各大门的管理，严格执行门禁制度。

3）加强对外来车辆进出厂检查、登记，对出厂物资进行核对验证。

4）加强对厂区、宿舍水电维护与管理，发现漏水、漏电等现象应立即排除，或通知相关人员处理。

5）值班保安如遇突发事件，要及时处理，重大事件要以突发事件处理程序尽快通知相关人员，不得拖延或乱报。

6）对待所有进出厂的客户，保安必须立即站起，礼貌接待，并为其开、关门；重要人物来访一两次后必须熟记其形象、容貌；对外来探访人员，要先呈报被访者，取得同意后办好登记手续，并由前台通知被访者与客户会面，离厂时须经接待部门在"来宾登记表"上签字，把"来宾证""来宾登记"一并交回保安室。对不明身份人员严禁泄露公司内情。

（3）保安人员培训

1）新进的保安人员由人事行政部进行工作职责及要求的培训。

2）消防知识、消防器材使用方法，以及消防安全检查指导的培训由保安队长负责定期执行。

3）为了提高保安人员的工作士气，定期进行保安人员的素质培训，由保安队长安排执行。

4.1.4 企业内部事故的应急处理方案

1. 设置应急救援组

为应对安全事故的发生，新能源汽车服务企业应设置好应急救援组，并严格分派职责，做好安全事故演练，以防安全事故的发生。应急救援组人员分配及职责如下：

1）总指挥、副总指挥职责：负责抢险救灾、疏散的指挥工作。当总指挥不在时，由副总指挥负责。

2）联络组职责：在总指挥领导下发布救灾、疏散命令，向相关部门报告，联系外部消防、医疗机构支援，组织新闻发布会，组织护卫人员维护好厂区的交通和治安秩序，安抚员工情绪。

3）抢险救援组职责：在专业应急消防队到来前，在保障自身安全的前提下进行灾害的救援，搜救受伤和被困人员，必要时负责通知公安消防队到场参加救援工作。

4）疏散救助组职责：熟悉疏散路线，负责组织员工有秩序地疏散到指定的避难处，进行伤员的救护和联系社会医疗机构，组织护卫人员维护好厂区的交通和治安秩序。

5）设施保障组职责：保障消防系统、通信系统、广播系统、能源动力系统、疏散设施和电力正常运转。在专业消防队未到现场前，将人员安全疏散到避难处，并清点好人数，发现非正常缺员要弄清原因并报告总指挥。在救援过程中坚持"先救人，后救物"的原则，在确保人员安全的前提下，抢救财物。

2. 企业内部火灾事故应急处理

1）灾害事故发生后，发现者应立即按响就近消防报警器，一边组织附近人员参与抢险，一边向安全管理员和所属科室科长报告灾情，严格保护事故现场，如火势较大应立即拨打119联系应急救援消防队支援。

2）安全管理员立即向企业内有关领导、安全管理委员会领导、应急救援组织机构总指挥和副总指挥报告，并立即启动应急预案。

3）疏散救助组组长应迅速通知、组织人员（包括发生灾害范围内的所有人员）从工作岗位最近的安全通道和门口向外疏散到紧急集合点并清点人数，发现非正常缺员应立即报告总指挥。如有伤员需紧急抢救，应组织参加过紧急抢救的人员实施急救。

4）抢险救援组组长应立即组织员工在保障自身安全的前提下参与救灾和搜救伤员。

5）联络组组长应立即联系相关人员，根据总指挥指示向上级报告事故情况并拨打119联系消防队，如发现伤员，应立即拨打120联系救护车（疏散救助组应安排人员在门口引导）。

6）设施保障组组长应立即关闭事故区域及电源，以防火灾造成短路，并根据总指挥指示保障应急物资和设施。

7）新能源汽车在企业内部着火事故的应急处理，参照"4. 新能源汽车着火事故应急处理"进行调整。

3. 设备事故应急处理

1）设备发生爆炸、着火事故后，目击者应立即通知安全管理员、设施管理科及所属科室科长并保持现场，立即组织救火，安全管理员应立即报告总指挥，应急预案立即启动。

2）疏散救助组组长根据总指挥指示疏散人员并抢救伤员。

3）联络组组长应根据总指挥指示联系医院并向股东报告。

4）抢险救援组组长应立即组织抢险队扑灭火势并救出伤者。

5）设施保障组组长应立即通知供应商维修、调查并提供保障。

4. 新能源汽车着火事故应急处理

1）当驾驶人发觉汽车高温报警、有焦煳味，车内外冒烟或者起明火时，应立即减速停车，关闭车辆点火开关，启用驻车停车装置停车，并在适当位置放置警示标识（在确保现场人员安全前提下，如果有可能，应将车辆停放到人员稀少区域，远离加油站和易燃、易爆品）。

2）观察车辆着火部位，根据着火部位和情况采取相应措施。如按顺序关掉低压蓄电池电源开关、拔掉高压维修开关，并在适当位置放置警示标识，疏散人群避免围观。

3）根据现场火情或事故程度拨打110或119等应急报警电话，有人员伤亡的拨打120急救电话，同时寻求其他援助。

4）如火势不大，可以观察起火部位，如果不是动力蓄电池冒烟（着火），可根据情况采用干粉、二氧化碳或水基灭火器灭火。如果是动力蓄电池冒烟（着火），应由专业作业人员在穿戴个人防护装备（至少应包括自给式呼吸器）后，对动力蓄电池进行大量喷水冷却，直至动力蓄电池无复燃可能性时停止喷水、并继续保留喷水设备待用，喷水时建议人员距离火源点2m以上。也可直接将冒烟（起火）车辆推入水池进行沉浸式降温（即水深需要没过动力蓄电池总成，并可根据需求大量补水）。

5）如果车辆已经开始大量冒烟，作为非专业人士（如驾驶人和乘客）一定要站在上风口，并与车辆保持一定的安全距离（至少15m）进行相应报告及报警等处理。

6）对于难以控制的失火，现场救援人员必须保持一定的安全距离（至少15m），设置警戒区域，防止动力蓄电池意外发生爆炸。

7）应急消防人员到达现场后，要告知着火物品、周边是否有易燃、易爆品等现场情况。

8）组织被困人员逃离现场时，一定要引导朝烟雾流向的反方向疏散，也就是要迎着风往逆风方向撤离。

9）驾驶人衣服一旦被引燃，要尽快脱去，如果有水，可立即用水将着火的衣服浇灭，或跳入附近水面低的水池、河沟里；如果附近没有水源，可以迅速卧倒在地，身体滚动压灭火焰，千万不要站立不动或奔跑，以防增加身体烧伤面积。

5. 灾后恢复总结

发生灾害后，应尽快恢复运行。救援工作结束后，应急救援组织机构应当组织相关部门和人员，按照事故"四不放过"的原则，认真分析事故原因，总结、吸取事故教训，及时进行整改。根据有关制度追究事故相关责任人的责任，对抢险救灾有功人员进行奖励。

6. 事故管理

1）工伤事故报告应采取快报方式，逐级完成。事故现场负责人或现场目击者应在事故发生后，立即用电话、电报和电传等最快方式，向安全管理部门或公司领导报告。

2）公司领导应在接到事故现场负责人的报告后，要求安全管理部门在规定的时间范围内（重伤事故的报告不超过24h，死亡事故的报告不超过4h）向当地主管部门报告。

3）发生伤亡事故的单位应保护好事故现场，并迅速采取必要的抢救措施，抢救人员和财产，防止事故扩大。因抢救人员、疏导交通等原因必须移动现场物件时，必须放置标志、绘制现场简图、拍照或录像、写出详细书面记录，妥善保存现场重要痕迹、物证，方可移动现场物件，待调查组确认调查取证完毕并充分记录后，方可清理现场。

4）不得对事故隐瞒不报，不得拒绝、妨碍、干涉事故调查工作，不得在事故调查中玩忽职守、徇私舞弊或打击报复。

5）事故调查处理文件、图样、照片和录像等资料应长期完整保存，以便研究改进措施，进行安全教育，开展安全科学研究。

6）造成重大经济损失或不良社会影响，未造成人员伤亡的事故，也要按伤亡事故上报和查处，不得隐瞒不报。

7）事故调查完毕，事故调查组提出的处理意见和防范建议，由发生事故单位负责落实与处理。

4.1.5 企业外部安全管理预案设置

1. 客户车辆动力蓄电池起火突发事件应急预案

（1）目的 对客户动力蓄电池起火、爆炸重大事故（以下简称"事故"）制订应急预案，保证相关问题的快速有效处理，防止造成市场负面影响。

（2）适用范围 适用于动力蓄电池起火、爆炸事故的现场处置和善后处理。

（3）现场话术

1）行车碰撞着火。

车辆在高速行驶速度下，外部高强度硬物可能冲击电池，经过我们的初步分析，本次事故产生的冲击力高达20t，远远超过了国家标准规定的汽车检测冲击要求，冲击造成的破坏可能会损坏电池和电器,引发短路。传统车辆燃油箱在此冲击力下也会发生类似的爆炸事故。具体事故原因会安排技术专家进行调查。

2)行车过程中冒烟、着火。

根据新能源整车厂监控中心的数据显示,车辆运行过程高压系统工作正常,因此电池或高压系统造成事故的可能性可以排除,但存在外部原因或车辆低压线路老化短路造成问题的可能性,这与传统汽车的电路老化短路类似,我们将对车辆和监控数据进行分析,具体事故原因将配合新能源整车厂安排技术专家进行调查。

3)放置状态时,新能源汽车自燃现象。

车辆在停放状态时,高压及低压系统会全部切断,车辆所有高、低压系统电器停止工作,不可能发生电器工作发热、线路短路等问题,事故应该是外部原因造成的,我们将配合新能源整车厂安排技术专家对事故车辆进行检查分析,确定事故具体原因。

4)充电过程中冒烟,然后着火现象。

车辆充电过程中,车辆通过充电桩与电网相连,我们将检查车辆、充电桩和电网供电三个环节,分析电网供电电压、电流数据及监控中心记录的车辆充电时的车辆状态数据,确定是哪个环节存在问题。事故也可能由外部原因造成,我们将与新能源整车厂、充电桩和电网共同安排技术专家对事故原因进行调查。

(4)电池起火爆炸事故分级(见表4-1)

表4-1 电池起火爆炸事故分级

序号	事故分级	定义
1	一级事故	电池起火,人死亡
2	二级事故	电池起火,且人受伤
3	三级事故	电池起火,人未受伤

2. 市场事故应急处理程序

(1)信息收集

新能源整车厂客服中心日常通过电话、微信、QQ等方式收集市场车辆事故隐患信息、已发生和正在发生的事故信息(具体信息收集方式见表4-2)。

表4-2 车辆事故隐患信息收集方式

序号	信息源	信息收集方式
1	客户	来电
2	服务站	来电、信息快报
3	微信	微信群、朋友圈
4	QQ	QQ群
5	车辆信息终端	监控平台预警、报警

(2)信息上报

新能源整车厂客服中心在收到事故信息后,首先按《客户逃生守则》指导客户及驾驶人处置和逃生,并拨打119报警,同时通知就近服务站及市场服务和销售人员组成现场应急处置小组，赴现场进行应急处理（按照现场处置应急预案执行），并联系救援公司派出车辆进行现场救援；客服中心立刻以电话方式上报领导小组和工作协调小组，并在半小时内以"市场重、特大事故信息快报"将详细事故信息上报领导小组和协调小组各成员，见表4-3。

表4-3　市场重、特大事故信息快报

市场重、特大事故信息快报				记录编号	
				填报日期	
车辆信息	车型		VIN		车辆批次		车牌号码	
	出厂日期		购车日期		行驶里程		上次维护日期	
客户信息	客户类别			日常使用环境（地区、路况）				
	用户姓名		用户电话		驾驶人姓名		驾驶人手机	
事故信息	事故情况描述					
	信息来源		报案人电话		报案时车辆状态，打"√"		正在燃烧□ 119正在施救□ 已烧毁□	
	有无人员伤亡		事故发生时间		事故发生地点			
	现场处置小组		派出时间		联系电话			
	救援车		派出时间		是否已报火警			
处理意见			审核			
其他情况						

（3）应急预案启动

工作协调小组进一步了解和核实相关信息，根据市场情况及可能出现的问题，提出事故应急处理方案，填写"市场事故应急处理预案启动通知"，见表4-4，经领导小组批准后下发各功能小组和相关部门，正式启动应急预案。

表4-4　市场事故应急处理预案启动通知

车辆信息	车型		VIN		车辆批次		车牌号码	
	出厂日期		购车日期		行驶里程		上次维护日期	
客户信息	客户类别			日常使用环境（地区、路况）				
	用户姓名		用户电话		驾驶人姓名		驾驶人手机	
事故信息	事故情况描述					
	信息来源		报案人或信息提报人电话					
	车辆状态		停放地点					
	人员伤亡情况		治疗及处理情况			当事人联系电话		
	现场处置小组		联系电话					
	救援车单位		联系人		联系电话			

（续）

	负责部门	工作项目	工作要求	负责人	备注
处理方案	媒体政府小组				
	善后处理小组				
	技术、质量小组				
	其他相关部门				
会签人				签发	

3. 事故现场处置应急预案

现场处置应急小组（由现场服务人员和销售人员等组成）在接到客服中心现场应急处理通知后，应携带规定的设备在 30min 之内到达现场，并按以下程序处理。

（1）一级事故

1）配合应急消防和 120 工作人员进行现场清理。

2）车辆尚在燃烧的，应疏散周围群众，以规定预备的水基灭火器进行施救或配合应急消防员扑灭火灾。

3）对事故现场进行拍照，并核实车辆信息和事故财产损失情况。

4）遗体清理后，以事先预备的专用车罩对事故车辆进行覆盖。

5）现场如有媒体或有其他相关主管部门出现，以如下方式解释事故原因：明确表明我们车辆采用的是安全电池，设计、制造均具有严格的安全措施，与传统车相比具有很高的安全性，电池不可能发生自行起火的可能，对事故发生的原因，厂方将安排技术人员和专家组进行调查。

6）设法落实进行现场处理的路政及交通部门人员及所属单位。

7）设法向清运单位核实事故车辆最终停放地点，并根据需要派人现场值守。

8）清理现场。

9）立刻将现场处置信息电话反馈给由新能源整车厂负责的工作小组组长。

（2）二级事故

1）首先对伤者进行施救，协助送医，并核实伤者就医医院名称、地点。

2）车辆尚在燃烧的，应疏散周围群众，以规定预备的水基灭火器进行施救或配合应急消防员扑灭火灾。

3）对事故现场进行拍照，并核实事故损失。

4）疏散围观群众，明火扑灭后 5min 内将事故车辆拖离现场到指定地点存放。

5）现场由路政、交通部门人员处理的，应落实相关人员及其所属单位。

6）现场如有媒体或有其他相关主管部门出现，以前文所述话术解释事故原因。

7）以事先预备的专用车罩对事故车辆进行覆盖。

8）核实事故车辆最终停放地点，并根据需要派人现场值守。

9）清理现场。

10）立刻将现场处置信息电话反馈给由新能源整车厂负责的工作小组组长。

（3）三级事故

1）车辆尚在燃烧的，应疏散周围群众，以规定预备的水基灭火器进行施救或配合应急消防员扑灭火灾。

2）对事故现场进行拍照，并核实事故损失。

3）安抚客户，登记客户和车辆详细信息，核实财产损失，承诺如调查确认事故属产品质量问题，将赔偿全部损失，并安排车辆将客户送至其指定的目的地。

4）现场如有媒体或有其他相关主管部门出现，以前文所述话术解释事故原因。

5）以事先预备的专用车罩对事故车辆进行覆盖。

6）疏散围观群众，明火扑灭后 5min 内将事故车辆拖离现场到指定地点存放。

7）清理现场。

8）立刻将现场处置信息电话反馈给向新能源整车厂负责的工作小组组长。

（4）现场处置所需器材及人员要求见表4-5。

表4-5 现场处置所需器材及人员要求

序号	器材名称	用途	规格	数量	存放地点
1	专用车罩	事故车残骸覆盖	—	2	服务站
2	水基灭火器	现场车辆灭火	35kg	2	
3	服务车	现场施救、接送客户	—	1	
4	照相机	事故车辆及现场拍照取证	—	1	
5	大手电筒	现场勘查照明	—	2	
6	大扫把	清理现场	—	2	
7	人员	现场施救	—	3人以上	—

4. 技术、质量应急处理预案

技术、质量应急小组接到工作小组的《市场事故应急处理预案启动通知》，随即启动技术、质量应急处理预案，步骤如下：

1）通知相关供应商及相关部门，研究确定事故调查方案。

2）根据事故性质，必要时聘请专家参与事故原因的调研。

3）对车辆交通事故引发的电池起火，可聘请第三方专家组进行调查。

4）勘查事故车辆及事故现场，收集相关证据。

5）调取监控数据。

6）会商分析，确定事故原因，形成事故调查报告及对外的事故调查报告，经领导小组组织评审后定性，作为事故善后处理和媒体危机应急处理依据。对外调查报告结论定性为非质量责任事故的，原则上由（外聘）第三方专家组出具，或由第三方专家参与签署。

7）提出产品质量改进意见，由质量管理部立项改进。

8）确定事故责任，事故处理费用全部向责任供应商索赔。

9）提出事故处理意见，报领导小组批准，对内部责任单位和责任人进行追责。

如果事故是由政府主管部门委托的第三方部门（或专家组）进行调查鉴定的，则企业要完成以下工作：

1）由质量管理部牵头、工程研究院协助，全程配合鉴定部门的相关工作。

2）采取相应的公关工作，确保事故调查结论的公正性。

3）调查确定事故是由车辆质量问题造成的，应立刻组成由公司副总以上领导牵头的危机公关小组，采取相应的危机公关措施，对鉴定机构、主管部门、主管领导进行公关，并利用集团公司、政府部门的相关资源，寻求政府给予支持和保护，确保调查结论向有利于公司的方向发展，努力减少负面影响。

5. 事故善后处理应急预案

事故善后应急处理小组，在接到工作小组《市场事故应急处理预案启动通知》后，应迅速启动事故善后处理预案。

（1）一级事故

1）根据车辆信息，落实事故遇难者情况，由企业配合并由新能源整车厂对口部门第一时间上门进行看望和安慰家属。承诺尽快就事故原因进行调查，如属产品质量问题将赔偿全部损失。在技术、质量组调查结论尚未明确前，尽量稳定客户家属，协助处理死者后事，对家属死者生活和经济给予一定的支持。

2）经技术、质量应急小组或专家组调查后，确定事故原因属产品质量问题的，事故善后应急处理小组组织相关人员，研究确定事故赔偿协商方案，协商原则如下：

客户的实际损失和必要的精神损失应赔偿到位；兼顾公司利益最大化原则，即除直接经济损失外，要考虑公司形象、市场影响、时间成本造成的间接损失；尽快处理，防止后续造成影响；一次性处理完毕，不留后患的原则。

3）双方共同核定财产损失（即直接经济损失＝车辆损失＋其他财产损失＋误工损失），并根据地方交通伤亡事故赔偿标准，确定赔偿额。原则上对间接损失和精神损失不予赔偿。双方协商同意后，将处理意见报工作小组审定、领导小组批准后，签订赔偿协议。

4）如双方无法达成意见的，善后处理小组按上述事故处理原则，本着损失最小、影响最小、尽快处理的原则，并评估可能造成的后果，提出让渡处理的意见，再报请领导小组批准后执行。一、二级质量责任事故原则上不通过司法途径处理。

5）经技术、质量应急小组或专家组调查后，确定事故原因为交通事故或用户使用原因造成的，善后处理小组将事故调查结论通知家属，并安排技术人员对事故原因进行解释说明并给予安慰，防止其产生过激行为，询问需求，并根据实际情况给予死者家属一定的经济支持，处理方案经由领导小组批准后执行。如果死者家属不认可调查结论，不接受处理方案，可建议其通过法律路径解决。

6）善后处理小组跟踪事件处理进展，直至事故处理完毕。

（2）二级事故

1）根据车辆信息，落实客户情况，第一时间组织人员到医院进行探望，并派人员轮流护理。

2）对伤者及家属进行安抚，承诺如属产品质量问题将对全部损失给予赔偿。

3）经技术、质量应急小组或专家组调查后，确定事故原因属产品质量问题的，按一级事故（1）中的2）、3）、4）要求处理。伤者伤势较轻的，进行沟通交流，做好伤者工作，争取早日出院，以减少相关费用支出。

4）经技术、质量应急小组调查后，确定事故原因为交通事故或用户使用原因造成的，按一级事故（1）中的5）要求处理。

5）善后处理小组跟踪事件处理进展，直至事故处理完毕。

（3）三级事故

1）事故发生后1h内即主动联系客户，询问客户情况，了解客户需求和动向，承诺如属产品质量问题,将赔偿全部损失。

2)每日回访用户,及时了解动向,并每日提供一定金额的出租车费补偿。

3)经技术、质量应急小组调查后,确定事故原因属产品质量问题的,参照一级事故(1)中的2)、3)、4)要求,与用户协商,对客户财产损失进行核实,按实际损失给予赔偿,方案经领导小组批准后执行。如无法达成协议的,善后小组评估可能的风险,根据实际情况进行适当地让渡。仍无法达成协议的,通过司法途径解决。

4)经技术、质量应急小组调查后,确定事故为交通事故或用户使用原因造成的,参照一级事故(1)中的5)要求,与用户沟通,询问需求,可根据实际情况,给予一定的经济支持,方案经领导小组批准后执行。无法达成协议的,通过司法途径解决。

5)善后处理小组跟踪事件处理进展,直至事故处理完毕。

6)事故处理结束后,善后处理小组形成事故处理报告,提出建议,并报给工作协调小组和领导小组。

6. 媒体、政府公关应急预案

媒体和政府公关应急小组在接到《市场事故应急处理预案启动通知》后,随即启动媒体、政府公关应急预案。

1)拟定相关话术(事故原因和处理原则等,事故原因的话术参考前文所述话术),对外统一口径。

2)主动接洽主要媒体,采取相应的预防性措施。

① 利用主流媒体发布正面信息。

② 对负面报道的媒体上门说明情况,并采取公关行动,阻止不实报道。

7. 安全管理要求

1)各应急功能小组及相关部门一旦接到协调小组预案启动指令,应无条件启动应急预案,各司其职,如延误时机、造成重大影响和后果的将进行问责,并依据公司相关规定进行处理。

2)事故处理进展实行日报制度,各应急功能小组每日下班前将本日事故处理进展情况、处理过程存在的问题报协调小组,由协调小组进行汇总分析,形成日报上报领导小组。协调小组和领导小组针对事故处理过程存在的问题,提出处理意见,协调和指导问题的处理。

3)定期进行演练:由协调小组牵头,每季度组织一次市场事故处理应急预案演练,检查各小组及人员现场处置、协调应急能力。

4)定期参加由新能源生产企业服务管理部组织的预案和话术的培训。

5)按新能源整车厂的要求配备相应器材和人员,作为建站基本条件,并定期对器材配备及保管完好情况组织检查,确保器材齐全有效。

4.2 环境保护

4.2.1 废液的收集

废液是指在生产、生活和其他活动中产生的丧失原有价值或虽然未丧失利用价值但被抛弃或者放弃的液态物品、物质以及法律、行政法规纳入废液管理的物质。其中,新能源汽车服务企业所产生的废液主要有:动力蓄电池等废旧电池的电解液、酸性溶液;冷却系统的冷却液、防冻液；润滑油、液压油、制动液；空调制冷剂；零件或设备清洁剂等。废液成分复杂，可生化性较差，且有一定危害性。收集处理废液措施如下：

1）废液应倒入指定容器收集，并设置危险废物识别标志，严禁随处倾倒或倒入排水沟内，防止废油污染。

2）可设置废液回收点，严格区分各类废液。

3）禁止使用没有采取防渗措施的场所搜集、贮存、处置废液。

4）维修、拆解汽车时，应当采取措施，防止或者减少废液对环境的污染。

5）收集、贮存废液的场所、设施、设备和容器转作他用时，必须经过消除污染的处理后，方可使用。

6）修理各环节应注重对环境的保护，废液的处理和处置要符合国家环境保护标准及相关政策法规要求，减少废液对人类生存环境造成的损害。

7）在收集、贮存废液时，必须采取防流失、防渗漏或者其他防止污染环境的措施，不得擅自倾倒、丢弃废液废物。

4.2.2 固体废弃物的处理

随着新能源汽车产业规模的不断扩大，新能源汽车上的固体废弃物，如钢、铁、铝、汞、镉、铅、橡胶、塑料、玻璃等，特别是动力蓄电池成为关注的重点，若处理不当，会对土地、水源和大气环境造成严重的污染。实际上，这些废弃物经过合理的回收、拆解、化学成分提取等流程，可以得到有效的回收利用。

新能源汽车固体废弃物的传统处理方式包括：对拆解出来的金属材料回炉重炼，对其他塑料简单焚烧填埋等。随着技术的发展，新的材料回收工艺被发现，零部件再制造塑料重熔等处理方式使报废回收的内涵越来越丰富，节能减排效果也更加突出。

（1）常规废弃物的回收利用

新能源汽车企业需建立专门的回收利用中心，并对报废的、废弃的部件进行拆解、分类、检测等。拆解出来的零件分为四类：可再利用零件、可再制造零件、可再循环零件及废弃处置材料。拆解后，可再利用零件经检测合格后被送往维修点、零配件销售网点等，返回市场进行销售；可再制造零件送往再制造中心，借助高速电弧喷涂等表面工程技术进行性能恢复或升级，然后返回销售市场；可再循环零件修复性能不佳，被送往再循环中心回炉重炼。

（2）动力蓄电池的回收处理

废旧的动力蓄电池中含有的重金属和电解质溶液均会对环境及人体健康造成损害。此外，废旧的车用动力蓄电池中含有大量具有很高回收利用价值的金属，如锂（Li）、镍（Ni）、钴（Co）和铝（Al）等，可回收利用的潜在价值很大。无论从环境保护还是节约资源的角度，新能源汽车企业对废旧动力蓄电池的回收、利用工作都是不可或缺的。因此，新能源汽车的动力蓄电池需要进行分梯度利用才能使其性能得到最大程度的发挥，即车用阶段淘汰下来的废旧动力蓄电池可以用于储能，从储能设备上淘汰下来的电池再进行回收、拆解及循环再生。目前对于废旧锂离子动力蓄电池的回收技术主要分为两类：火法冶金法及湿法冶金法。其中火法冶金法是指通过高温对废弃锂离子电池的塑料外壳及金属外壳进行去除，之后经过浮选及沉淀等过程得到金属化合物。火法冶金法的操作工艺流程较为简单，但是会消耗大量的能源并且还会造成二次污染。而湿法冶金法就是使用机械方法除去废旧锂离子电池的外壳，之后通过萃取、沉淀、吸附、离子交换、电化学等方法获得有价金属化合物，或是直接将提纯的金属溶液合成电极。由于湿法冶金法的能耗低、污染小，因此目前行业内通常用其进行废旧锂离子电池的回收。湿法冶金法的具体工艺流程如下。

1）预处理。在收到废旧锂离子电池后首先要对其进行放电，避免后续的拆解和破碎过程中出现短路放电，瞬间释放大量的热引发爆炸。目前通常采用导电盐溶液浸泡短路法、低温放电法以及导体（金属粉末）和半导体（石墨）短路法对废旧锂离子电池进行放电。经过放电处理后的电池可进行拆解、破碎及筛选流程。

2）电极材料的溶解浸出。对预处理后的电极材料进行溶解浸出，使有价组分溶于溶液中，以便进行后续提纯。目前主要采用的溶解浸出方法包括传统的化学酸碱浸出法以及随生物冶金技术发展而来的生物浸出法。

化学酸碱浸出法又可分为一步法和两步法。一步法通常是直接采用盐酸、硝酸、硫酸等无机酸浸出电极材料。两步法相较于一步法的不同之处在于，在酸浸出前先采用氢氧化钠溶液浸出铝、钴、锂、镍等有价金属，从而提高分离效率。近年来，有机酸溶解浸出法发展迅速，通常采用柠檬酸、苹果酸、草酸等有机酸浸出电极材料。相比无机酸，其优势是不仅不会产生氯气、三氧化硫和氮氧化合物等有毒有害气体，而且回收容易，废液处理简单。

生物浸出法具备低成本、环境友好和较低的工业要求等优点，该法利用某些特殊微生物新陈代谢产生的无机酸来浸出废旧电极材料。目前行业内研究了采用嗜酸氧化亚铁硫杆菌对电极材料中的钴和锂进行浸出，并通过加入离子催化剂来提高微生物浸出的效率。

3）浸出液中金属离子的提纯。电极材料经溶解浸出后，浸出液中含有多种金属元素，其中钴、锂、镍、铝四种元素含量较高，也是回收的重点。目前普遍采用的提纯方法包括化学沉淀法、溶液萃取法、盐析法、电化学法、离子交换法、电沉积法、直接合成电极材料法等。

目前，新能源汽车服务企业动力蓄电池的回收工作主要是整个总成或模组回收后的安全存放。

4.2.3 汽车维修过程中排放物的处理

新能源汽车在维修过程中会产生一些排放物，而这些排放物通常具有腐蚀性、毒性、可燃性、放射性等危险特性。如果直接排放，将严重危害自然环境和人们的生命安全，所以汽车修复过程中的排放物必须正确处理。新能源汽车危险排放物包括废旧电池的电解液、酸性溶液，冷却系统的冷却液、防冻液，润滑油，液压油，制动液，空调制冷剂，零件或设备清洁剂等废液外，还包括喷漆作业产生的废气、废液和粉尘等。

（1）废旧电池的电解液、酸性溶液

新能源汽车主要运用镍氢电池、磷酸铁锂电池、锰酸锂电池、三元锂电池，铅蓄电池等。电池中含有的重金属和电解质溶液均会对环境及人体健康造成损害。并且废旧的电池中含大量具有很高回收利用价值的金属，如锂、镍、钴、锰和铝等。锂离子电池能量密度高，材料稳定性差，如果环境不符合要求，容易在运输和储存中发生短路爆炸，具有危险性。因此，修理过程中，新能源汽车的动力蓄电池等在功率和能量方面完全失去使用价值后，应对动力蓄电池进行专业回收处理，禁止掩埋和焚化。并按要求将电池送往回收中心进行集中处理。所有新能源汽车零售商须在电池上贴出统一的回收标识，说明接收废旧电池的具体要求。储存回收点收集的废旧蓄电池若不能及时运输转移，应设置专用的贮存场所，并设立危险废弃物标识，保持良好的通风状况，切勿堆叠。废旧电池不得与其他物品混存，禁止将废旧电池堆放在露天场地。

(2) 冷却系统的冷却液、防冻液

冷却液的全称应该叫防冻冷却液，意为有防冻功能的冷却液，可以防止寒冷时冷却液结冰，也可以给驱动电机和动力蓄电池等降温。此外，冷却液还具有防水垢、防锈和高沸点等功能。冷却液由水、防冻剂、添加剂三部分组成。按防冻剂成分不同可分为酒精型、甘油型、乙二醇型等类型的冷却液。酒精型冷却液是用乙醇作为防冻剂，但沸点较低、易蒸发损失、易燃等，现已逐渐被淘汰。甘油型冷却液沸点高、挥发性小、不易着火、无毒、腐蚀性小，但成本高、价格昂贵。乙二醇型冷却液易溶于水，可以任意配成各种冰点的冷却液，其最低冰点约为 −68℃。这种冷却液具有沸点高、泡沫倾向低、黏温性能好、防腐和防垢等特点。目前国内外所使用的和市场上所出售的冷却液几乎都是这种乙二醇型冷却液。冷却液在使用中会溶解部分金属和被破坏的防腐剂等，具有危险性。实际操作中，如果直接排放大量的废旧冷却液，会对环境造成严重的污染。所以，新能源汽车修理过程中，须将更换下来的冷却液收集起来，进行回收处理，处理时注意：勿将冷却剂直接排入水沟或地面，应将其储存在专用容器内，并进行明显注明；勿将废旧冷却液与其他排放物混合，收集的冷却液应由回收中心集中处理，可采用物理蒸馏法和直接再生法等，具体视企业情况而定。物理蒸馏法利用水和乙二醇的沸点差异分离出水和高浓度乙二醇，最后添加防腐剂等，以达到国家标准。直接再生法通过沉淀、过滤、添加缓蚀剂等方式使冷却液重新达到国家标准。

(3) 润滑油和液压油

润滑油是用在汽车设备上以减少摩擦、保护机械的液体或半固体润滑剂，主要起润滑、辅助冷却、防锈、清洁、密封和缓冲等作用。液压油是液压系统液体压力能的传递介质，在液压系统中起着能量传递、抗磨、系统润滑、防腐、防锈、冷却等作用。润滑油和液压油在使用中，混入灰尘、金属碎屑、水和化学物质等杂质后，具有危险性，如果不被合理回收就会污染环境。所以，新能源汽车修理过程中，须将更换下来的润滑油和液压油收集起来，进行统一回收处理，处理时注意：废旧润滑油和液压油应当用专业存储罐存放，贴上标签并按照当地防火法规做好防火措施，杜绝直接排放；经常检查存储罐，防止渗漏、腐蚀和溅出；收集的废油品配合环保部门指定的相关公司进行统一处理。

(4) 制动液

制动液是液压制动系统中传递制动压力的液态介质，通常运用在采用液压制动系统的车辆中。制动液有三类：蓖麻油-醇型，由45%~55%精制的蓖麻油和55%~45%的低碳醇（乙醇或丁醇）调配而成；合成型，用醚、醇、酯等掺入润滑、抗氧化、防锈、抗橡胶溶胀等添加剂制成；矿油型，用精制的轻柴油馏分加入稠化剂和其他添加剂制成。制动液对油漆有腐蚀作用，在车身修复过程中应避免制动液接触车身油漆。此外，制动液为有毒物质，对环境有污染，故必须严格按环境保护法规收集和处理废制动液。制动液有较强的吸湿性，能吸收周围空气中的水分，因此，应存放在密封容器里。

(5) 空调制冷剂

制冷剂是制冷循环的工作介质，利用制冷剂的相变来传递热量，即在蒸发器中汽化时吸热，在冷凝器中凝结时放热。当前能用作制冷剂的物质有80多种，而汽车空调系统常用的制冷剂有 R12、R134a 等。制冷剂的直接排放会产生温室效应，造成环境污染。因此，在汽车维修过程中，维修企业应配备专业的制冷剂回收处理设备，对制冷剂进行回收、处理及再利用。制冷剂回收应注意：汽车空调制冷剂的回收、净化和加注作业应由经过相关专业培训，并持有上岗证书的维修人员进行操作；汽车空调制冷剂的回收、净化和加注作业场地应通风良好、作业场地禁止明火；作业时，维修人员应配备必要的安全防护用品，如防护手套和防护眼镜等，避免接触或吸入制冷剂和冷冻机油的蒸气及气雾；禁止将新、旧制冷剂油混合在一起，旧油中可能沉淀有铝或混有其他异物，重新加注空调系统时，务必使用新的制冷剂油；正确报废使用过的制冷剂油。

(6) 零件或设备清洁剂

含有氯代烃类溶剂的液体和制动器清洁液均属于危险化学品。摄取、吸入和身体接触制动器清洁液，均会对健康造成危害。在接触氯化烃溶剂或替代品时，会导致头晕、恶心、犯困、眩晕、身体不协调或昏迷等不良症状。因此，在车辆维修作业过程中，维修人员需要配备适当的保护措施，以安全的步骤处理这些化学物质。同时，新能源汽车生产商可以开发生产不含有氯化物、不破坏臭氧层、不致癌且能被生物分解的"绿色"溶剂。

废旧或失效的溶剂可能含有二甲苯、甲烷、乙醚和甲基异丁基酮等。这些物质必须储存在专用安全容器中，并封紧容器盖。此外，容器必须置于有防止溶剂溢流的保护装置内。

(7) 喷漆作业产生的废气、废液和粉尘

目前，汽车修理喷漆作业仍使用溶剂型涂料及相应的工艺。车身车间在修理过程中，漆前处理会产生大量废气、废水、粉尘；干燥过程中也会挥发大量的有机溶剂蒸气。有机溶剂具有较强的挥发性，对皮肤、呼吸道黏膜、眼结膜等都会造成危害。这些废弃物如果直接排放会对环境造成严重危害，同时企业可能面临罚款的风险。因此喷漆作业产生的废气、废液和粉尘等废弃物应收集、净化处理，达到排放标准方可排放。

1）漆前废水的处理。漆前处理产生的废水有较多的油类和酸性物质，企业应采用综合污水处理设备除去这些物质。该设备通常由污水池、浮油吸收器、水泵、溶气塔和射流破乳自动液体调节器组成。首先将污水在大型蓄水池中静态分离，再用酸碱中和调节 pH。然后用浮油吸收器将初步分离的油吸出，污水则被水泵吸入气体溶解塔。在这个过程中，喷射装置自动将调节剂混入水中，去除水中的有机物和各种金属离子。污水经处理后，达到环保规定的排放标准方可排放。如果处理效果好，还可以循环使用，节约水资源。水磨腻子产生的废水也可以放入蓄水池进行处理。

2）漆前废气的处理。漆前处理在除锈过程中会有含酸性的气体排出。湿式脱酸通常要消耗较多的水，而且有二次污染问题。企业可采用干式脱酸技术来进行作业，干式脱酸不用水，又无二次污染，是目前效果较好的方法，特别适合北方地区使用，冬季不会出现冻结问题。干式脱酸的工作原理：用排风机将含酸的气体排入到含有化学药品颗粒物质吸附层的脱酸塔中，吸附层将气体中的酸性气体吸附成稳定的化合物，把净化后的空气还给大气。

3）涂装废气的处理。在车身喷漆维修过程中，油漆微粒会悬浮在空气中，并与挥发的三苯等有机溶剂混合形成有害废气。因此，喷漆作业车间的废气必须经过处理，不能直接排放。处理方式有：

① 喷雾法：通常用于过滤油漆雾，但不用于三苯和其他挥发性有机化合物。

② 废气吸附法：油漆废气的吸附有化学吸附和物理吸附，但三苯废气的化学活性较低，因此一般不使用化学吸附。

③ 催化燃烧法：将喷雾废气加热至 500～600℃，以实现催化燃烧净化。

④ 活性炭吸附法：通过活性炭直接吸附有机挥发性气体。

⑤ 光催化氧化法：将有机挥发性气体的化学键打开，反应生成稳定、无害的小分子，如二氧化碳和水。

4）车身修复的喷漆车间废气处理工艺流程。车间有机废气经风机泵送后进入聚丙烯喷淋塔，废气先经聚丙烯喷淋塔喷淋清洗，去除灰尘和大的油漆颗粒，以及物理溶解和掩蔽，然后通过脱水机的脱水功能去除废气中的水分，经喷淋洗涤器处理后，可以选择以下设备进行处理：活性炭吸附装置、催化燃烧装置、光催化氧化设备等。具体方法企业可视自身情况而定。

4.3 新能源汽车维修服务管理

新能源汽车在运行过程中，由于汽车内部运行状态的变化和外界各种条件的影响，车辆常规系统和零件会逐渐产生不同程度的自然松动、磨损和机械损伤，高压系统可能会出现电击烧蚀、线路老化剥落等故障或故障隐患。如果不及时进行维修，汽车的动力性、机构的功能及机件的安全可靠性必然受到影响，甚至会发生意想不到的损坏或事故。因此，必须定期对车辆进行维修，防止车辆损坏或安全事故的发生。

4.3.1 新能源汽车维修服务生产管理程序

各新能源汽车服务企业维修的服务流程不尽相同，但主题内容基本一致，汽车维修服务流程如图4-2所示。

1. 预约维修

预约维修可以使服务企业指导客户需要何种维修，客户也需要了解企业的维修生产情况和收费情况。如维修车间是否可以安排工位、维修工人、专用工具、资料是否齐全可用，相应的配件是否有现货或何时到货，相应维修项

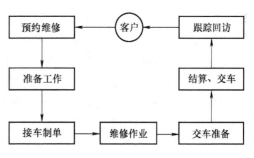

图4-2 汽车维修服务流程

目的工时费和材料费等。如果预约人员对以上两方面情况很清楚，那么同用户做预约时就会得心应手，也显得非常专业，同用户的沟通交流也就很方便。如果预约人员当时不清楚情况，就需要及时了解清楚之后再同用户进行确认。切不可在不清楚情况下就盲目预约，以免到时无法践约，给用户造成时间损失，引起用户抱怨，影响维修企业信誉。另外，预约人员代表维修企业形象，电话沟通交流技巧也是一门艺术，因此预约人员需要专门的电话培训。预约人员同用户做好预约之后应当及时做好记录汇总，以便有据可查。

维修企业为了更好地推广预约工作，在预约维修推广开始时，除了大力宣传预约给用户带来的利益外，还可以对能够准时践约的用户在维修费用上给予适当的优惠或赠送纪念品进行鼓励。当然，在进行预约工作时，企业必须履行自己的承诺，所有预约内容必须到位，否则会打击用户对预约的积极性，导致推广预约维修困难。

2. 准备工作

为了在客户到来后能够很快地如约开展车辆维修，预约人员同用户做好预约之后应及时通知业务接待员（预约人员也可能就是业务接待员），以便在用户到来之前做好必要的准备工作。停车位、车间工位、维修人员、技术资料、专用工具、配件、辅料等都应该准备齐全，以免影响维修工作效率和质量。准备工作属于流程中的内部环节，与用户并无直接接触。业务接待员须及时通知维修车间与配件部门做好相应准备工作，维修车间、配件部门也应对业务接待员的工作给予积极支持配合，如果这些工作不能够在用户到来之前做好，比如

维修所需配件未能采购到,那么应及时通知用户取消这次预约并希望用户谅解。但是这一切工作都应当在客户到来之前完成。如果可能,业务接待员还应提前准备好任务委托书(或维修合同)。

3. 接车制单

接车处理属于服务流程中与客户接触的环节,业务接待员将与用户进行沟通交流,因此业务接待员应当注重形象与礼仪并善于与用户进行有效的沟通,体现出对用户的关注与尊重,体现出高水平的业务素质。用户如约来修车,发现一切工作准备就绪,业务接待员在等待着他的光临,这样用户肯定会有一个比较好的心情,而这些恰恰是用户又一次对维修企业建立信任的良好开端。在接车处理环节中最主要的两项工作是同用户签订维修合同和填写接车检查单。

(1)签订维修合同

维修合同是用户委托维修企业进行车辆维修的合同文本。维修合同的主要内容有用户信息、车辆信息、维修企业信息、维修作业任务信息、附加信息和用户签字。用户信息包括用户名称、联系方式等;车辆信息包括牌照号、车型、颜色、车架号、发动机号、动力蓄电池编码、驱动电机编码、上牌日期、行驶里程等;维修企业信息包括企业名称、电话,以便用户联系方便;维修作业信息包括进厂时间、预计完工时间、维修项目、工时费、预计配件材料费;附加信息是指用户是否自带配件、用户是否带走旧件等,这些都需要同用户准确地约定。用户签字意味着对维修项目、有关费用、维修时间的认可。

维修合同一般至少两联,其中一联交付用户,可作为用户提车时的凭证,以证明用户曾经将该车交付维修企业维修,用户结算提车时收回;另一联维修企业内部使用,也可兼做维修车间内部派工以及维修人员领取配件材料的依据。

进厂车辆如果只是进行一般的维护,可以直接同用户签订维修合同。进厂车辆如果要进行故障修理,业务接待员应对用户车辆进行技术性检查和初步故障诊断,验证故障现象是否同预约中描述的那样,必要时和用户一起试车亲自验证。根据故障现象判定故障原因,必要时还要请技术人员进行仪器检测和会诊,拟定维修方案,估算修理工时费和材料费,预计完工时间,打印好维修合同,请用户签字认可。

业务接待员同用户签订维修合同时应当向用户解释清楚维修合同的内容,特别是维修项目、估算修理工时费、材料费和预计完工时间。

(2)填写接车检查单

用户将车辆交给业务接待员去安排维修,要离开车辆一段时间,为避免提车时产生不必要的误会或纠纷,业务接待员应与用户共同对车辆进行检查验证,填写接车检查单。检查验证的内容主要有:车辆外观是否有划痕,动力蓄电池是否有碰撞痕迹,内饰是否有脏污,随车工具、附件是否齐全,车内是否有贵重物品等。

4. 维修作业

当业务接待员同用户签订好任务委托书(或维修合同)后,所承修的车辆也从用户手中接过来了,车辆维修的派工也由此开始。业务接待员传递给维修车间的作业指令是通过维修合同或派工单来实现的。比较简化的方式是维修接待员将维修合同随同承修车辆直接交由自己所带领的维修团队进行维修,一般称为团队式生产管理模式;比较精细化的方式是业务接待员将维修合同随同承修车辆直接交由车间主任或车间调度员,再由车间主任或车间调度员依据维修合同的内容开具维修作业派工单,将派工单随同承修车辆交由维修人员进行维修,这是传统的生产管理模式。这两种生产管理模式各有其特点。至于维修企业采用哪种模式,可根据企业实际情况自定。

为保证维修的效率和质量应注意以下四方面工作。

1) 维修人员接到维修合同或派工单后,应当及时、全面、准确地完成维修项目,不应超范围进行维修作业。如发现维修内容与车辆的实际情况不完全相符,需要增加、减少或调整维修项目时,应及时通知业务接待员,由业务接待员估算相关维修费用、完工时间,取得用户同意后方可更改维修内容,并办理签字手续。

2) 由于新车型、新技术不断出现,对维修人员的综合技术素质要求越来越高,维修人员应当具备比较丰富的汽车理论知识与实践经验,受过专业培训并取得维修资格后方可上岗。在常规维护检查作业时,维修人员应当严格按照维护检查技术规范进行,更换、添加、检查、紧固等有关项目应做到仔细全面、准确到位,最后填写维护检查单。在故障修理作业中应当按照维修手册以及有关操作程序进行检修,并使用相关监测仪器和专用工具,不能凭老经验、旧办法、走捷径违规作业。

3) 维修人员在作业中应当爱惜用户的车辆,注意车辆的防护与清洁卫生。如果有可能则需要给车辆加上翼子板护垫、座椅护套、方向盘护套、脚垫等防护用具。

4) 维修作业时应当注意文明生产、文明维修。做到零件、工具、油水"三不落地",随时保持维修现场的整洁,保持维修企业的良好形象。

5. 交车准备

维修作业结束后,为将车辆交付给用户,有必要做一系列准备工作。这些准备工作包括质量检验、车辆清洁、准备旧件、完工审查、通知客户取车等。

(1) 质量检验

虽然汽车的维修质量是维修出来的而不是检验出来的,但是质量检验有助于发现维修过程中的失误和验证维修的效果。质量检验也是对维修人员考核的基础依据。质量检验是维修服务流程中的关键环节。维修人员将车辆维修完毕后,须由持证上岗的质检员进行检验并填写质量检验记录。如果涉及高压系统维修项目的须进行充电测试检查并填写相关检查记录;如果涉及转向系统、制动系统、传动系统、悬架系统等行车安全的维修项目必须交由试车员进行试车并填写试车记录,必要时,还要上汽车综合性能检测线检测,确保维修质量合格。

(2) 车辆清洁

维修完毕后,应进行必要的车内外清洁,以保证车辆交付给用户时是一辆维修完好、内外清洁、符合用户要求的车辆。

(3) 准备旧件

如果维修合同中显示用户需要将旧件带走,维修人员则应将旧件擦拭干净,包装好,放在车上或放在用户指定的位置,并通知业务接待员。

(4) 完工审查

承修车辆的所有维修项目结束并经过检验合格之后,业务接待员就可以进行完工审查了。完工审查的主要工作包括核对维修项目、工时费、配件材料数量,材料费是否与估算的相符,完工时间是否与预计相符,故障是否完全排除,车辆是否清洁,旧件是否准备好。

(5) 通知客户取车

当所有事宜准备就绪，业务接待员则可以通知用户取车。

6. 结算、交车

结算、交车环节是服务流程中与用户的接触环节，由业务接待员来完成。用户到来之后，不应让用户长时间地等待，应及时打印出结算单。

结算单是用户结算修理费用的依据，结算单中包括以下内容：用户信息、车辆信息、维修企业信息、维修项目及费用信息、附加信息、用户签字等。用户信息包括用户名称、联系方式等；车辆信息包括牌照号车型、底盘号、发动机号、动力蓄电池编码、驱动电机编码、上牌日期、行驶里程等；维修企业信息包括企业名称、地址、邮编、开户银行、账号、税号、电话等信息，以便用户联系方便；维修项目及费用信息包括进厂时间，结算时间，维修项目及工时费，使用配件材料的配件号、名称、数量、单价、总价等；用户签字意味着用户对维修项目以及费用的认可。

结算单一般一式两联，用户将一联带走，另一联由维修企业的财务部门留存。财务人员负责办理收款、开发票、开出门证等手续。结算应准确高效，避免耽搁用户太长时间。

在业务接待员同用户办理结算交车手续时应做两项解释，即结算单内容解释和维修过程解释，以尊重用户的知情权，消除用户的疑虑，让用户明白消费，提高用户满意度。

（1）结算单内容解释

业务接待员应主动向用户解释清楚结算单上的有关内容，特别是维修项目工时费用和配件材料费用。如果实际费用与估算的费用有较大差异，那就应该对用户有一个合理且令人满意的解释。

（2）维修过程解释

若是常规维护，业务接待员应给用户一份维护周期单，告诉用户下次维护的时间或里程，同时在车辆维护手册上做好记录。如果是故障维修，业务接待员应告诉用户故障原因、维修过程和有关注意事项。如果是事故车维修，特别是涉及动力蓄电池维修的，需要约定下次回厂检查时间。在完成车辆维修的相关手续后，业务接待员应亲自将用户送出门外，并提醒用户下次维护时间和车辆下次应维修的内容。

7. 跟踪回访

当用户提车离厂后，维修企业应在一周之内进行跟踪回访。这样做不但体现了对用户的关心，更重要的是收集对维修质量、用户接待、收费情况、维修的时效性等方面的反馈意见，以便维修企业发现不足、改进工作。

跟踪回访是维修服务流程中的最后一道环节，属于与用户接触沟通交流环节，一般通过电话访问的方式进行。在较大的维修企业由专职的回访人员来做这项工作，小型维修企业可由服务顾问兼职来做。

回访人员应做好回访记录，作为质量分析和用户满意度分析的依据。回访中如果发现用户有强烈抱怨，应及时向服务经理汇报，在1天内研究对策以平息用户抱怨，使用户满意。

随着汽车维修市场规模的不断发展，汽车维修企业的不断增多，市场竞争越来越激烈。许多维修企业为争取用户，提高用户满意度，向用户提供了各种便利性服务，如预约服务、24h救援服务、免费充电服务、免费洗车服务、上门修车服务、替换车服务、代办车辆年检服务和保险服务等。但是维修质量的保证仍然是汽车服务企业管理的主要内容。

维修车间是新能源汽车维修企业最核心的组成部分，维修企业的核心服务内容是通过在维修车间里的维修作业来实现的；业务接待员对用户做的各种承诺都是通过维修车间来实现的；用户满意度、汽车维修质量、汽车维修企业的效益都是在车间里产生的。因此在维修生产管理中应当遵循以用户满意、维修质量和企业效益为导向的原则。

一般说来，用户对维修有下列期望：

1）维修车间要全面准确地实现业务接待员对用户的承诺；等待的时间尽量短，能很快地进入工位维修；维修速度要快，效率要高。

2）维修人员的工作质量要尽善尽美，达到零缺陷；车辆维修之后要安全可靠，不再返工，让人放心；车辆在维护时全面仔细检查，能得到必要的提醒；车辆的故障能够一次性彻底排除。

3）维修费用要与预算的费用基本一致，不要有太大出入。

4）服务态度要好，要主动、热情、友好，车辆不要弄脏等。

当用户得到的现实结果与期望不一样时就会失望、不满意甚至抱怨投诉，全体员工应该时刻了解用户的这些期望，树立让用户满意、确保维修质量的思想观念，并贯彻落实到具体的维修管理工作中去。

4.3.2 日常维护与修理

汽车维修是汽车维护和修理的总称。汽车维护是为了维护汽车完好技术状态或工作能力而进行的作业。汽车修理是为了恢复汽车完好技术状况或工作能力和延长寿命而进行的作业。特别是新能源汽车由于修理工作量的逐渐减少，维护的工作总量已大于修理工作量。整车大修已被总成大修所代替，汽车维修的重点已转移到车辆维护工作上，维修重于修理。对于新能源汽车来说还需要对特有的高压系统进行相应的检查，如检查高压线缆外观、插接器的连接是否松动，检查车载充电机、高压控制盒、DC/DC、电机控制器、驱动电机、动力蓄电池、空调压缩机、PTC等高压器件外观，测试绝缘性能；还需要对各个模块如整车控制模块（VCU）、动力蓄电池管理模块（BMS）等进行相应的升级等，总之通过定期的检查和维护，还可以及时发现和解决存在的隐患及故障，避免更大故障的发生。目前，新能源汽车维护级别主要分为：日常维护、一级维护、二级维护、诊断和修理。

1. 日常维护

在新能源汽车使用过程中，为确保汽车正常行驶，必须对汽车进行日常维护。日常维护是提升汽车效率、减少行车事故、节约维修费用、降低能耗和延长汽车使用寿命的重要环节，是每个驾驶人在开车前及行车中必须做到的，周期通常是以累计行驶里程来进行，以北汽新能源为例，每行驶10000km将进行一次A级维护，行驶20000km将进行一次B级维护，具体项目及内容见表4-6。

在JT/T 1344—2020《纯电动汽车维护、检测、诊断技术规范》标准中，纯电动汽车电动系统专用装置日常维护作业项目和要求见表4-7。

在JT/T 1029—2016《混合动力电动汽车维护技术规范》标准中，混合动力电动汽车日常维护作业项目和要求如下：

1）电动系统专用装置日常维护应在出车前、行车中和收车后进行。

2）出车前、行车中和收车后，均应检查仪表显示屏主界面，发现故障报警信息及时报修。

3）出车前和收车后，插电式混合动力电动汽车还应检查动力蓄电池组（超级电容组）剩余电量，不足时应及时充电。

4）收车后，还应检查设备舱门锁是存完好、有效。

上述标准主要针对商用车，乘用车通常可参考其技术文件中的要求完成相关作业。

表4-6 北汽新能源日常维护检查表

系统类别	维护项目及内容		A级维护			B级维护		
	检查内容	处理方法	项目	配件及材料	数量或价格	项目	配件及材料	数量或价格
1. 动力蓄电池系统	安全防护	检查并视情处理	√			√		
	绝缘	检查并视情处理	√			√		
	插接器状态	检查并视情处理	√			√		
	标识	检查并视情处理	√			√		
	螺栓紧固力矩	检查并视情处理	√			√		
	动力蓄电池加热功能检查	检查并视情处理				√		
	外部检查	清洁处理	√			√		
	数据采集	分析并视情处理	√			√		
2. 电机系统	安全防护	检查并视情处理	√			√		
	绝缘检查	检查并视情处理	√			√		
	电机及控制器冷却检查	检查并视情处理	√			√		
	外部检查	清洁处理	√			√		
3. 电器电控系统	机舱及各部位低压线束防护及固定	检查并视情处理	√			√		
	机舱及各部位插接器状态	检查并视情处理	√			√		
	机舱及底盘高压线束防护及固定	检查并视情处理	√			√		
	机舱及底盘各高、低压电器固定及插接器连接状态	检查、视情处理并清洁	√			√		
	蓄电池	检查电量状态，并视情处理	√			√		
	灯光、信号	检查并视情处理	√			√		
	充电口及高压线	检查并视情处理	√			√		
	高压绝缘监测系统	检测并视情处理				√		
	故障诊断系统报警检监测	检测、检查并视情处理	√			√		

(续)

维护项目及内容							
系统类别	检查内容	处理方法	A级维护			B级维护	
			项目	配件及材料	数量或价格	项目	配件及材料	数量或价格
4. 制动系统	驻车制动器	检查效能并视情处理	√			√		
	制动装置	泄漏检查	√			√		
	制动液	液位检查	√	更换制动		√	检查视情	
	制动真空泵、控制器	检查（漏气），并视情处理	√			√		
	前、后制动摩擦副	检查并视情更换	√			√		
5. 转向系统	方向盘及转向管柱连接紧固状态	检查并视情处理	√			√		
	转向机本体连接紧固状态	检查并视情处理	√			√		
	检查转向横拉杆间隙及防尘套	检查并视情处理	√			√		
	检查转向助力功能	路试并视情处理	√			√		
6. 车身系统	风窗及洗涤刮水器	检查并视情况更换处理	√	添加风窗洗涤剂	材料收费	√	检查视情况添加	
	顶窗	检查并视情处理	√			√		
	座椅及滑道	检查并视情处理	√	加注润滑脂	润滑脂250g	√	加注润滑脂	润滑脂250g
	门锁及铰链	检查并视情处理	√			√		
	机舱铰链及锁扣	检查并视情处理	√			√		
	后背门（厢）铰链及锁	检查并视情处理	√			√		
7. 传动及悬架系统	变速器（减速器）	检查减速器连接紧固及渗漏	√	更换减速器齿轮油	EV150 单减 1.1L 多减 2L C70 为 1.1L	√	检查视情况添加	
	传动轴	检查球笼间隙及护罩，并视情况处理	√			√		
	轮辋	检查、紧固，视情处理	√					
	轮胎	检查胎压，并视情况处理	√					
	副车架及各悬置连接状态	检查紧固	√					
	前后减振器	检查渗漏情况并紧固，并视情况更换	√					

(续)

系统类别	检查内容	处理方法	维护项目及内容					
			A级维护			B级维护		
			项目	配件及材料	数量或价格	项目	配件及材料	数量或价格
8. 冷却系统	冷却液液位及冰点	液位及冰点测试，视情况添加	√	更换冷却液	冷却液6L	√	检查视情况添加	
	冷却管路	检查渗漏情况并处理	√			√		
	水泵	检查渗漏情况并处理	√			√		
	散热器	检查并清洁	√					
9. 空调系统	空调冷、暖风功能	测试并处理	√					
	压缩机及控制器	检查压缩机及控制器安装及线束插接器状态	√					
	空调管路及连接固定	管路防护检查并视情况检漏处理	√			√		
	空调系统冷凝水排水口	检查、处理	√					
	空调滤芯	检查、处理	√	更换空调滤芯	滤芯收费（首次维护免费）	√	清洁	

表4-7 纯电动汽车电动系统专用装置日常维护作业项目和要求

序号	作业项目	作业要求
1	仪表、信号指示装置	1）检查仪表外观及指示功能，仪表应完好有效，指示功能应正常 2）检查信号指示装置，信号指示应无异常声光报警和故障提醒 3）检查电池荷电状态（SOC）示值或参考行驶里程示值情况，示值应符合车辆维修维护手册的规定
2	驱动电机系统	1）检查运行工作状况，运行应平稳，且无异常振动和噪声 2）检查系统外观及连接管路，表面应清洁，管路应无渗漏现象
3	冷却系统	1）检查风冷过滤网外观，过滤网应洁净、无破损 2）检查运行工作状况，运行过程中应无异常噪声和渗漏现象 3）检查冷却液液面高度，液面高度应符合车辆维修维护手册的规定
4	充电插孔	1）检查充电插孔外观，插孔应无烧蚀、异物，插座应清洁、干燥 2）检查防护盖，防护盖应锁闭完好
5	电器舱、电池舱	1）检查电器舱舱门和电池舱舱门的关闭状态，舱门锁闭应完好有效 2）鼻嗅检查，舱体周围应无刺激性或烧焦等气味

2. 一级维护

新能源汽车一级维护主要以清洁、润滑、紧固、调整和仪器检测为主，应由新能源汽车服务企业负责执行。主要内容包括：

1）检查驱动电机：检查冷却液的液位和浓度，必要时添加冷却液和校准冷却液冰点；检查驱动电机外观与安装支架，确保驱动电机外观无裂纹无破损，安装支架无歪斜开裂等故障。

2）检查动力蓄电池：检查、拆卸、清洁电池系统冷却风道滤网，清除积尘或更换滤网；检查动力蓄电池系统状态，对单体电池一致性进行维护；检查动力蓄电池，确保表面无划伤、裂缝、变形、色差、表面涂镀层气泡脱落，安装支架无歪斜开裂等隐患；检查高压线束的外观和连接端子的腐蚀情况等。

3）检查高压控制系统：用专用诊断仪检查高压系统是否报故障，并排除相关故障；检查高压线束插接器是否紧固、确保接触面无过热、烧蚀等现象；检查绝缘防护完整性，确保高压线束绝缘防护层完整，无老化、无破损。

4）检查电动空压机、电动真空助力器、充电系统、空调等高压附件系统是否安全可靠，符合标准。

在 JT/T 1344—2020《纯电动汽车维护、检测、诊断技术规范》标准中，纯电动汽车电动系统专用装置一级维护作业项目和要求见表 4-8。

表 4-8　纯电动汽车电动系统专用装置一级维护作业项目和要求

序号	作业项目		作业要求
1	整车绝缘		检查整车绝缘电阻监测系统，绝缘电阻监测系统无报警，如存在异常情况，应进行检查并记录，绝缘电阻应符合 GB/T 18384—2020 的规定
2	动力蓄电池系统	工作状况	1）检查仪表显示的 SOC、电压、电流、温度等示值，示值应符合车辆维修维护手册的规定 2）检查电池箱压力阀的外观，阀体应无破损和堵塞
		外观	1）检查电池舱盖，电池舱盖应锁闭正常且无变形 2）检查电池箱壳体表面，壳体表面应无异常变形和破损，无磕碰及损坏，无异味和异常渗漏 3）检查电池托架结构表面，托架结构表面应无异常断裂、变形和锈蚀 4）检查系统表面是否存在积尘或杂物，对存在积尘或杂物的，应使用风枪或毛刷进行清洁，外表面应无明显积尘或杂物 5）检查电池外部高低压接口，高低压接口内部应无水迹、烧蚀等痕迹，低压通信接口端子应无变形或松动现象 6）检查高压线束及插接器，高压线束应无破损，与车辆运动部件无干涉，插接器清洁、无破损 7）检查动力蓄电池管理系统壳体、连接线束及插接器，壳体及连接线束应清洁、干燥，插接器完好，线路布设无干涉
		冷却系统	1）检查冷却液高度，视情补给或更换冷却液，液面高度应符合车辆维修维护手册的规定 2）检查冷却管路固定情况，软管与硬管连接处无异常渗漏，管路布设无干涉 3）检查散热器或冷却装置的外观，外观应清洁，连接管路应固定可靠且无异常泄漏

（续）

序号	作业项目		作业要求
3	驱动电机系统	外观	1）检查驱动电机箱体、减速器箱体及驱动电机控制器壳体外表面，外表面应无明显积尘、渗漏或裂纹，且应清洁、干燥 2）检查高压线束，线束应无破损和老化现象，接线柱无氧化腐蚀现象 3）检查连接线束，线束应清洁、干燥且线路布设无干涉
		冷却系统	1）检查冷却液液面高度，视情补给或更换冷却液，液面高度应符合车辆维修维护手册的规定 2）检查冷却管路的固定情况，软管与硬管连接处应无异常渗漏，管路布设无干涉
		润滑系统	检查润滑系统，视情补给或更换润滑油脂，润滑油液位或润滑脂使用应符合车辆维修维护手册的规定
4	高压配电系统		1）检查各系统配置及系统箱体外表面是否存在积尘或杂物，对存在积尘或杂物的，应使用风枪或毛刷对箱体外部、内部各装置及相关插接器表面等进行清洁，外表面应干燥、无积尘或杂物 2）检查主开关通断情况，主开关通断功能应有效，开关动作灵活，无卡滞现象，并紧固熔断器接线螺母，熔断器接线螺母应固定牢靠
5	高压维修开关		1）检查维修开关工作状态及外观，应无松动发热现象，无烧蚀变形 2）检查插拔、通断连接情况，插拔、通断过程中应无卡滞现象
6	车载充电机		1）检查充电机外表面是否存在积尘或杂物，对存在积尘或杂物的，应使用风枪或毛刷进行清洁，外表面应干燥、无积尘或杂物 2）检查充电工作状态，充电连接配合正常，充电保护有效
7	电源变换器		检查变换器外表面是否存在积尘或杂物，对存在积尘或杂物的应使用风枪或毛刷进行清洁，外表面应干燥、无积尘或杂物
8	电动空气压缩机		1）检查电机运行状况，电机运行应无异响 2）检查电机机体和控制器壳体等外表面是否存在积尘或杂物，对存在积尘或杂物的，应使用风枪或毛刷进行清洁，外表面应干燥、无积尘或杂物 3）检查连接线束、接线柱，线束应无破损老化，接线柱应无氧化腐蚀 4）检查控制器连接线束，线束应清洁、干燥且布线规范 5）检查电机润滑系统，视情补给或更换润滑油脂，润滑油液位或润滑脂使用应符合车辆维修维护手册的规定 6）检查电动空气压缩机管路，管路应无漏气现象 7）检查空气滤清器或油滤清器，并按规定里程或时间更换滤清器，滤清器应清洁且无破损
9	转向系统		1）检查转向电机工作状况，电机运行应无异响 2）检查电机机体和控制器壳体外表面是否存在积尘或杂物，对存在积尘或杂物的，应使用风枪或毛刷进行清洁，外表面应干燥、无积尘或杂物
10	空调系统		1）检查空调系统风机工作状况，风机运行应正常，且无异响 2）检查系统各管路连接情况，各管路应连接可靠且无松动 3）检查电动空调压缩机、正温度系数（PTC）加热器、蒸发器及冷凝器等外表面是否存在积尘或杂物，对存在积尘或杂物的，应使用风枪或毛刷进行清洁，外表面应无明显积尘或杂物，且干燥 4）检查系统连接管路外表面，管路应无渗漏、破损
11	电除霜器		检查电除霜器外表面，外表面无尘土杂物堵塞
12	充电插孔		1）检查保护盖开启和锁闭情况，保护盖的开启锁闭功能有效 2）检查充电插孔接插情况，插接应可靠无松脱 3）检查充电插孔外表面，表面应无异物、烧蚀及生锈痕迹，插座内部应干燥、清洁

(续)

序号	作业项目	作业要求
13	整车线束、插接器	1）检查整车线束外表面，线束绝缘层应无老化、破损，且无裸露 2）检查整车插接器外表面是否存在积尘或杂物，对存在积尘或杂物的，应使用风枪或毛刷进行清洁，外表面应干燥、无积尘或染物
14	制动能量回收系统	检查制动能量回收系统工作状况，仪表显示的制动能量回收反馈信息应正常有效
15	高压警告标记	检查高压警告标记是否完好、规范、清晰，粘贴是否牢固、无脱落

在 JT/T 1029—2016《混合动力电动汽车维护技术规范》标准中，混合动力电动汽车一级维护作业项目和要求表 4-9。

表 4-9　混合动力电动汽车电动系统专用装置一级维护作业项目和要求

序号	作业项目		作业内容	作业要求
1	仪表		检查仪表工作状态	1）仪表工作正常，字迹清晰或指示正确 2）信号装置报警功能正常
2	驱动电机离合器		检查离合器工作状况 检查离合器电控系统	1）离合器应分离彻底，不发抖，不打滑 2）离合器电控系统表面清洁，线路插件应连接良好
3	动力蓄电池组或超级电容组	壳体	检查离合器电控系统 检查紧固情况	1）壳体应清洁，干燥，完好，无损坏 2）壳体固定支架应牢固，无松动
		散热系统	检查风扇工作状况 检查进风软管状况及固定情况 清洁防尘网	1）风扇应工作正常，无老化、损坏 2）壳体进风软管应无破损、凹痕、卡箍应牢固 3）防尘网应清洁无杂物
		管理系统	检查模块插件固定情况 检查系统工作状况	1）模块插件应插接牢固、无腐蚀 2）管理系统数据显示应正常
4	低压电器控制系统	低压电器控制器	检查工作状况 检查固定情况 用风枪或毛刷进行清洁	1）控制器应正常工作 2）控制器应连接规范，安装牢固 3）散热器、电源插头等应清洁、干燥
		冷却风扇	检查线路连接情况 检查固定情况 清洁外观	1）线路插件应连接良好 2）风扇机体应牢固 3）风扇表面应保持清洁
5	高压电器控制系统	驱动电机	清洁外观 检查线路连接情况 检查固定情况 检查工作状况 检查冷却系统	1）电动机表面应清洁，干燥 2）线路插件应连接良好 3）电动机安装支架及减振垫应完好，牢固 4）电动机运行时，应无异常振动和噪声 5）电动机冷却系统应工作正常，无泄漏，冷却液充足

(续)

序号	作业项目		作业内容	作业要求
5	高压电器控制系统	发电机	清洁外观 检查线路连接情况 检查固定情况 检查工作状况 检查冷却系统 检查传动带工作状况	1）发电机表面应清洁，干燥 2）线路插件应连接良好 3）发电机安装支架及减振垫应完好，牢固 4）发电机运行时，应无异常振动和噪声 5）发电机冷却系统应工作正常，无异常温度变化 6）发电机传动带应无松弛、老化现象
		高压电器控制器	检查工作状况 检查固定情况并紧固 用风枪或毛刷进行清洁	1）控制器应正常工作 2）控制器应连接规范，安装牢固，接地良好，插头紧固 3）散热器、电线插头应清洁、干燥，控制器舱进、出风道应保持通畅
		主开关	检查工作状况	主开关功能正常，通、断状态良好
		断路器	检查断路器规格 检查固定情况	1）断路器规格应符合要求 2）断路器应接线牢固，无松动
		变频器	检查固定情况 清洁外观	1）变频器应接线牢固，无松动 2）变频器应保持清洁、干燥
6	线束及充电插孔		检查工作状况 检查固定情况 清洁充电插孔	1）电线、电缆应无松散、破损、老化现象，且绝缘性能良好 2）线束捆扎合理，安装牢固 3）充电插孔应清洁，并接线牢固
7	车辆标志		检查外观	车辆标志应符合 GB/T 19751—2005

3. 二级维护

新能源汽车二级维护主要为检查和调整，也就是除执行一级维护作业外，还需要检查、调整易磨损或变形的安全部件。对常规系统和高压系统进行故障诊断，以消除新能源汽车故障，使车辆恢复正常技术状况，确保汽车的各部件和整车性能处于正常状态，通常由维修企业负责执行。主要内容为：

1）常规系统检查：检查制动性能、制动力、转向轮定位、前轮定位角和转向盘自由转动量，车轮动平衡，前照灯，操纵稳定性，传动轴有无泄漏、异响、松脱、裂纹等。

2）驱动电机系统检查：检查驱动电机、电机控制器电机接线有无电击、烧蚀现象，电机端三相接线柱螺栓、逆变器输出端三相接线柱螺栓紧固无松动；车体绝缘检查；冷却检查，检查电机通风是否正常、电机冷却风扇工作是否正常、电机冷却液泵工作是否正常、冷却液位在规定范围内冷却管路接头无渗漏、管路无破损。

3）高压附件系统检查：电动转向工作正常，符合产品说明书要求；电动空压机高压上电状态下正常工作，输入、输出电压符合产品说明书要求；电动真空助力器高压上电状态下正常工作，输入、输出电压符合产品说明书要求；充电系统高压上电状态下正常工作，输入、输出电压符合产品说明书要求；电动空调压缩机在空调制冷状态下正常工作；暖气制热系统暖气制热状态下正常工作；绝缘检查，各附件系统的高压线束连接可靠、无破损，各高压系统输入、输出对车体绝缘等。

在 JT/T 1344—2020《纯电动汽车维护、检测、诊断技术规范》标准中，纯电动汽车电动系统专用装置二级维护作业项目和要求如下：

1）使用诊断仪对电动系统专用装置进行进厂检验，读取故障码并确定应维护的项目。

2）根据驾驶人反馈的车辆技术状况和电动系统专用装置进厂检验结果确定电动系统专用装置附加作业项目。

3）电动系统专用装置二级维护作业项目包括表 4-8 和上述第 2）条中确定的附加作业项目，并在此基础上有所增加，增加的项目和要求见表 4-10。

表 4-10 纯电动汽车电动系统专用装置二级维护增加的作业项目和要求

序号	作业项目	作业要求
1	动力蓄电池系统	1）检查系统安装固定情况，紧固动力蓄电池箱体及托架、动力蓄电池管理系统箱体等固定螺栓，紧固力矩应符合车辆维修维护手册的规定 2）检查高压线束、接线柱等连接固定情况，线束及接线柱的连接应固定可靠、无松脱；紧固动力蓄电池及动力蓄电池管理系统的正负极接线柱固定螺栓，紧固力矩应符合车辆维修维护手册的规定 3）检查线束固定情况，插接器连接情况，线束应固定可靠、无脱落，插接器应锁紧可靠 4）根据车辆维修维护手册要求进行气密性检查，系统气密性应符合车辆维修维护手册的规定
2	驱动电机系统	1）检查系统安装固定情况，紧固力矩应符合车辆维修维护手册的规定 2）检查高压线束、接线柱等连接固定情况，线束及接线柱的连接应固定可靠、无松脱；紧固驱动电机的三相接线柱、电机控制器的三相接线柱及正负极接线柱的固定螺栓，固定螺栓的紧固力矩应符合车辆维修维护手册的规定 3）检查线束固定情况、插接器连接情况，线束应固定可靠无脱落，插接器应锁紧可靠 4）视情况或按维修维护手册规定里程及时间要求更换轴承 5）检查电机高压接线盒内部状况，接线盒内部应干燥、无冷凝水
3	高压配电系统	1）检查系统安装固定情况，紧固高压配电装置及系统箱体的固定螺栓，紧固力矩应符合车辆维修维护手册的规定 2）检查高压线束、接线柱等连接固定情况，线束及接线柱的连接应固定可靠、无松脱 3）检查线束固定情况、插接器连接情况，线束应固定无脱落，插接器应锁紧可靠
4	高压维修开关	检查固定情况，紧固固定螺栓，紧固力矩应符合车辆维修维护手册的规定
5	车载充电机、电源变换器	1）检查机体安装固定情况，紧固固定螺栓，紧固力矩应符合车辆维修维护手册的规定 2）检查高压线束及其插接器之间的连接固定情况，线束及接线柱的连接应无松脱
6	电动空气压缩机	1）检查电机机体和控制器壳体安装情况，紧固安装固定螺栓，紧固力矩应符合车辆维修维护手册的规定 2）检查高压线束、接线柱等连接固定情况，紧固电机三相接线柱固定螺栓，紧固力矩应符合车辆维修维护手册的规定 3）检查控制器线束固定情况、插接器连接情况，线束及接线柱的连接应无松动
7	转向系统	1）检查转向电机机体和控制器壳体安装固定情况，紧固力矩应符合车辆维修维护手册的规定 2）检查高压线束、接线柱等连接固定情况，紧固转向电机的三相接线柱、电机控制器的三相接线柱及正负极接线柱的固定螺栓，紧固力矩应符合车辆维修维护手册的规定 3）检查控制器线束固定情况、插接器连接情况，线束应固定无脱落，插接器应锁紧可靠
8	空调系统、电除霜器	检查部件安装固定情况，固定螺栓的紧固力矩应符合车辆维修维护手册的规定
9	整车线束、插接器	检查线束固定情况和插接器连接情况，线束固定可靠、无脱落，插接器应锁紧可靠

4）电动系统专用装置二级维护竣工检验项目和要求见表4-11。

表4-11 纯电动汽车电动系统专用装置二级维护竣工检验项目和要求

序号	检验项目	检验要求
1	故障码	使用诊断仪进行故障诊断，应无故障信息
2	仪表、信号指示装置	仪表和信号指示装置的功能应正常，且无异常信息
3	灭火装置	灭火装置应无报警信号，压力值在正常范围内，产品装置在有效期内
4	充电状态	充电连接应配合正常，充电保护应有效
5	外观	1）高压系统部件应干燥、干净，无异物、积尘、变形破损 2）线束、插接器应无积尘、破损和老化 3）高压警告标记应齐全、规范、清晰且固定完好
6	固定情况	高压系统部件应安装牢固，线束固定可靠，插接器应锁紧可靠
7	冷却（散热）系统	动力蓄电池系统、驱动电机系统等系统冷却功能应正常有效
8	密封性	无漏油、漏液、漏气
9	路试检查	1）车辆应起动正常，起步、加速平稳且无明显冲击，动力传应无异响 2）转向应轻便，无卡滞现象；行车制动过程中制动能量回收功能正常

JT/T 1029—2016《混合动力电动汽车维护技术规范》标准规定：混合动力电动汽车二级维护除完成一级维护作业项目外，还应按表4-12完成增加的作业项目和要求。

表4-12 混合动力电动汽车电动系统专用装置二级维护增加的作业项目和要求

序号	作业项目		作业内容	作业要求
1	驱动电机离合器		调整离合器自由行程	离合器间隙应符合使用要求
2	动力蓄电池组或超级电容组	电压特性	检查电池模块或电容的电压 视情况更换电池组或电容	电压特性应符合产品说明书要求
		绝缘特性	测量壳体绝缘电阻	壳体绝缘特性应符合GB/T 18384
3	高压电气控制系统	驱动电机	冲刷水垢 补充润滑脂 检查轴承径向间隙，视情况更换 测量绝缘电阻	1）电动机冷却系统内部应无水垢 2）电动机润滑脂应充足 3）轴承径向间隙应符合产品说明书要求 4）电动机绝缘特性应符合GB/T 18384
		发电机	测量绝缘电阻 修复绝缘电阻故障	发电机绝缘特性应符合GB/T 18384
		驱动电机控制器	测量绝缘电阻 修复绝缘故障	驱动电机控制器绝缘特性应符合GB/T 18384
4	整车绝缘特性		1）测量绝缘电阻 2）修复绝缘故障	整车绝缘特性应符合GB/T 18384

混合动力电动汽车二级维护竣工检验如下：
（1）检验要求
混合动力电动汽车常规车辆和天然气专用装置的二级维护竣工检验按GB/T 18344—

2016、GB/T 27876—2011 和 JT/T 1009—2015 进行。混合动力电动汽车电动系统专用装置二级维护竣工检验应符合紧固程度、绝缘性能、安全标志和路试等检验要求。

（2）紧固检验

动力蓄电池组（超级电容组）、驱动电机、电动机冷却系统、电气控制系统、电路及其他专用装置等主要部件的安装，应符合整车厂相关维护技术要求，卡箍应位置合理、固定牢固。

（3）绝缘特性检验

动力蓄电池组（超级电容组）、驱动电机、动力发电机、电动机控制器输入/输出端、空调电动机绝缘特性以及整车绝缘特性，应符合整车厂相关维护技术要求。

（4）车辆标志检验

混合动力电动汽车车辆标志应符合 GB/T 19751—2016。

（5）路试检验

1）车辆通电后，检查仪表显示屏主界面，应无故障报警信息。动力蓄电池组（超级电容组）剩余电量应符合要求。

2）起动车辆，在车辆行驶过程中应满足：

① 车辆起动平稳，电气系统工作正常；

② 加速平稳，无明显冲击感；

③ 能量回收过程中制动、滑行均匀、平稳；

④ 行驶过程中，仪表显示屏工作正常。

4. 诊断和修理

故障诊断的目的是消除新能源汽车故障，恢复正常的车辆技术状态。主要内容为二级维护中发现的常规系统、高压系统故障以及客户主动报修的系统故障。方法和步骤如下：

1）查阅技术档案（车辆运行记录、维修记录、检测记录等）。

2）向客户了解车辆历史技术状况（汽车动力性、异响、转向、制动及动力蓄电池状态、润滑油的消耗等）。

3）使用专用设备进行现场检测并根据需要进行路试。

修理是为了消除车辆故障和排除故障隐患，恢复汽车正常的技术状况或工作能力，对损伤的零部件、高压系统和总成进行修复或更换的作业总称。修理的目的是补偿和恢复部件损伤，延长汽车的使用寿命。其主要内容包括常规部件的修复和更换、高压系统总成部件的更换（如控制模块、高压空调压缩机）等。目前动力蓄电池的维修仅限于蓄电池内独立部件更换（如高压蓄电池模组），高压系统部件外观损坏、变形严禁维修更换，应报备相应主机厂。具体修理项目和作业要求参照二级维护内容。

4.3.3 关键部件的维护

动力蓄电池系统、驱动电机、动力转向系统以及制动系统的性能关乎新能源汽车的应用性能及安全性能。这些关键部件的维护可有效延长新能源汽车使用寿命，提高使用性能。

1. 动力蓄电池系统的维护

动力蓄电池系统由动力蓄电池、电池箱以及电池管理系统构成。作为整车的动力源，动力电池对整车性能具有重要的影响。动力蓄电池组具有高电压、强电流等特点，对其进行保护和检查非常有必要。有的商用车企业对动力蓄电池提出每三个月或每行驶 5000km 要对电池单体电压进行一次检测的需求;每次更换电池时,均须检查插接器是否有磨损、松动、烧蚀等故障;每运行 10000km,需要对电池箱进行一次清理,并检查内外箱体及各个组成部件是否完好;对液冷的动力蓄电池还要进行冷却液液位检查。

(1) 动力蓄电池箱体的检查

1) 检查、维护外箱。在安装内箱之前,要检查极柱座橡胶护套是否齐全;检查极柱是否氧化,氧化面要使用 1500 目的砂纸轻轻打磨,或使用棉布用力擦,将氧化层去掉;要定期(一般为一个月)清理外箱灰尘。

2) 极柱拉弧或打火烧蚀,要及时更换。

3) 如果通信不可靠或 12V/24V 供电电源不可靠,要检查 CAN 线插接器、24V 连接插头。

4) 检查内箱。检查极柱座是否连接可靠,高压有无打火烧蚀,要定期吸尘清洁。

(2) 电池快换导轨检查(商用车和换电车型)

1) 检查快换箱体导轨轴承是否缺失。

2) 检查各轴承滚动是否顺畅,否则应及时更换轴承。

3) 检查导轨有无变形。

(3) 机械锁检查(商用车和换电车型)

机械锁采用手动解锁装置,由解锁把手解锁杆和锁口组成。

1) 检查解锁把手转动是否平顺。

2) 按下解锁把手,检查锁是否可以卡到正确的位置。

3) 检查开锁、上锁是否平顺。

(4) 冷却液液位检查

冷却液液位必须定期检查,注意以下问题:

1) 补注冷却液时,应注意避免冷却液从备用散热器向外溢出。

2) 冷却液液位应在电机降温后检查。

3) 未经鉴定合格的用于增加冷却效果的防腐剂或添加剂,不得在冷却系统内使用。

4) 用户应添加与车辆使用地区外界气温相对应的防冻液,防止冷却液冻结。

5) 补注和更换冷却液时,应使用与原厂规格相同的冷却液。若无法买到规定牌号的冷却液,可使用软水和纯水。

6) 补注和更换冷却液时,应使用正品冷却液。假冒伪劣的冷却液往往不含防腐剂,可能导致冷却系统零部件腐蚀。

7) 如果冷却液的浓度超过 60%,其比热特性就会降低,从而有可能引起电机过热现象。此外,如果浓度降至 20% 以下,其防腐特性就会降低。因此,应根据具体工况将冷却液浓度调节在 20%~60% 的范围内。

2. 驱动电机的维护

1) 每天开车前,检查是否有防冻液。若缺少防冻液,则必须补充。

2) 检查驱动电机及其控制器各固定点,检查螺栓是否松动。

3) 检查驱动电机及其控制器可见线束及插件是否存在松动、老化、破损、腐蚀等现象。

4) 每两个月检查电机本体及控制器水冷管道是否通畅,如果水冷管道有堵塞现象,则应及时清理堵塞物。

5）每半年检查清理一次电机本体及控制器的表面灰尘。清理方法：断开动力电源，用高压气枪清理电机本体及控制器表面灰尘。注意：严禁用高压气枪直接对准控制器外壳上的"呼吸器"吹气，应用软毛刷进行清理。

6）电机轴承在一个大修周期内，不需要加润滑脂。当轴承发生故障时，须将电机解体，更换轴承。

7）若电机很长时间未用，建议测量电机的绝缘电阻。绝缘电阻检查用500V兆欧表，其值应当不低于5MΩ，否则应对绕组进行干燥处理以去除潮气。去除潮气可采用下列方法之一：

① 用接近80℃的热空气干燥电机，将热空气吹过静止、不通电的电机。

② 将转子堵住，给定子绕组施加7~8V的50Hz电压。允许逐步增加电流直至定子绕组温度达到90℃，但不允许超过这一温度，不允许增加电压到足以使转子旋转。在转子旋转过程中加热时，要极其小心以免损伤转子，维持温度为90℃直到绝缘电阻稳定不变。

特别注意：开始时缓慢加热是很重要的，这样使得水蒸气能自然地通过绝缘层逸出。快速加热很可能使局部蒸汽压力过高，使水蒸气强行通过绝缘层逸出，这样会使绝缘层遭到永久破坏。一般需要花15~20h使温度上升到所需温度。经过2~3h后，重新测量绝缘电阻。考虑到温度对绝缘电阻的影响，若绝缘电阻已达到5MΩ，则可以结束电机的干燥过程。

3. 动力转向系统的维护

转向系统是汽车操纵的重要部件，特别是商用车的动力转向系统，应经常注意检查维护，否则一旦失灵，将会造成车毁人亡的事故。商用车动力转向系统维护的内容如下：

1）定期检查转向间隙：转向盘转动30mm弧长时，车轮必须转动，否则必须进行调整。

2）定期更换转向器润滑油（转向液压油），步骤如下：

① 顶起前桥至前轮离开地面。

② 放油：旋出转向机的放油螺栓，取下油罐盖，起动电机并保持空转，使系统中的油在泵的驱动下从转向机放油螺栓孔中排出，经转向盘左、右两个极限位置的多次转动，直到油液排净为止，然后重新装上放油螺栓并拧紧。

③ 注油：首先将注油罐注满油液，然后起动电机向系统内充油，同时向油罐中继续补充油液，直到油罐中无气泡上升，并且油面稳定在测试棒刻度以上1~2cm，然后旋紧油罐盖。

3）在换季维护和行驶10000km时，要检查转向油罐的油位和管路接头的密封。

4）助力转向系统在出厂时已经调好，调整螺钉不得擅自改动。若发现转向时转向盘明显沉重，应送维修站调整。

乘用车动力转向系统的维护主要针对转向器、转向臂和拉杆。

4. 制动系统的维护

（1）密封性检查

对于采用气动制动系统的电动汽车，对气密性的检查十分重要。对于多日没有使用的车辆，在开车之前必须检查。具体检查方法如下：

1）气路系统的密封性：起动压缩机，使储气压力达到0.81MPa；关闭压缩机，观察双针压力表，在10min内压力下降不得超过0.01MPa，如果超过则说明密封性不好，应进一步检查具体原因。

2）制动系统的密封性：电机关闭，踏下制动踏板保持3min，气压表的白针指示压力保持不变，说明密封性良好。

（2）维护

要定期检查制动管路的密封性，使之处于良好的工作状态，一旦发现有弯折、擦破、压扁的地方，应及时更换。排出储气筒中的冷凝水。用手拉动储气筒下面排水阀的拉环。如果排水阀被堵塞，就要把排水阀旋出，进行清理或更换。在旋出之前，要排出筒内的压缩空气，可利用多次踩动踏板的方法排出，否则可能发生危险。

乘用车如果采用电动真空助力，除气路密封性外，主要是对真空泵系统进行检查和更换，而智能制动系统可按技术手册完成操作进行检验即可。

4.3.4 汽车维修质量管理

根据我国目前的规定，汽车维修企业在进行汽车维护和修理时必须做到以下五点：

1）按照维修手册使用符合规定的专用检测仪器进行车辆故障诊断，如实填写诊断作业单（检测结果应符合国家相关技术标准或符合原厂要求）。

2）对申请索赔的客户车辆，应根据索赔要求收集故障相关现场数据、视频、照片等。

3）向客户陈述故障原因并取得客户维修确认，方可进行维修作业。二级维护及增项维修应具有过程检验，过程检验项目的技术要求应满足车辆说明书的要求，如说明书不明确的，则以国家、行业及地方标准相关要求为准。

4）车辆维修实行出厂合格证制度，维修和二级维护完成后，车间应由不重复检验员进行竣工检验。竣工检验时各项目参数应符合产品使用说明书，如使用说明书不明确时，应以国家标准、行业标准及地方标准为准。

5）竣工检验合格由检验员填写新能源汽车维护竣工出厂合格证后方可出厂。竣工检验不合格的车辆应进行进一步的检验、诊断和维护，直到达到维护竣工技术要求为止。

4.3.5 外出救援服务

外出救援服务指用户车辆因突发故障导致不能正常行驶时，向用户提供的紧急救助服务。其经营主体是提供汽车救援服务的企业、机构或个人，通常是汽车服务企业或汽车生产商，救援服务通常只是业务的一个项目。

新能源汽车外出救援服务的内容有：动力蓄电池或低压蓄电池电量耗尽、紧急汽车搭电、汽车换胎、高压绝缘故障导致的车辆无法行驶、水淹现场施救、高速拖车（对不能现场排除的故障）、高速维修等因车辆故障导致停车的现场故障诊断和抢修服务（针对易排除故障和常见小故障），以及交通事故报案和协助公安交通管理机关处理交通事故（针对交通肇事）等。

新能源整车厂通常设立全年365天，每天24h的紧急救援服务热线，作为新能源汽车企业授权的服务企业也要有自己的救援热线等。当客户的车辆出现故障，并且无法自行处理时，方便客户及时联系获得帮助。服务企业应在最短的时间内，派救援队伍实施救援服务。对于在保修期内所发生的故障，属于保修索赔范围的车辆救援服务，为不限次数、不限里程的免费救援（含出车费、拖车费）。外出救援的流程如下所述。

1. 由用户发起的救援

1) 服务企业或整车企业客服代表初步判断故障类型（是否涉及高压电系统的车辆维修）。

2) 不涉及高压电系统的一般车辆维修，如动力蓄电池电量耗尽（需拖车）、12V/24V 蓄电池搭电、更换轮胎、更换非高压零部件等。服务企业可派出救援团队，对客户车辆进行现场维修或拖运至最近充电站、店内或客户住所。

3) 涉及高压电系统的车辆维修，如更换动力蓄电池等，应及时与技术专家取得联系，并派出救援团队进行救援。如果动力蓄电池损坏或者疑似损坏，必须在与整车厂技术专家协商之后方可诊断维修。

2. 由整车厂发起的救援

1) 新能源汽车实时监控系统（RTM）一级警告，不影响用户使用，不用联系客户。

2) RTM 二级警告，影响车辆性能，限制用户行驶，客服应联系用户，咨询用户是否需要救援服务。如用户需要救援服务，服务企业应及时派出救援团队进行救援，排除故障。客户反馈不需要，应在一个月后再次联系。

3) RTM 三级警告，客服应立即联系用户，指导用户安全停车，并说明问题的严重性，同时建议用户接受救援，引导用户脱离危险区域。如果用户同意接受救援，客服致电服务商或专家团队，派出专业团队实施现场维修工作、拖车回店或者寻求三级技术支持。如果用户拒绝救援，客服应在 1h 后再次联系。

3. 救援服务规范

1) 新能源汽车服务企业救援部门应保证每天 24h 的救援服务热线全程在线；夜间时，固话转移至值班人员手机上，确保电话响应。

2) 值班接线员接到救援电话，应用标准话术询问客户遇到的故障及问题，并安排对应的外出救援工作。

3) 如果用户发生事故，就立即转给事故车定损员，第一顺位是事故车定损员 1，第二顺位是事故车定损员 2。两个事故车定损员的任何一人接到电话后，在安抚客户的同时，请客户简述车辆损失情况及事故经过，并及时报警（拨打 122），记录客户的相关信息。同时告知客户拨打车辆投保保险公司的报案电话，并要求派救援车，将车辆运送到本企业或者派车将事故车拖回。

4) 接到用户来电，立即接听电话。准确记录客户信息（用便条纸尽可能详细地记录客户的信息，不是很准确时记得提问）。向用户保证救援流程将会马上开始，给客户说明救援情况以及大概到达的时间，请客户耐心等待。如果没有办法马上开始，提供一个可以实施救援的时间，但一定不要拖延。

对于外出救援服务，各个新能源整车厂也可根据各自的实际情况作出不同的规定。具体规范：

① 外出救援服务人员应为具有相应修理经验的维修技术人员，由于新能源车高压系统电压最高可达 800V，因此从事新能源汽车维修的技术人员必须持有低压电工操作许可证。

② 外出救援服务人员必须做到 200km 以内 24h 赶到现场，200km 以上 48h 赶到现场。

③ 外出救援服务必须严格执行救援服务相关标准，填写外出救援服务登记表。

④ 若外出救援服务金额在 1000 元（不同的整车厂规定不同）以上，需要经过整车厂的

售后服务部门批准。

⑤ 外出救援服务费用结算：若故障属于索赔范围，则外出服务人员差旅费按整车厂售后服务部规定的出差标准报销；若故障为正常修理，则按经销商当地费用标准执行，整车厂不予以承担。

⑥ 外出救援服务申报方法以及具体要求：外出服务费用以索赔申请单的形式填报录入索赔软件管理系统。

4.3.6 三包及索赔

1. 新三包规定

国家市场监督管理总局公布《家用汽车产品修理、更换、退货责任规定》，简称《汽车三包规定》，自2022年1月1日起施行。该规章在2013年施行的《家用汽车产品修理、更换、退货责任规定》的基础上，进行了较大幅度的修改，主要内容如下：

（1）加大对消费者合法权益的保护力度，对经营者提出更加严格的三包责任要求

例如，规定家用汽车自三包有效期起算之日起7日内，出现因质量问题需要更换发动机、变速器、动力蓄电池、行驶驱动电机或者其主要零部件等情形的，销售者应当按照消费者的选择予以免费换车或者退车；要求生产者在三包凭证上明示家用纯电动、插电式混合动力电动汽车的动力蓄电池容量衰减限值，供消费者在选购车辆时参考；将三包有效期内同一质量问题累计修理超过5次或者整车累计修理时间超过35日予以换车的限定条件，缩减为4次、30日；消费者遗失三包凭证的，销售者应当为消费者及时免费补办等。

（2）扩大家用汽车三包调整范围

增加了新能源汽车的三包规定，将动力蓄电池、行驶驱动电机等专用部件质量问题纳入三包退换车条款；对家用皮卡车实施三包，保护皮卡车消费者权益，促进皮卡车行业快速发展；将家用汽车污染控制装置的主要零部件纳入重大质量问题退换车条款，加大对机动车排放污染的防治力度。

（3）进一步完善家用汽车相关监管制度

强化生产者的质量责任，要求生产者不得故意拖延或无正当理由拒绝销售者、修理者提出的协助、追偿等事项；加大违法行为处罚力度，对故意拖延或无正当理由拒绝承担三包责任的经营者，明确依照《中华人民共和国消费者权益保护法》第五十六条的有关规定实施处罚；借鉴国际通行做法，鼓励有关组织建立家用汽车三包责任争议处理机制，便于利用第三方专业资源免费为消费者提供公正、专业、便捷、高效的三包争议处理服务，同时降低行政和司法成本等。

2. 家用汽车产品修理、更换、退货责任规定

（1）总则

第一条 为了明确家用汽车产品修理、更换、退货（以下统称三包）责任，保护消费者合法权益，根据《中华人民共和国产品质量法》《中华人民共和国消费者权益保护法》等法律，制定本规定。

第二条 在中华人民共和国境内销售的家用汽车产品的三包，适用本规定。

第三条 三包责任由销售者依法承担。销售者依照本规定承担三包责任后，属于生产者责任或者其他经营者责任的，销售者有权向生产者、其他经营者追偿。从中华人民共和国境

外进口家用汽车产品到境内销售的企业，视为生产者。

第四条　家用汽车产品经营者之间可以订立合同约定三包责任的承担，但不得侵害消费者合法权益，不得免除或者减轻本规定所规定的质量义务和三包责任。鼓励经营者作出严于本规定、更有利于保护消费者合法权益的三包承诺。承诺一经作出，应当依法履行。

第五条　家用汽车产品消费者、经营者行使权利、履行义务或者承担责任，应当遵循诚实信用原则。家用汽车产品经营者不得故意拖延或者无正当理由拒绝消费者提出的符合本规定的三包要求。

第六条　国家市场监督管理总局（以下简称市场监管总局）负责指导协调、监督管理全国家用汽车产品三包工作，建立家用汽车产品三包信息公开制度，委托相关技术机构承担具体技术工作。县级以上地方市场监督管理部门负责指导协调、监督管理本行政区域内家用汽车产品三包工作。

（2）经营者义务

第七条　生产者生产的家用汽车产品应当符合法律、法规规定以及当事人约定的质量要求。未经检验合格，不得出厂销售。

第八条　生产者应当为家用汽车产品配备中文产品合格证或者相关证明、产品一致性证书、产品使用说明书、三包凭证、维修保养手册等随车文件。随车提供工具、附件等物品的，还应当附随车物品清单。

第九条　三包凭证应当包括下列内容：

（一）产品品牌、型号、车辆类型、车辆识别代号（VIN）、生产日期；

（二）生产者的名称、地址、邮政编码、客服电话；

（三）销售者的名称、地址、邮政编码、客服电话、开具购车发票的日期、交付车辆的日期；

（四）生产者或者销售者约定的修理者（以下简称修理者）网点信息的查询方式；

（五）家用汽车产品的三包条款、保修期、三包有效期、使用补偿系数；

（六）主要零部件、特殊零部件的种类范围，易损耗零部件的种类范围及其质量保证期；

（七）家用纯电动、插电式混合动力汽车产品的动力蓄电池在保修期、三包有效期内的容量衰减限值；

（八）按照规定需要明示的其他内容。

第十条　生产者应当向市场监管总局备案生产者基本信息、车型信息、约定的销售和修理网点资料、产品使用说明书、三包凭证、维修保养手册和退换车信息等，但生产者已经在缺陷汽车产品召回信息管理系统上备案的信息除外。备案信息发生变化的，生产者应当自变化之日起20个工作日内更新备案。

第十一条　生产者应当积极配合销售者、修理者履行其义务，不得故意拖延或者无正当理由拒绝销售者、修理者按照本规定提出的协助、追偿等事项。

第十二条　销售者应当建立进货检查验收制度，验明家用汽车产品的随车文件。

第十三条　销售者应当向消费者交付合格的家用汽车产品，并履行下列规定：

（一）与消费者共同查验家用汽车产品的外观、内饰等可以现场查验的质量状况；

（二）向消费者交付随车文件以及购车发票；

（三）按照随车物品清单向消费者交付随车工具、附件等物品；

（四）对照随车文件，告知消费者家用汽车产品的三包条款、保修期、三包有效期、使用补偿系数、修理者网点信息的查询方式；

（五）提醒消费者阅读安全注意事项并按照产品使用说明书的要求使用、维护、保养家用汽车产品。

第十四条 消费者遗失三包凭证的，可以向销售者申请补办。销售者应当及时免费补办。

第十五条 保修期内家用汽车产品因质量问题不能安全行驶的，修理者应当提供免费修理咨询服务；咨询服务无法解决的，应当开展现场服务，并承担必要的车辆拖运费用。

第十六条 保修期内修理者用于修理的零部件应当是生产者提供或者认可的合格零部件，并且其质量不得低于原车配置的零部件质量。

第十七条 修理者应当建立修理记录存档制度。修理记录保存期限不得低于 6 年。修理记录应当包括送修时间、行驶里程、消费者质量问题陈述、检查结果、修理项目、更换的零部件名称和编号、材料费、工时及工时费、车辆拖运费用、提供备用车或者交通费用补偿的情况、交车时间、修理者和消费者签名或者盖章等信息，并提供给消费者一份。消费者因遗失修理记录或者其他原因需要查阅或者复印修理记录，修理者应当提供便利。

（3）三包责任

第十八条 家用汽车产品的三包有效期不得低于 2 年或者行驶里程 5 万 km，以先到者为准；保修期不得低于 3 年或者行驶里程 6 万 km，以先到者为准。三包有效期和保修期自销售者开具购车发票之日起计算；开具购车发票日期与交付家用汽车产品日期不一致的，自交付之日起计算。

第十九条 家用汽车产品在保修期内出现质量问题或者易损耗零部件在其质量保证期内出现质量问题，消费者可以凭三包凭证选择修理者免费修理（包括免除工时费和材料费）。修理者能够通过查询相关信息系统等方式核实购买信息的，应当免除消费者提供三包凭证的义务。

第二十条 家用汽车产品自三包有效期起算之日起 60 日内或者行驶里程 3000km 之内（以先到者为准），因发动机、变速器、动力蓄电池、行驶驱动电机的主要零部件出现质量问题的，消费者可以凭三包凭证选择更换发动机、变速器、动力蓄电池、行驶驱动电机。修理者应当免费更换。

第二十一条 家用汽车产品在保修期内因质量问题单次修理时间超过 5 日（包括等待修理零部件时间）的，修理者应当自第 6 日起为消费者提供备用车，或者向消费者支付合理的交通费用补偿。经营者与消费者另有约定的，按照约定的方式予以补偿。

第二十二条 家用汽车产品自三包有效期起算之日起 7 日内，因质量问题需要更换发动机、变速器、动力蓄电池、行驶驱动电机或其主要零部件的，消费者可以凭购车发票、三包凭证选择更换家用汽车产品或者退货。销售者应当免费更换或者退货。

第二十三条 家用汽车产品自三包有效期起算之日起 60 日内或者行驶里程 3000km 之内（以先到者为准），因质量问题出现转向系统失效、制动系统失效、车身开裂、燃油泄漏或者动力蓄电池起火的，消费者可以凭购车发票、三包凭证选择更换家用汽车产品或者退货。销售者应当免费更换或者退货。

第二十四条　家用汽车产品在三包有效期内出现下列情形之一，消费者凭购车发票、三包凭证选择更换家用汽车产品或者退货的，销售者应当更换或者退货：

（一）因严重安全性能故障累计进行 2 次修理，但仍未排除该故障或者出现新的严重安全性能故障的；

（二）发动机、变速器、动力蓄电池、行驶驱动电机因其质量问题累计更换 2 次，仍不能正常使用的；

（三）发动机、变速器、动力蓄电池、行驶驱动电机、转向系统、制动系统、悬架系统、传动系统、污染控制装置、车身的同一主要零部件因其质量问题累计更换 2 次，仍不能正常使用的；

（四）因质量问题累计修理时间超过 30 日，或者因同一质量问题累计修理超过 4 次的。

发动机、变速器、动力蓄电池、行驶驱动电机的更换次数与其主要零部件的更换次数不重复计算。

需要根据车辆识别代号（VIN）等定制的防盗系统、全车主线束等特殊零部件和动力蓄电池的运输时间，以及外出救援路途所占用的时间，不计入本条第一款第（四）项规定的修理时间。

第二十五条　家用汽车产品符合本规定规定的更换条件，销售者无同品牌同型号家用汽车产品的，应当向消费者更换不低于原车配置的家用汽车产品。无不低于原车配置的家用汽车产品，消费者凭购车发票、三包凭证选择退货的，销售者应当退货。

第二十六条　销售者为消费者更换家用汽车产品或者退货，应当赔偿消费者下列损失：

（一）车辆登记费用；

（二）销售者收取的扣除相应折旧后的加装、装饰费用；

（三）销售者向消费者收取的相关服务费用。相关税费、保险费按照国家有关规定执行。

第二十七条　消费者依照本规定第二十四条第一款规定更换家用汽车产品或者退货的，应当向销售者支付家用汽车产品使用补偿费。

补偿费的计算方式为：

补偿费 = 车价款(元) × 行驶里程(km)/1000(km) × n。

使用补偿系数 n 由生产者确定并明示在三包凭证上。使用补偿系数 n 不得高于 0.5%。

第二十八条　三包有效期内销售者收到消费者提出的更换家用汽车产品或者退货要求的，应当自收到相关要求之日起 10 个工作日内向消费者作出答复。不符合更换或者退货条件的，应当在答复中说明理由。

符合更换或者退货条件的，销售者应当自消费者提出更换或者退货要求之日起 20 个工作日内为消费者完成更换或者退货，并出具换车证明或者退车证明；20 个工作日内不能完成家用汽车产品更换的，消费者可以要求退货，但因消费者原因造成的延迟除外。

第二十九条　按照本规定更换的家用汽车产品，其三包有效期和保修期自更换之日起重新计算。

第三十条　保修期内家用汽车产品所有权发生转移的，三包凭证应当随车转移。三包责任不因家用汽车产品所有权的转移而改变。

第三十一条　经营者合并、分立、变更、破产的，其三包责任按照有关法律、法规的规定执行。

第三十二条 保修期内家用汽车产品有下列情形之一的，可以免除经营者对下列质量问题承担的三包责任：

（一）消费者购买时已经被书面告知家用汽车产品存在不违反法律、法规或者强制性国家标准的瑕疵；

（二）消费者未按照使用说明书或者三包凭证要求，使用、维护、保养家用汽车产品而造成的损坏；

（三）使用说明书明示不得对家用汽车产品进行改装、调整、拆卸，但消费者仍然改装、调整、拆卸而造成的损坏；

（四）发生质量问题，消费者自行处置不当而造成的损坏；

（五）因不可抗力造成的损坏。经营者不得限制消费者自主选择对家用汽车产品维护、保养的企业，并将其作为拒绝承担三包责任的理由。

第三十三条 销售者销售按照本规定更换、退货的家用汽车产品的，应当检验合格，并书面告知其属于"三包换退车"以及更换、退货的原因。

"三包换退车"的三包责任，按照当事人约定执行。

(4) 争议的处理

第三十四条 发生三包责任争议，可以通过下列途径解决：

（一）协商和解；

（二）请求消费者协会或者依法成立的其他调解组织调解；

（三）向市场监督管理部门等有关行政机关投诉；

（四）根据当事人达成的仲裁协议提请仲裁机构仲裁；

（五）向人民法院提起诉讼。

第三十五条 鼓励有关组织建立第三方家用汽车产品三包责任争议处理机制，为消费者免费提供公正、专业、便捷、高效的汽车三包责任争议处理服务。

第三十六条 市场监督管理部门处理三包责任争议投诉举报，按照市场监督管理部门有关投诉举报处理的规定执行。省级市场监督管理部门可以建立家用汽车产品三包责任争议处理技术咨询人员库，为处理三包责任争议提供技术支持。

(5) 法律责任

第三十七条 未按照本规定第二章规定履行经营者义务，法律、法规对违法行为处罚有规定的，依照法律、法规执行；法律、法规没有规定的，予以警告，责令限期改正，情节严重的，处一万元以上三万元以下罚款。

第三十八条 故意拖延或者无正当理由拒绝承担本规定第三章规定的三包责任的，依照《中华人民共和国消费者权益保护法》第五十六条执行。

第三十九条 本规定所规定的行政处罚，由县级以上地方市场监督管理部门依法实施。行政处罚信息记入国家企业信用信息公示系统，向社会公示。

(6) 附则

第四十条 本规定下列用语的含义：

家用汽车产品，指消费者为生活消费需要而购买和使用的乘用车和皮卡车。

乘用车，指按照有关国家标准规定的除专用乘用车以外的乘用车。

质量问题，指家用汽车产品质量不符合法律、法规、强制性国家标准以及企业明示采用的标准或者明示的质量状况，或者存在影响正常使用的其他情形。

严重安全性能故障，指家用汽车产品存在的危及人身、财产安全，致使无法安全使用的质量问题，包括安全装置不能起到应有的保护作用或者存在起火等危险的情形。

单次修理时间，指自消费者与修理者确定修理之时至完成修理之时。以小时计算，每满24h，为1日；余下时间不足24h的，以1日计。

累计修理时间，指单次修理时间累加之和。

第四十一条　家用汽车产品的主要零部件、特殊零部件、易损耗零部件的种类范围，按照有关国家标准确定。

第四十二条　本规定自2022年1月1日起施行。2012年12月29日原国家质量监督检验检疫总局令第150号公布的《家用汽车产品修理、更换、退货责任规定》同时废止。

3. 标准及规范

（1）生产者

1）生产者应当向国家质检总局备案生产者的基本信息、车型信息、约定的销售和修理网点资料、产品使用说明书、三包凭证、维修保养手册、维修保养手册、三包责任争议处理和退换车信息等家用汽车产品三包有关信息，并在信息发生变化时及时更新备案。

2）家用汽车产品应当具有中文的产品合格证或相关证明以及产品使用说明书、三包凭证、维修保养手册等随车文件。产品使用说明书应当符合消费品使用说明等国家标准规定的要求。家用汽车产品所具有的使用性能、安全性能在相关标准中没有规定的，其性能指标、工作条件、工作环境等要求应当在产品使用说明书中明示。三包凭证应当包括产品品牌、型号、车辆类型规格、车辆识别代号（VIN）、生产日期；生产者名称、地址、邮政编码、客服电话；销售者名称、地址、邮政编码、电话等销售网点资料、销售日期；修理者名称、地址、邮政编码、电话等修理网点资料或者相关查询方式；家用汽车产品三包条款、保修期和三包有效期以及按照规定要求应当明示的其他内容。

3）维修保养手册应当格式规范、内容实用。随车提供工具、备件等物品的，应附有随车物品清单。

（2）销售者

1）销售者应当建立并执行进货检查验收制度，验明家用汽车产品合格证等相关证明和其他标识。

2）销售者销售家用汽车产品，应当符合下列要求：

① 向消费者交付合格的家用汽车产品以及发票。

② 按照随车物品清单等随车文件向消费者交付随车工具、备件等物品。

③ 当面查验家用汽车产品的外观、内饰等现场可查验的质量状况。

④ 明示并交付产品使用说明书、三包凭证、维修保养手册等随车文件。明示家用汽车产品三包条款、保修期和三包有效期。

⑤ 明示由生产者约定的修理者名称、地址和联系电话等修理网点资料，但不得限制消费者在上述修理网点中自主选择修理者。

⑥ 在三包凭证上填写有关销售信息。

⑦ 提醒消费者阅读安全注意事项、按产品使用说明书的要求进行使用和维护。

⑧ 对于进口家用汽车产品，销售者还应当明示并交付海关出具的货物进口证明和出入境检验检疫机构出具的进口机动车辆检验证明等资料。

（3）修理者

1）修理者应当建立并执行修理记录存档制度。书面修理记录应当一式两份，一份存档，一份提供给消费者。

2）修理记录内容应当包括送修时间、行驶里程、送修问题、检查结果、修理项目、更换的零部件名称和编号、材料费、工时和工时费、拖运费、提供备用车的信息或者交通费用补偿金额、交车时间、修理者和消费者签名或盖章等。

3）修理者应当保持修理所需要的零部件的合理储备，确保修理工作的正常进行，避免因缺少零部件而延误修理时间。用于家用汽车产品修理的零部件应当是生产者提供或者认可的合格零部件，且其质量不低于家用汽车产品生产装配线上的产品。

4）在家用汽车产品保修期和三包有效期内，家用汽车产品出现产品质量问题或严重安全性能故障而不能安全行驶或者无法行驶的，应当提供电话咨询修理服务；电话咨询服务无法解决的，应当开展现场修理服务，并承担合理的车辆拖运费。

4. 索赔管理

（1）初步判断

业务接待员在接到用户索赔电话时，应当热情主动地询问新能源车辆所遇到的具体问题。在确认客户需要进行索赔维权的情况下，初步判断车辆是否进行过保修注册登记、是否有具有该车的保修及保养手册、该车行驶里程及购买时间是否超过三包有效期和保修期、需要保修的项目是否属特殊项目或特殊配件等。

（2）属于索赔范围

初步判断客户诉求属于索赔项目，业务员应打印索赔工单，并将第一联随同派工单交到车间。已经打印的索赔工单，工单号必须准确地录入索赔管理系统，并且不得更改。如遇停电或网络故障时，应手工填写索赔工单，故障排除后应及时把工单号录入系统，并补齐相关单据。

企业维修人员向索赔员出具索赔工单及派工单，并计算维修时间，告知用户。索赔员开出领料单，并认真核对索赔项目及配件是否具有保修资格，减少前台因对索赔政策不清而导致的误赔。在维修过程中，维修人员应当准确填写修理记录，内容应当包括：送修时间、行驶里程、送修问题、检查结果、修理项目、更换的零部件名称和编号、材料费、工时和工时费、拖运费、提供备用车的信息或者交通费用等。

（3）无法确定的索赔

当业务员无法确定是否属于索赔范围或配件时应征求索赔员的意见。索赔员根据业务员所述，参考相关索赔政策给出处理意见。当索赔员无法确定时，应进一步判断该项目属于技术问题还是政策问题。如果是技术问题，请求车间技术主管协助，给出技术鉴定结论。结合技术鉴定结论给出索赔意见。如果是政策问题，可请示现场经理或技术支持中心再给出索赔意见。

4.3.7 事故车修复

与燃油汽车业务一样,新能源汽车服务企业为了控制维修服务质量,提高客户满意程度,往往也制订严格的维修服务流程,并针对流程中的每一个环节给出详细的岗位描述和作业标准,以确保事故车辆的维修质量。

1. 车辆信息及来源

新能源事故车修复业务的车辆信息来源有:车主主动来电或询问;保险公司推荐;公司主动创造的客户和回头客等。

新能源汽车用户发生事故致电询问时,接线员应主动询问车辆上的人员情况、车辆大致受损情况、车辆信息及最佳联系方式、车辆保险及事故处理情况、了解客户需求和接待车辆来店的有效途径。接线员在接到客户求助电话时,态度要体现出热情、关心、专业,询问车况要详细,具体了解车辆档案、保险背景,随时掌握车辆处理及事态发展。新能源事故车辆有可能存在漏电、燃烧、电解液喷溅或爆炸燃烧的可能性,具有极大危险性。所以,如果车辆处于危险状态,应正确引导客户远离危险区域,等待公司救援车辆。如外派人员参与施救和拖车,应严格执行相关的安全作业规程。

2. 来店接待

1)在客户到达公司后,接待员应热情、主动地介绍公司背景,强化客户第一印象。接待员应事先熟悉车辆背景、档案,快速引导客户进入维修流程详细的车辆档案信息(车辆、保险)。在准确车辆外观以及确认车内物品信息后,应和客户取得有效的联系沟通方式,并让客户带走车内贵重物品。

2)车间人员协助定损人员列出一份基本的定损清单,确定维修性质。对客户进行专业的流程引导和费用报价后,制定合理的维修费用和维修时间以及维修结算付费方式,同时拟定有效的合同依据并进行确认。

3. 维修工作

1)拆前准备:维修站工作人员了解车辆性质后,引导事故车辆停车,并对事故车辆进行拆前准备(拍照、估损、估时等)。由于新能源汽车动力蓄电池的特性,以及其着火时燃烧速度非常快、持续长、扑灭阻力大,进场的事故车必须按安全操作规程进行相关操作。

2)拆解:凭委托书最终授权人确定以后,由服务顾问通知维修工进行拆解。首先,由钣金人员对外观部件进行拆检,然后转交机修进行相应部件的拆检,准确核实车辆受损情况,详细记录受损部件、维修工时及相关辅料,并最终确认核实后,将受损单提供给备件部,协助报价过程。拆解过程中注意掌握车损备件情况,车损修复过程中及时填报费用报价、维修时间。

3)验损:在拆解估损过后,经沟通或与授权人确认后,与授权人或其委托机构进行车辆损失修复过程的内容逐一检验。估损项目必须能真实反映车损内容(工时、备件等),并向客户和授权人提供准确的报价依据和标准。在明确验损结果后,应保证合同的确认,并严格履行合同承诺。

4)确认沟通:如果车主对验损过程存在异议或不能直接确定的内容(如维修时间、缺件、不修件等),为达成其有效合同,客服人员应热情、主动地进行答疑。在适当的时机,可作出一定的服务承诺。灵活利用事实依据,使用维修接待技巧以及合理话术引导用户达成合同目的。

5）维修：在任务委托书签订后，服务顾问通知维修班组，严格按照定损单上确认项目进行事故车辆修复工作。必须严格遵循安全操作规程进行，维修过程中，企业管理人员应确保定损单上各项目准确、统一、明晰，并拟定合理维修过程，协调好维修工作，及时解决维修人员对维修项目存在的异议。同时，还要掌握车辆所需备件库存、订件周期及辅料，在维修过程中如果发现增减项应及时与客户沟通。掌握车辆每天的维修动态，对车辆维修负责质检控制，交车前一天给车主回电确认交车。

维修人员务必按定损单上维修项目进行维修作业，及时了解维修车辆所需备件和订件周期，确保维修工作的正常开展。如果发现增减项及时上报服务顾问并追踪反馈，保障维修质量，控制维修辅料的合理利用，同时保留维修旧件。维修完成后，必须实施车辆三检（自检、互检和终检），同时必须注意：涉及高压部件维修的还要进行动力蓄电池的充电检验，确保维修质量，方可联系客户交车。

6）注意事项：新能源汽车在拆解和维修过程中有触电危险，在对高压组件进行拆解和维修之前，必须严格按安全操作规程，如及时断开维修开关、维修过程中必须佩戴绝缘手套等。

4. 交车

维修完工后的车辆需进行完工检验及结算交车，具体要求如下：

1）质量检验员应核查作业项目完成情况，按相关技术标准进行完工检验，并填写完工检验单。对完工检验不合格的项目，应填写返工单，由作业人员返工直至合格，检验不合格的车辆不得交付使用。未按合同约定交付车辆的，经营者应承担相应违约责任。

2）检验合格的车辆，服务接待员应查看外观、清理车辆、清点随车物品，应视情况对车辆进行清洁并做好交车准备。清洁时应遵守电工安全操作规范，不应用水直接冲洗车辆高压系统、充电口、电器舱及散热格栅。

3）服务接待员通知客户验收接车，并将作业项目、配件材料、更换的配件、完工检验情况，以及出厂注意事项、质量保证期等内容以书面形式告知客户。服务接待员应配合客户验收车辆，填写验收结算清单，引导客户办理结算手续，并指导用户正确维护和使用车辆。重要作业项目和涉及安全的项目交付时，应向客户进行性能演示，并做好记录。

4）必须严格按照公示并备案的工时定额、单价及配件价格等核定费用，出具结算清单，结算清单应将作业的材料费、工时费及其他费用分项列出，需向客户逐项解释清单内容并由客户签字确认，客户对作业项目和费用有疑问时，应认真听取客户的意见，作出合理解释。

5）向客户完成结算手续并开具发票后，服务接待员应提醒客户下次车辆维保项目、时间或里程，并为客户办理出门手续，交付车辆钥匙、客户寄存物品、客户付费后剩余的材料等，更换下来的零部件，经征求客户意见后妥善处置。必要时，提供售后延伸服务。

5. 跟踪回访

应建立如下客户跟踪和信息反馈制度：

1）建立承修汽车记录和服务技术档案管理。

2）应开展维护或修理后跟踪回访,通过客户意见卡、电话、短信、微信或登门等方式回访客户,征询客户对车辆服务的意见,并做好记录。对客户的批评意见,应及时沟通并妥善处理。

3）跟踪服务应覆盖所有客户,回访人员应统计分析客户意见,并及时反馈给相关部门处理。对返修和客户投诉处理后的结果应继续跟踪。

4）应定期对回访结果进行汇总和分析,加强改善,满足客户的需求。

5）应开展客户满意度测评,对进厂客户开展满意度调查,输出调查分析结果,并改进服务质量。

4.3.8 其他衍生服务——洗车、美容、改装

1. 用户预约

一家专业、优质的新能源汽车服务企业不仅是维修,其他业务也应具有预约流程。这样可以减少入厂后因备件、排队等因素导致的等待时间过长,实现在客户合适时间内完成洗车、美容、改装等衍生服务。为客户带来舒适体验,留下好的第一印象,从而留住客户。预约步骤如下:

1）客户来电时,留下客户的联系方式及姓名。

2）初步了解客户的需要,准确地告知客户营业时间。

3）约定来店洽谈时应避开店内客户峰值时间,以便有更多接待时间与客户接触,充分了解客户的需求,当然预约的时间也可以以客户方便为主。

4）预约结束后一定发短信告知客户进行汽车服务的地址、店面标志。

5）及时告知店内当天、当时、当班的服务顾问做好充分的准备。

2. 接车

接车步骤如下:

1）客户来到服务企业之后,负责接待要主动迎接、热情服务,切忌车主到店无人理、无人问的情况出现。

2）了解客户的实际需求,并及时转至相关人员,直至客户满意,这是整个服务流程中重要的步骤之一。企业员工热情、诚挚地传达服务意愿,将有助于消除车主的疑虑和不安,并能让车主更清晰、坦率地描述其车辆所需要的服务。

3）对于盲目不确定的客户提供至少两套优质服务方案,以供客户参考。

4）对于详细询问的客户,要一一耐心解答该服务项目及其优点。

5）向客户确认汽车服务项目的金额。

3. 服务作业

服务作业步骤如下:

1）按照客户需求,准确地填写派工单,让客户检查并确认。确认后,向技术人员分派工作。

2）接到派工单后,技术人员应严格按照客户需求施工,并告知施工方法。施工过程中,按照服务项目操作技术标准和工艺流程进行操作。

3）施工完成后,应经过专门负责质量检验员工的检验,确认符合服务标准后,才能向车主交车。

4）技术人员应确保交付到车主手中的车，车况良好，并确认车主对交车过程和本店的服务工作是否感到满意。

5）向车主说明费用明细，还应询问车主是否需要了解其他情况，尽量让车主满意，让客户成为回头客。

4. 服务跟踪

做好汽车衍生服务工作跟踪，可保证双方关系的发展，只要汽车服务站点反应迅速，即使客户有某些抱怨或担忧，也可以及时地处理问题和化解矛盾。汽车衍生服务中，要着眼于本店与消费者的持续发展，这对汽车服务企业的稳健经营至关重要，关系到车主是否愿意再来本店消费，以及是否愿意介绍新客户。

5. 服务衍生品的销售技巧

向客户销售服务衍生品是增加产值的最有效方法，但过度推销会影响客户的满意度，甚至会导致客户流失，因此必须抓住客户的困惑点，在合适的时机，运用专业推销话术才能有效提升车辆维修产值，还能确保客户满意。

（1）空调系统杀菌除臭剂

空调系统杀菌除臭剂的作用：清洗空调管路的灰尘、霉菌等微生物；消除车内各种异味，防止病菌滋生；使车内空气清新自然、清爽宜人。

时机：需要使用空调前。

话术：天气（热、冷）了，您肯定会使用到空调的冷、暖风，在使用前需要做一次清洗杀菌维护。由于气候的变化，空调蒸发器及管路中会产生大量的细菌和霉菌，若不及时杀菌，会影响您的身体健康，甚至感到眩晕、眼睛灼烧或头痛。若只用香水或空气清新剂，只是掩盖了异味，并没有根除产生异味的细菌、霉菌。所以您这次应该做空调系统杀菌项目。

（2）清洗制动系统、制动降噪项目

制动件清洁剂的作用：清洁污垢锈蚀，改善散热性能；易挥发，干燥后不留残余物。

轮缸导向销润滑脂的作用：润滑轮缸活塞及导向销；防止卡滞，确保制动安全。

制动轮毂防锈润滑剂的作用：防止轮毂烧结和锈蚀；持久润滑，确保轮胎便于拆卸。

耐高温制动消声剂的作用：避免制动异响。

时机：正常维护时（每4万km）。

话术：车辆制动系统的正常工作非常重要，因此一定要定期维护。这次您应该做制动系统的清洁和降噪项目了。

（3）散热器清洗剂及保护剂

散热器清洗剂的作用：迅速、有效地清除冷却系统中的铁锈和水垢；避免因冷却系统锈垢而导致发动机"过热"，恢复冷却系统的散热功能。

散热器保护剂的作用：防止冷却系统中铁锈和水垢的生成；防止金属部件锈蚀，延长散热器寿命；有效润滑水泵和节温器，防止渗漏。

时机：正常维护时（每4万km）。

话术：散热器长时间使用会产生水锈、水垢及腐蚀物，若不清洗很快污染新的冷却液，影响散热效果，高温时散热器易"开锅"。清洗散热器后，再进行冷却系统防酸化项目可以让冷却液保持酸碱平衡，防止冷却液酸碱值失衡而腐蚀散热器，保持良好的散热性，延长冷却系统的使用寿命。

（4）线束线缆保护及保护剂

线束线缆保护的作用：迅速、有效地清除线束线缆上的污染物，并形成保护膜。

线束线缆保护剂的作用：防止线束线缆保护老化，从而防止短路、断路和接触不实的故障，也从而防止车辆因短路而造成的"火灾"。

时机：正常维护时（每4万km）。

话术：线束线缆保护长时间处于温度变化和环境湿度变化的环境中，易发生老化，严重的可能因此导致线路断路从而引发火灾。使用线束线缆保护剂后，可防止此类事故发生，同时由于线束始终如新，还可以增加二手车转让销售时的残值。

4.3.9 车险续保的管理

续保能力是新能源汽车服务企业保险部门核心竞争力的重要体现。在当前日趋激烈的车险市场竞争环境下，能否不断提升车险业务续保能力、提高续保率，成为能源汽车服务企业保险部门参与车险市场竞争的成败关键，也是为后续提供保险事故修复的重要保障，是新能源汽车服务企业的重要业务。

客户主动呼入要求续保的，保险部门应记录相关信息，并持续进行跟进；对未达成续保意向的客户，应进行多次电话沟通找到未续保原因，并由此进行寻求解决办法；如与客户达成续保意向，应记录相关信息，确定续保项目和签约时间。

专职保险管理员要对可续保业务的客户信息保密，不得私自泄露。一旦发现泄露客户信息，应追究责任人相关责任。

1. 操作流程

1）必须指定一名续保业务专职管理员负责续保日常管理工作，专职管理员负责每月定期从系统中提取下月即将到期的可续保清单。

2）可续保清单提取后，由续保专职管理员安排团队人员每月定期向各业务单位分发可续保业务清单，开始追踪续保项目。

3）应注意留存客户的重点续保项目资料，包括客户名称、业务经办人、可续保件数、可续保保费、保单起止日期等，便于后期进行续保需求反馈及未续保原因统计分析。

4）业务经办人接到可续保清单后，应参照核保指引及核保细则及时落实续保工作。业务经办人在续保过程中如遇到疑难问题或须资源支持的，应主动向专职管理员或相关部门提出需求，以获取必要的支援。

5）应将续保工作作为每月经营分析的一部分内容进行统计分析并上报相关部门。

2. 客户主动续保

1）在续保保护期内，客户主动联系业务人员要求续保的业务，若客户为非原业务承保单位，则受理人应及时通知上报专职管理员或相关部门。

2）对于客户主动呼入的，客服须主动了解客户上年投保情况，并请客户提供车辆信息在业务系统中进行查询，经查实是原投保客户，直接接入专职管理员安排下一步续保工作；如新投保客户，留存客户联系方式并进行标准，并及时将相关信息转交给续保业务专职管理员，并由专职管理员安排及时跟进完成续保工作。

4.4 售后服务资源管理

4.4.1 维修资料管理

新能源整车厂为保证售后服务工作的正常开展，必须对经销商实施有效的管理，而实施工具是通过下发各种资料来实现的。整车厂为经销商提供维修技术、管理等的文件资料或光盘，以便授权服务商的服务人员学习和查阅，或者提供作为处理问题的依据，如《索赔员工作手册》等，或者提供管理的标准和方法及其努力方向，如《售后服务管理手册》等或者提供有利于授权服务商的服务人员提高自身业务水平的书籍，如《自学手册》《典型案例分析》等，从而提高工作人员的技术水平和管理水平，为客户提供更加快速和满意的服务。

（1）资料的发放

授权服务商与整车厂签订意向性合作协议后，就可以到整车厂的售后服务部门领取资料。随着新技术和新车型的增加，售后服务部门将随时为各个授权服务商邮寄补发新增加的资料。资料发放一般为 2 份，一份作为维修服务人员借用，一份存档备查。

（2）资料的管理

授权服务商应对资料实行严格的管理，建立独立的资料室或在工具间内设立资料专柜，由专人负责管理。参加了整车厂培训的人员要做好授权服务商内部的培训工作，同时授权服务商应收回每期发放的资料，统一保管，以备其他员工学习和查阅。资料管理人员对管理类资料和技术类资料应分别存放。所有资料应进行编码，并建立资料明细。技术文件类的资料其配置及状态应齐备、完好、可随时借阅，并且应具有能阅读光盘版技术资料的设备。

维修技术资料应得到应有的利用，技术经理应每季度抽查 1~2 项维修项目进行考核，维修人员应会查阅维修技术资料，并按维修资料要求进行维修。维修技术资料应放在固定位置由技术经理指定专人管理，并建立资料目录及借阅档案。

管理人员对资料的借用应认真登记，并实行损坏、丢失赔偿制度，责任落实到人。授权服务商必须保证资料配备齐全。如资料经长期使用，破损严重，授权服务商应向整车厂售后服务部门申请更新。申请更新时应写出书面材料，由授权服务商负责人签字并加盖经销商业务专用章，再经整车厂的售后服务部门驻当地现场代表审核签字后，传真给售后服务部门，售后服务部门审核通过后将为其免费更新。如果因授权服务商管理不善，导致资料破损或丢失，应及时向售后服务部门申请补领，申请补领时应写出书面材料，由授权服务商负责人签字并加盖业务专用章后传真给售后服务部门。售后服务部门审核通过后将为其补发，但将收取资料成本费，并另加收 100% 的成本费作为罚金。

4.4.2 工具设备管理

新能源汽车维修工具设备是指在汽车维修生产过程中所需要的机械和仪器等，这些机械和仪器可供长期使用，并在使用中基本保持原有的实物形态。工具设备是生产中必不可少的物质基础，对其管理是以生产经营目标为依据，通过一系列的技术、经济和组织措施，对其设计制造、购置、安装、使用、维护、修理、改造、更新直至报废的全过程进行的管理。管理的目的是以最小的花费取得最佳的投资效果。为此，必须采取一系列措施，使工具设备经常处于良好技术状况，充分发挥其效能，以保证维修质量和工具设备的安全运行，促使企业生产持续健康发展，为提高企业经济效益和社会效益服务。

工具设备管理在新能源汽车维修生产中的作用主要体现在以下七个方面：

1）管理是以充分利用维修工具设备，提高维修质量和生产效率，获得最大经济效益为前提的。

2）管理是为保证机具设备具有良好的技术状况，以保证新能源汽车维修生产正常进行。

3）管理是通过不断改善工具设备技术状况和提高机具设备的技术性能来为优质、低耗、安全运行创造条件的，由此促进生产的发展，提高企业的经济效益。

加强工具设备管理，对保证企业生产的正常进行，促进维修技术进步，提高经济效益具有重要意义。工具设备管理工作主要有以下内容：

1）建立工具设备管理机构，设立专职、兼职机具设备管理人员，加强操作人员技术培训，提高其技术素质，保证合理使用机具设备，精心维护机具设备，发挥机具设备在生产中的作用。

2）根据新能源汽车维修工具设备的性能及维修工艺要求，正确合理地使用机具设备，禁止违章操作和超负荷使用，防止非正常磨损，杜绝机具设备事故发生，保持机具设备良好的技术状况和应有的精度，充分发挥机具设备的作用。

3）认真贯彻执行工具设备维护修理制度，制定机具设备维修计划，并认真组织实施，减少维修停机时间，以便及时恢复机具设备良好的技术状况和效能。

4）做好汽车维修机具设备的日常维护工作，使机具设备处于良好的润滑状态，减轻磨损，延长机具设备的使用寿命。

5）做好汽车维修机具设备的日常维护工作，包括机具设备的调入、调出登记，建档、立账，维修保管，报废及事故处理等，保证机具设备完好，不断提高机具设备的利用率。

6）做好汽车维修机具设备的改造更新工作，以适应新型车辆的维修工作，但必须考虑该机具设备技术上的先进性与经济上的合理性，做到全面考虑，权衡利弊，以提高机具设备改造更新的经济效益。

7）做好引进汽车维修机具设备、检测机具设备工作。引进国外先进机具设备是促进技术进步的重要手段，但事前必须做好一系列的行业调查与分析研究工作，保证引进的机具设备能发挥其应有的效能。

实 训 任 务

一、售后服务预约

1. 实训目标

学员能够独立完成预约登记表、预约排班表等档案表的填写，了解全套的新能源汽车售后服务预约流程，练习并掌握客户预约服务专业话术，并模拟对客户档案的整理分类和管理。

2. 操作时间及所需材料与工具

时间：30min。

实操所需材料与工具：预约登记表、预约排班表、笔记本、签字笔等。

3. 注意事项

合理使用专业话术，做到礼仪规范，认真记录模拟客户信息整理分类，思考客户需求。

4. 单据示例

××汽车新能源服务站售后服务预约排班表

服务商：											年 月 日	
预约编号	预约时间	客户姓名	车牌号	维修班组			服务顾问			预约内容	内部准备情况		预约确认（是/否/延期）	
				A	B	C	D	X	Y	Z		已落实	其他	首次确认	二次确认

填写说明：

1）每个小时应被平均划分为 4 个预约时段，每个预约时段为 15min。在同一个预约时段，预约的客户数量应不超过维修班组的总数量。

2）每一个预约时间，对应一个维修班组和一位服务顾问。

3）内部准备情况，指在和客户进行两次确认前，应检查相关的准备是否已落实，未落实的应注明原因，并进行后续的跟进和作业。

××汽车新能源服务站预约欢迎看板

欢迎您预约回厂，我们将为您提供满意的绿色服务通道，以节省您等待的时间				年 月 日
序号	预约时间	车牌号码	客户姓名	服务顾问

××汽车新能源服务商售后服务预约登记表

服务商：＿＿＿＿＿＿＿＿　　　　　　　　　　　登记日期：＿＿＿＿＿＿＿＿

服务顾问：＿＿＿＿＿＿维修技师：＿＿＿＿＿＿

客户主动预约□服务商主动预约□预约编号：＿＿＿＿＿＿＿＿

客户姓名		联系电话	
车型		行驶里程	
车牌号码		上次进店日期	
预约进店日期、时间	年　月　日　时　分		
预计交车日期、时间	年　月　日　时　分		
维修备件及工时：	维修费用估算		

客户其他需求：

首次预约状态：□成功□不成功

首次预约不成功的原因：

进店前一天预约提醒：□确认□延期新确认时间：＿＿＿＿＿＿＿＿□放弃预约

进店前一小时预约提醒：□确认□延期新确认时间：＿＿＿＿＿＿＿＿□放弃预约

本单一式两联，首联服务顾问留存，二联交车间主管进行派工

二、故障排查

1. 实训目标

学会新能源汽车车辆外部检查,掌握数字绝缘表、绝缘工具的使用方法;掌握机舱内检查,包括纯电动汽车驱动电机系统、高压辅助器件的检查与故障诊断方法,掌握底盘检查,包括动力蓄电池系统、空调系统、辅助系统的检查与故障诊断方法;学会填写问诊单及维修委托书的签订等。

2. 操作时间及所需材料与工具

时间:2课时。

实操所需材料与工具:手持式示波器、绝缘台、绝缘测试仪、绝缘垫、绝缘手套、绝缘靴、绝缘帽、新能源汽车动力蓄电池结构展示台、绝缘夹钳、高压试电笔、装有绝缘柄的工具、低压试电笔、培训用车等。

3. 注意事项

务必按照老师的指导,合理使用绝缘安全护具、检测仪器及拆卸工具等,并严格按老师示范动作操作,做到安全、正确地完成实训任务,防止造成实训检测仪器及实训车辆的损坏。老师应提前准备紧急救援用具,做好安全防范,防止意外事故的发生。

4. 单据示例

××汽车新能源服务商免费检测单

车牌		车型		日期		检查技师	
序号	项目			检查结果		技师建议	客户确认
1	电机冷却液(水位、渗漏、浓度)						
2	转向系统检查						
3	制动液(液位、渗漏)						
4	变速器油(渗漏)						
5	检查/清洁空调滤芯						
6	检查散热风扇工况						
7	检查蓄电池接线柱						
8	检查电动车窗、中控锁工况						
9	检查喇叭						
10	检查整车灯光						
11	检查底盘部件:电池包螺栓力矩、底盘螺栓、前后悬架、底盘是否有磕碰及腐蚀,线束腐蚀						
12	检查前后悬架部件及紧固状况						
13	车门铰链润滑						
14	检查刮水器系统的工作情况						
15	车轮:车轮固定螺栓力矩、胎压、车轮/轮辋是否损坏、轮胎花纹深度、磨损状况						
16	检查仪表						

××汽车新能源服务商环检问诊单

客户姓名		车牌号		行驶里程		
联系电话		VIN		进店时间	时	分
车型		颜色		预约客户	□是	□否
是否环检	□是 □否	维修类别	□维护 □机修 □钣喷 □其他	是否洗车	□是	□否

客户描述：	初步诊断：

| 问诊 | 1. 发生的时间：□突然 □（ ）天前 □（ ）月前 □其他（ ）
2. 症状出现频率：□经常 □偶尔 □__日/周/月__次
3. 工作状态：□冷机 □热机 □起动时档位（ ） □空调开/关 □其他（ ）
4. 何时发生：□发动 □急速 □起步 □行驶中 □加/减速 □转弯 □倒车 □其他
5. 道路状态：□高速路 □国道 □城市道路 □坡道 □颠簸 □其他（ ）
6. 天气状况：□全天候 □晴天 □雨天 □阴天 |

车辆环检	功能及物品确认：			
	油/液	□缺	□滴	□其他（ ）
	外部灯光	□好	□坏	□其他（ ）
	内部灯光	□好	□坏	□其他（ ）
	玻璃升降	□好	□坏	□其他（ ）
	中央门锁	□好	□坏	□其他（ ）
	空调系统	□好	□坏	□其他（ ）
	音响系统	□好	□坏	□其他（ ）
	点烟器	□有	□无	□其他（ ）
	备胎	□有	□无	□其他（ ）
	随车工具	□有	□无	□其他（ ）
	SOC位置： -Empty- 1/2 -Full-			
	车身外观确定：□完好 □划伤 □损坏			

其他事项	充电：是□ 否□

1. 本人同意贵司检查以上项目。2. 维修完成后，客户凭此单取车，并妥善保管。

客户： 日期： 服务顾问： 日期：

此单一式二联：服务顾问和客户各持一联。

××汽车新能源服务商售后服务维修委托书

经销商代码：		维修委托书号：			打印日期/时间：		
车主信息	送修人姓名		送修人电话		是否预约	□是 □否	
	邮编		地址				
车辆信息	车牌照号		品牌			车型	
	电机号		VIN				
	里程数		颜色			购车日期	
维修信息	工单类型		开单日期/时间				
	维修类别		预计交车日期/时间				
	保险公司名称						
	客户陈述						
	维修指示						
	维修工时						

序号	项目名称	维修类型	工时/数量	单价	金额

维修配件

序号	配件名称	配件编号	维修类型	配件需求数量	单价	金额

估算费用

工时费		维修材料费		合计金额	

客户维修等待：□留店 □离店　　　是否保留旧件：□保留 □不保留　　　是否有贵重物品：□有 □无

特别提示	本人同意以上检查或维修维护的服务项目以及预估费用，取车时按实际结算付款；若不进行后续维修，愿意支付因检查、诊断产生的工时费；车内已无现金及贵重物品；如因不可抗力导致的意外损失，贵司不需要负责，同意授权该店因维修诊断需要进行的路试。 温馨提示：请不要将贵重物品遗忘在车内。

服务顾问：　　　　　　　　　　　　　　客户：

三、维修进度管理

1. 实训目标

模拟维修进度管理,熟悉维修管理流程,掌握维修服务接待业务、维修及交付业务跟进等。

2. 操作时间及所需材料与工具

时间:1课时。

实操所需材料与工具:维修进度管理卡、签字笔、笔记本等。

3. 注意事项

请使用专业话术,与沟通技巧。正确处理客户的意见及问题,注意工作的灵活性。

4. 单据示例

××汽车新能源服务站维修进度管理卡

服务顾问:　　　　　　　　　　　　　　　　日期:

序号	车牌号	预计交车时间	中途跟踪1	中途跟踪2	中途跟踪3	交车半小时前跟踪	变更后跟踪1	变更后跟踪2	交车半小时前跟踪
1									
2									

使用说明:

1)客户管理卡,服务顾问人手一张,用于记录本人当天所有需跟踪的车辆信息。

2)服务顾问应随身携带此卡,跟踪车辆维修进度后及时记录。

3)建议车辆维修进度的跟踪频率:在维修过程中的总作业时长的60%时,跟踪一次;在交车前30min时跟踪一次;在时长超过预计交车时间15min后,多次跟踪。具体的跟踪次数请根据实际情况决定。

××汽车新能源服务站服务接待业务管理看板

序号	车牌号	客户	派工时间	在修车辆管理				服务顾问	备注
				交车时间					
				当日	明日上午	明日下午	2日后		

服务顾问:　　　　　　　　　　　　其他事项:

四、交车检查

1. 实训目标

掌握交车检查业务技能,熟悉维修车间管理工作及返工作业流程。

2. 操作时间及所需材料与工具

时间:1课时。

实操所需材料与工具:手持式示波器、绝缘台、绝缘测试仪、绝缘垫、绝缘手套、绝缘帽、绝缘鞋、防护镜、绝缘工具、举升机高压试电笔、低压试电笔、培训用车等。

3. 注意事项

请按照老师的指导,合理使用绝缘安全护具,并严格按老师示范动作及检测仪器使用说明操作,防止造成仪器及车辆的损坏,安全、规范地完成实训任务。

4. 单据示例

××汽车新能源服务站内部交车检查确认单

车牌号			工单号			时间		
维修项目检查	维修项目质检情况：							
	安全使用提示：							
车辆清洗检查	项目	标准	是否达到要求		项目	标准	是否达到要求	
	车身	内外饰件应无水珠、无水渍、无泡沫残留	□是	□否	轮胎	清洁无污垢	□是	□否
	玻璃		□是	□否	轮毂		□是	□否
	前机舱	无明显灰尘	□是	□否	异物	有无无法去除的沥青等异物	□有	□无

服务顾问： 　　　　　质检员：

××汽车新能源服务站车间作业管理看板

维修进度管理								预约车辆信息			
序号	车牌号	维修技师	交修时间	预计完工时间	目前车辆状态	备注 || 车牌号	进厂时间	维修类别	状态	维修技师

××汽车新能源服务站返修、返工记录表

编号				□ 返修		□ 返工		日期	
车牌号		车型			VIN			上次维修日期	
原维修技师		原班组长			诊断技师/质检员			服务顾问	
检修项目									
返修/返工原因	□ 备件品质问题		□ 工作方法不正确			□ 维修技师疏忽		□ 交接不清楚	
	□ 车辆制造品质问题		□ 设备问题			□ 管理问题		□ 其他	
采取对策	重修技师			指导者				重修费用	
	重修作业内容评述								
	采取对策								
	重修后状况								
	是否需要技术支持								
	惩罚措施								
	实施培训								
重修技师		班组长			技术主管			服务经理	

五、维修结算

1. 实训目标

了解维修结算流程，学习维修结算业务单据填写，掌握基本财务结算能力。

2. 操作时间及所需材料与工具

时间：1课时。

实操所需材料与工具：维修结算单据、签字笔、笔记本等。

3. 注意事项

按照老师的指导学习，规范填写，正确核算金额。

4. 单据示例

××汽车新能源服务站维修结算单

服务商代码				打印单号	
送修单位	工单类型				
	送修人姓名		送修人电话	工单类型	
	地址				
车辆信息	车牌号		车型	颜色	
	送修时间		完工时间	里程数	
	VIN			电机号	
承修单位	名称		地址		
	服务热线		账号		
	开户行		开户账号		

维修工时

序号	项目名称	工时/数量	单价	结算比例	承担性质	金额

维修配件

序号	配件名称	数量	单件	结算比例	承担性质	金额

工时费		维修材料费		销售材料费	
客户支付		会员积分		优惠金额	
管理费		外加工费		总计	
总计人民币（大写）					

注：该项目及应付金额经双方核实，客户签字后生效。

机动车小修竣工出厂合格证

承修单位（章）		电话	
托修单位		厂牌车型	
车牌号码		进场日期	
维修项目		结算说明	
更换配件			

机动车维修质量保证期：
① 车辆整车修理或总成修理质量保证期为车辆行驶2000km或100日。
② 二级维护质量保证期为车辆行驶5000km或30日。
③ 一级维护、小修及专项修理质量保证期为车辆行驶2000km或10日。
④ 质量保证期中行驶里程和日期指标，已先到达为准。

检验员		接车人签字	
收费对象		收费金额		客户签名	
下次维护里程		预计下次维护日期	
建议维修项目			

六、售后回访

1. 实训目标

了解回访流程,熟悉回访话术,明确回访目的,学会如何留住老客户,开发新客户。

2. 操作时间及所需材料与工具

时间:1 课时。

实操所需材料与工具:回访记录单、签字笔、笔记本。

3. 回访问题

1)在您进厂时,您的服务顾问是否能够及时接待您?

2)在您的车辆进行维修维护前,您的服务顾问是否向您说明了具体的维修维护项目?

3)在您的车辆进行维修维护前,您的服务顾问是否向您说明了具体的维修维护费用?

4)您提出的维修和维护需求,您的服务顾问是否能已经满足?

5)服务顾问是否在您车辆维修结束后主动送您离开服务店?

6)客户意见(很满意,满意,一般,或不满意)。

7)是否需要更换服务顾问?

4. 单据示例

××新能源服务站售后电话回访记录表

致电时间	离厂日期	车牌号	车主姓名	联系电话	委托书号	维修服务项目	服务顾问	维修班组
回访问题								
1	2	3	4	5	6	7		

是否进入投诉流程(是□、否□)

跟踪失败(停机□、拒接□、其他:)

注:1. 根据客户回答结果,客户意见分为很满意(5个"是"),满意(4个"是"),一般(3个"是"),不满意(其他)。

2. 只有当"客户意见"为"一般"和"不满意"时,才询问"是否需更换专属服务顾问"。

电话回访人: 电话回访日期:___年___月___日

第 5 章

企业财务管理

学习目标：
- ❖ 掌握企业财务管理的内涵和基本内容。
- ❖ 掌握企业基本财务报表的分析方法。
- ❖ 了解企业财务部门的构成和工作职责。
- ❖ 掌握新能源汽车服务企业日常结算和支出流程管理的内容。
- ❖ 掌握新能源汽车服务企业成本管理的目标与要求。
- ❖ 掌握新能源汽车服务企业营业收入与利润分配管理的内容。
- ❖ 了解新能源汽车服务企业资产管理的内容。

5.1 企业财务管理概述

新能源汽车服务企业的生产经营活动过程，一方面表现为客户提供优质的服务，另一方面表现为价值形态的资金的流入与流出。企业资金收支活动形成了企业的财务活动，企业的财务活动具体包括企业的筹资管理、投资管理、营运资金管理、利润分配管理四个方面的内容。企业在生产经营过程中，需要与所有者、债权人、员工等发生各种资金往来关系，这就形成了企业的财务关系。

5.1.1 财务管理的概念及基本概念

财务管理是在一定的整体目标下，关于资产的购置（投资）资本的融通（筹资）和经营中现金流（营运资金）以及利润分配的管理，财务管理是企业管理的一个组成部分，它是根据财经法规制度，按照财务管理的原则，组织企业财务活动，处理财务关系的一项经济管理工作。

新能源汽车服务企业财务管理具体表现在对企业资金供需的预测、组织、协调、分析、控制等方面。通过有效的财务管理活动，可以理顺企业资金流转程序和各项分配关系，以确保服务工作的顺利进行，使各方面的利益要求得到满足。

1. 财务管理的基本概念

企业财务管理最基本、最重要的概念包括四个方面：资金的时间价值、风险报酬、利率与通货膨胀、现金流转。

（1）资金的时间价值

财务管理中最基本的概念就是资金的时间价值。在一个理想化的资本市场中，资金在资本市场中会不断升值，也就是说今天的一元钱比明天的一元钱更值钱。资金会随着时间的延续而不断增值，这就是资金的时间价值。树立资金的时间价值观念，可以帮助企业更好地管理资金，提高资金的使用效率，减少资金的浪费。

（2）风险报酬

任何投资都会有风险，不同投资项目的风险与收益是互不相同的。风险越高，其预期收益也应当越高；反之亦然。在财务管理中，任何财务决策都是在风险与收益的博弈中作出的均衡决策。承担风险的同时，也可能会获得较高的报酬，即风险报酬。

（3）利率与通货膨胀

利率的波动会影响到财务管理活动，对企业的融资成本、投资期望等产生影响。随着我国利率市场化进程加快，利率波动会更加频繁，这将对企业财务管理带来巨大影响。

通货膨胀是经济发展不可避免的后果，对于企业财务工作也会产生巨大影响，将会对企业采购成本、人工成本带来巨大压力。

（4）现金流转

企业资产的流动性越来越受到重视，其中，现金流量及其流转是重要的一环。财务管理重视的是现金流量而不是会计学上的收入与成本。企业的经营现金流量必须足以偿还债务和购置为达到其经营目标所需要的资产。现金流量的充足与否将影响到公司的偿债能力。

2. 财务管理的原则

（1）系统原则

财务管理包括资金筹集，资金投放使用、耗费，资金收回、分配等几个阶段，这些阶段组成了一个相互联系的整体，具有系统性。为此，做好财务工作，必须从各组成部分的协调和统一出发，这就是财务管理的系统原则。

（2）平衡原则

平衡原则包括两个方面的平衡：一是指资金的收支在数量上和时间上达到动态的协调平衡，从而保证企业资金的正常周转循环；二是指盈利与风险之间相互保持平衡，即在企业经营活动中必须兼顾和权衡盈利与风险两个方面。承认盈利一般与风险同在的客观现实，不能只追求盈利而不顾风险；也不能因害怕风险而放弃盈利，应该趋利避险，实现两方平衡。

（3）弹性原则

在财务管理中，必须在准确和节约的同时，留有合理的调整余地，以增强企业的应变能力和抵御风险的能力。在实务中，弹性原则一般体现为实现收支平衡，略有结余。贯彻该原则的关键是防止弹性过大或过小，因为弹性过大会造成浪费，而弹性过小会带来较大的风险。

（4）成本效益原则

企业财务目标是企业价值最大化，其内涵是在规避风险的前提下，收益最大，成本最低。因而，在筹资、投资及日常的理财活动中都应进行收益与成本的比较和分析。按成本效益原则进行财务管理时，在效益方面，既要考虑短期效益，又要考虑长期效益；在成本方面，既要考虑有形的直接损耗，又要考虑资金使用的机会成本，更要考虑无形的潜在损失。

（5）利益关系协调原则

企业不仅要管理好财务活动，还要处理好财务活动中的财务关系，诸如企业与国家、所有者、债权人、债务人、企业各部门以及员工个人之间的财务关系，这些财务关系从根本上讲是经济利益关系。因此，企业要维护各方面的合法权益，合理公平地分配收益，协调好各方面的利益关系，调动各方面的积极性，创造和谐的利益分配环境，为同一个财务目标共同努力。

5.1.2 财务管理的目标和内容

1. 财务管理的目标

财务管理是企业生产经营过程的一个重要组成部分,财务管理的目标应服务企业整体目标,企业财务管理的目标就是企业财务管理活动所期望达到的成果。根据现代财务管理理论与实践,财务管理目标主要有以下五种观点。

(1) 利润最大化

在市场经济条件下,企业往往把追求利润最大化作为目标,利润最大化也成为企业财务管理要实现的目标。以利润最大化作为财务管理的目标,能够促进企业加强经济核算、提高劳动生产率,降低成本,提高经济效益,但企业的发展离不开社会的支持,盲目追求利润会导致企业忽视应承担的社会责任,忽视企业长远发展等问题。

(2) 股东财富最大化

对于股份制公司,企业属于全体股东所有。股东投资的目的是获得最多的财富增值。因此,企业的经营目标就是使股东财富最大化,财务管理的目标也是股东财富最大化。

(3) 企业价值最大化

股东价值最大化是站在股东的角度考虑企业财务管理目标的。但是,企业的生存与发展除了与股东密切相关外,也与企业的债权人以及员工有着密切的关系,单纯强调企业所有者的利益是不合适的。企业价值最大化是指企业通过合理的经营,采取正确的财务决策,充分考虑资金的时间价值和风险,使企业总价值达到最大。这是中外企业普遍公认的合理的财务目标。

(4) 利益相关者价值最大化

利益相关者是所有在企业真正拥有某种形式的投资并且处于风险之中的人,企业利益相关者包括股东、经营者、员工、债权人、客户、供应商、竞争者以及国家。由于契约的不完备性,使得利益相关者共同拥有企业的剩余索取权和剩余控制权,进而共同拥有企业的所有权。对所有权的拥有是利益相关者参与公司治理的基础,也是利益相关者权益得到应有保护的理论依据。企业不仅仅由单纯的股东或单一的利益相关者组成,而是由所有的利益相关者通过契约关系组成的。也就是说,企业是使许多冲突目标在契约关系中实现均衡的结合点。

(5) 社会价值最大化

由于企业的主体是多元的,因而涉及社会方方面面的利益关系。为此,企业目标的实现,不能仅仅从企业本身来考察,还必须从企业所从属的更大社会系统来规范。企业要在激烈的竞争环境中生存,必须与其周围的环境保持和谐,这包括与政府的关系、与员工的关系以及与社区的关系等。企业必须承担一定的社会责任,包括解决社会就业、讲求诚信、保护消费者、支持公益事业、保护环境和搞好社区建设等。社会价值最大化就是要求企业在追求企业价值最大化的同时,实现预期利益相关者的协调发展,形成企业的社会责任和经济效益间的良性循环关系。社会价值最大化是现代企业追求的基本目标之一,这一目标兼容了时间性、风险性和可持续发展等重要因素,体现了经济效益和社会效益的统一。

2. 财务管理的作用

（1）财务管理直接影响企业经营决策

企业的经营决策是有关企业总体发展和重要经营活动的决策。决策正确与否，关系到企业的生存和发展。在决策过程中，要充分发挥财务管理的作用，运用经济评价方法对备选方案进行经济可行性分析，为企业管理者正确决策提供依据，保证所选方案具有良好的经济性。

（2）财务管理是企业聚财、生财的有效工具

企业进行生产经营活动必须具备足够的资金。随着生产经营规模的不断扩大，资金也要相应增加。无论是企业开业前还是在生产经营过程中，筹集资金是保证生产经营活动正常进行的重要前提。企业在财务管理中要依法合理筹集资金，科学、有效地利用资金，提高资金使用效率，创造更多的利润。

（3）财务管理是控制和调节企业生产经营活动的必要手段

企业财务管理主要是通过价值形式对生产经营活动进行综合管理，及时反映产、供、销过程中出现的各种问题，通过资金、成本、费用控制等手段，对生产经营活动进行有效的控制和调节，使其按预定的目标进行，取得良好的经济效益。

（4）财务管理是企业执行财务法规和财经纪律的有力保证

企业的生产经营活动必须遵守国家政策，执行国家有关财务法规、制度和财经纪律。资金的筹集必须符合国家有关筹资管理的规定，成本、费用开支必须按规定的开支标准和范围执行，税金的计算和缴纳、利润的分配，都必须严格按税法和财务制度的规定执行。企业财务管理工作在监督企业经营活动、执行财务法规、遵守财经纪律方面承担着重要的使命，应起到保证作用。

3. 财务管理的任务和内容

财务管理是对企业财务活动及所涉及的资产、负债、所有者权益、收入、费用、利润等进行的管理。它包括了从企业开办到企业终止与清算的全部财务活动。

（1）筹资和投资管理

企业应按照社会主义市场经济的要求，建立企业资本金制度，确保资本金保全和完整。要采用科学的方法进行筹资和投资决策，选择有利的筹资渠道和投资方向，以取得良好的筹资效果和投资收益。

筹资也称融资，筹资管理要解决的是如何取得企业所需资金问题。它主要解决四个问题：筹集多少资金？向谁取得资金？什么时候取得资金？获取资金的成本是多少？

投资是指以收回现金并取得收益为目的而发生的现金流出。企业投资主要有两方面：一方面是进行长期投资，即对固定资产和长期有价证券的投资，也称资本性投资；另一方面是进行短期投资，即对短期有价证券、存货、应收账款等流动资产进行的投资。流动资产投资属于营运资金投资。由于长期投资时间长、风险大，决策时应重视资金的时间价值和投资的风险，合理确定投资规模、投资方向和投资方式等，使投资收益较高而风险较低。

（2）资产管理

资产管理包括流动资产管理、固定资产管理、无形资产管理、递延资产管理和其他资产的管理。资产管理的目标是合理配置各类资产，充分发挥资产的效能，最大限度地加速资产

的周转，以提高资产利用率、降低企业运行维护成本为目标，以优化企业维修资源为核心，通过信息化手段，合理安排维修计划及相关活动。通过提高设备利用率得以增加收益，通过优化安排维修资源得以降低成本，从而提高企业的经济效益和企业的市场竞争力。

（3）成本费用管理

成本费用管理是指对企业生产经营过程中生产经营费用的发生和产品成本的形成所进行的预测、计划、控制、分析和考核等一系列管理工作。加强成本费用管理是扩大生产、增加利润和提高企业竞争能力的重要手段。

（4）综合管理

综合管理包括财务指标管理体系、销售收入和盈利管理、企业终止与清算管理、企业内部经济核算管理和企业资产评估。

5.1.3 企业财务关系

企业在资金流动中与有关方面发生的经济关系即为财务关系。企业资金的筹集、使用耗费、收入和分配，与企业各方面都有着广泛联系。有以下六方面的财务关系。

（1）企业与国家之间的财务关系

即企业应按照国家税法规定交纳各种税款，在应交税款的计算和缴纳等方面体现国家与企业的分配关系。

（2）企业与投资者和受资者之间的财务关系

即投资同分享投资收益的关系。

（3）企业与债权人、债务人及往来客户之间的财务关系

即企业和债权人的资金借入和归还及利息支付等方面的财务关系、企业之间的资金结算关系和资金融通关系，包括债权关系和合同义务关系。

（4）企业与其他企业之间的财务关系

在市场经济中，各企业之间存在着分工协作的关系，因此，它们之间存在由于相互提供产品或劳务而形成的资金结算关系。

（5）企业内部各单位之间的财务关系

即企业财务部门同企业内各部门、各单位之间发生的资金结算关系。

（6）企业与职工之间的财务关系

即企业与职工之间的结算关系，体现着职工个人和集体在劳动成果上的分配关系。

5.1.4 反映企业经营结果的财务报表

企业的经营结果通过财务报表来展现，管理者通过阅读财务报表来掌握企业的资产、利润及现金流动情况，可以说财务报表是管理者的眼睛，可以帮助管理者看清全局、找准方向，能够读懂财务报表也是管理者必备的素质之一。财务报表有一定的格式，但是不同企业可以根据自身行业和经营情况设定科目，更好地体现企业的特性，也能帮助管理者更精准地把握企业的脉搏。通常使用的财务报表包括资产负债表、利润表、现金流量表、所有者权益变动表、财务报表附注等，我们这里只介绍与企业经营结果相关度更高的利润表、资产负债

表和现金流量表。

1. 利润表

利润表也叫损益表，是反映企业在一定会计期间的经营成果的财务报表，一定的会计期间通常是指一个月、一个季度或一年，它揭示的是企业在这个会计期间所实现的收入、成本、费用支出，以及企业最终实现盈亏状况。利润表最终提供给我们的信息，就是企业辛苦经营了一段时间后，到底是赚钱了还是亏钱了。通过利润表，我们可以对企业的经营业绩、管理效率作出评估，从而评价企业的未来价值。利润表是企业财务报表的三个基本报告之一，也是最直观、最常用的财务报表，有的管理者甚至只看利润表，当然我们知道只用利润表来反映企业的经营成果是非常片面的，利润表有许多局限性，需要通过其他财务报告来补足。

利润表是按照"收入－支出＝利润"这个基本关系来编制的，这个关系很好理解，同时还有一个基本概念是权责发生制，意思就是凡是当期已经实现的收入和已经发生或应当负担的费用，不论款项是否收付，都应作为当期的收入或费用处理；凡是不属于当期的收入和费用，即使款项已经在当期收付，都不作为当期的收入和费用。举个例子：当期收入包含当期产生的应收账款，虽然款项还没有收到；当期费用包含企业固定资产的折旧，虽然固定资产并不是当期采购的。这也是利润表的局限之一，很多不理解利润表编制规则的管理者，会跟自己的直观经营感受产生冲突，这也是我们必须要讲清楚利润表编制基础的原因之一。最常见的利润表形式见表5-1。

表5-1 某企业利润表

企业02表

编制单位：	2023年 3月			单位：元
项目		行数	本月数	本年累计数
一、主营业务收入		1		
减：主营业务成本		2		
主营业务税金及附加		3		
二、主营业务利润（亏损以"－"号填列）		4		
加：其他业务利润（亏损以"－"号填列）		5		
减：销售费用		6		
管理费用		7		
财务费用		8		
三、营业利润（亏损以"－"号填列）		9		
加：投资收益（损失以"－"号填列）		10		
补贴收入		11		
营业外收入		12		
减：营业外支出		13		
四、利润总额（亏损总额以"－"号填列）		14		
减：所得税		15		
五、净利润（净亏损以"－"号填列）		16		

我们暂时不考虑企业的非主营业务收入，因为非主营业务收入主要包括政府补贴、变卖固定资产或其他资产所得收入、利息收入、出租自有资产的租金收入、罚款所得等，这些都不是企业的主要和稳定持续的收入来源，如果非主营业务占总营业收入的比重过大，对一家企业来说是需要引起重视的。通过利润表，我们可以计算出以下三个重要指标。

（1）毛利率

利润表第一项主要内容是主营业务收入和主营业务成本，主营业务收入是指企业的主营项目所带来的收入，它可以根据企业的经营项目再往下细分，比如新能源汽车服务企业主营业务收入一般包括：车辆销售收入、保险代理手续费收入、精品销售收入、车辆维修工时费、配件材料费、充电服务费、汽车美容收入等，主营业务收入是企业主要经营活动产生现金流入的来源，也是评价该企业市场竞争力、盈利能力的重要指标之一，是企业追求增长的最重要的指标之一。

主营业务成本是企业在经营主要营业项目的过程中所产生的直接成本，比如新能源汽车服务企业车辆销售收入一般包括车辆采购成本、车辆维修材料费对应的配件采购成本等，如果是生产企业，那么生产的原材料、生产工人工资、直接制造费用都属于主营业务成本，主营业务成本的高低决定了企业的生存能力，也是企业能否产生盈利的重要指标之一，是企业追求降低的最重要指标之一。

毛利就是主营业务收入和主营业务成本的差额，而毛利率＝毛利/主营业务收入＝（主营业务收入－主营业务成本）/主营业务收入，毛利率是企业核心竞争力的象征，毛利率越高，实现同样规模收入所需的成本也就越低，进而更大程度地保证了企业盈利能力和经营效率。同行业同规模企业之间，不能单比较营业收入的高低，最好是辅以产品毛利率进行比较，这样的比较才有意义，才能更准确地反映企业在同行业中的市场地位。追求毛利率就是要增加营业收入、降低营业成本，而一味地追求高收入不断降低销售价格的行为会降低企业毛利率，使企业陷入不健康的竞争环境，最终导致企业亏损；降低营业成本也要在合理的范围内进行，而不是提供劣质产品，否则会导致企业丧失客户的信任。

毛利率是利润表中第一个需要得出和理解的重要指标，管理者通过利润表可以直观地得出毛利率，不但可以判断企业的经营能力，还可以通过横向和纵向的比较判断出企业供应商的选择是否合理，从而优化企业的营销和采购。

（2）费用率

通过利润表得出的第二个非常重要的财务指标就是费用率，第1章我们介绍过期间费用的概念，在利润表第二项内容中销售费用、管理费用、财务费用就是期间费用，而各项费用占营业收入的比例就是费用率。费用率在一定程度上反映了为了取得一定的营业收入所需付出的各项成本，比如营销费用率就是在企业商品销售过程中员工为了取得一定的销售收入所需付出的营销成本，薪酬费用率就是企业为了取得销售收入而必须付出的人工成本。

销售费用是指企业销售商品和材料、提供劳务的过程中发生的各种费用。我们都知道，企业在实现业务增长的过程中，需要不断扩大品牌影响力、完善营销渠道，这些都需要投入资金，这些投入都会反映在销售费用中，而销售人员的工资也包含在销售费用中。新能源汽车服务企业的销售费用一般包括经营场所租赁费、销售人员的工资、福利费、差旅费、交通费、培训费、产品运输费、包装费、装卸费、保险费、展览费、广告宣传费、商品维修费、质量三包费、业务费、折旧费等经营费用。一般而言，销售费用率越高，说明企业实现收入所需的市场投入越大。如果不是因为新产品进入市场前期投入较高，或企业所处的行业处于高度竞争状态，需要不断维持市场投入以持续的吸引客户，那么企业就需要考虑改善经营效率，否则企业迟早会被市场淘汰。

管理费用是企业为组织和管理企业生产经营所发生的各项费用，如企业管理职能部门所发生的办公室租赁费、管理人员薪酬等。新能源汽车服务企业的管理费用一般包括企业在筹建期间内发生的开办费、职能部门办公室租赁费、行政管理部门职工工资、福利费、差旅费、交通费、培训费、会议费、办公费、通信费、工会经费、中介机构费、咨询费、诉讼费、业务招待费、房产税、车船使用税、土地使用税、印花税、技术转让费、低值易耗品摊销、折旧费等。管理费用率是反映企业管理效率的指标，通常比率越低则代表管理效率越高。一家企业管理是否有效，可以通过其管理费用率来判断。那些管理效率高的企业，一般在管理费用管控上都十分严格苛刻。

财务费用是指企业为筹集生产经营所需资金而发生的各项费用，包括利息支出（减利息收入）、汇兑损益以及相关的手续费、企业发生的现金折扣或收到的现金折扣等。财务费用的比率也是企业经营效率很重要的衡量指标，例如利息支出占销售收入的比率代表每实现一元销售收入需要支付的资金成本，这可以衡量企业的资金使用效率，从而辅助判断企业的投资价值。

销售费用、管理费用和财务费用只是期间费用的总称，我们在评价企业的经营管理效率时，还需要将各项费用细化，将主要的费用比率计算出来，从而进行有效的控制。

（3）净利率

净利率是净利润占营业收入的百分比。通过上述利润表上的项目我们可以计算出净利润占主营业务收入的比例。不管企业的毛利率多高、费用率多低，最终我们都需要通过净利率来衡量企业是否能够长久持续的生存。可以说毛利率和费用率都是中间指标，而净利率才是最终目标，我们正是通过提高毛利率、控制费用率来实现提高净利率的目的，当然净利率并不是越高越好（虽然大多数情况是这样），实际上我们需要在企业所处的行业中判断净利率的范围，在合理的范围内提高净利率，而不是一味地追求净利率而丧失企业的市场占有率和竞争力。

通过对以上几个指标的分析，我们可以了解利润表的主要作用。在实际的企业经营中，我们需要通过分析企业的具体情况来设置利润表的项目，从而更好地指导企业的经营，新能源汽车服务企业的利润表见表5-2。

表5-2 某新能源汽车服务企业利润表

编制单位：××公司　　　　　　　　　　　　　　　　　　　　　　　　　　　　　　　　　单位：元

项目	行次	1月	2月	3月	4月	5月	6月	7月	8月	9月	10月	11月	12月	本年累计数
一、主营业务收入	1													
其中：车辆销售收入	2													
保险代理手续费收入	3													
精品销售收入	4													
车辆维修工时费	5													
配件材料费	6													
充电服务费	7													
减：主营业务成本	8													
其中：车辆采购成本	9													
保险促销及返利	10													
精品采购成本	11													
维修人员工资	12													
配件采购成本	13													
充电设备折旧费	14													
主营业务税金及附加	15													
二、主营业务利润	16													
加：其他业务利润	17													
减：销售费用	18													
其中：经营场所租赁费	19													
销售人员薪酬	20													
差旅交通费	21													
运输费	22													
营销费	23													
其他费用	24													
管理费用	25													
其中：办公室租金	26													
管理人员薪酬	27													
差旅交通费	28													
业务招待费	29													
各项税金	30													
其他费用	31													
财务费用	32													
其中：利息支出	33													
手续费	34													
现金折扣	35													
三、营业利润	36													
加：营业外收入	37													
减：营业外支出	38													
四、利润总额	39													
减：所得税	40													
五、净利润	41													

单位负责人：　　　　　　　　　　　复核人：

2. 资产负债表

资产负债表也称财务状况表，是表示企业在一定日期（通常为月末、季末或年末）的资产、负债和所有者权益状况的会计报表。资产负债表根据会计平衡原则，将合乎会计原则的资产、负债、所有者权益等交易科目分为"资产""负债和所有者权益"两大区块，在经过分录、转账、分类账、试算、调整等会计程序后，以特定日期的静态企业情况为基准，浓缩成一张报表。其报表功用除了企业内部除错、调整经营方向、防止弊端外，也可让阅读者在最短时间内了解企业状况，甚至可以判断出企业过去、现在和未来的经营状况。常见的资产负债表形式见表5-3。

表5-3 某企业资产负债表

资　　产	行次	年初数	期末数	负债和所有者权益	行次	年初数	期末数
流动资产：				流动负债：			
货币资金	1			短期借款	14		
应收账款	2			应付账款	15		
其他应收款	3			预收账款	16		
预付账款	4			应付工资	17		
存货	5			应付福利费	18		
待摊费用	6			应交税金	19		
待处理流动资产净损失	7			其他应付款	20		
内部往来	8			预提费用	21		
流动资产合计	9			流动负债合计	22		
固定资产：				长期负债：			
固定资产原价	10			长期借款	21		
减：累计折旧	11			负债合计	22		
固定资产合计	12			所有者权益：			
				实收资本	23		
				本年利润	24		
				未分配利润	25		
				所有者权益合计	26		
资产总计	13			负债及所有者权益总计	27		
单位负责人：			会计主管：			编制人：	

资产反映企业在某一特定日期所拥有或控制的、预期会给企业带来经济利益的资源。资产通常按照流动资产和非流动资产两大类别在资产负债表中列示，在流动资产和非流动资产

类别下进一步按性质分项。流动资产通常是指一年内可以变现的资产，非流动资产就是除流动资产以外的其他长期资产。负债是反映在某一特定日期企业所承担的、预期会导致经济利益流出企业的现时义务。负债通常按照流动负债和非流动负债在资产负债表中列示，在流动负债和非流动负债类别下再进一步按性质分项。流动负债通常是指一年内需要偿还的负债，而非流动负债就是除流动负债以外的其他长期负债。

资产和负债从字面上很好理解，而所有者权益可能会让没接触财务管理工作的人员费解。所有者权益是反映企业在某一特定日期股东（投资者）拥有的净资产的总额，一般按照实收资本、资本公积、盈余公积和未分配利润分项列示。所有者权益也可叫作股东权益，这样可能更方便所有人理解。所有者权益的分项列示中实收资本是指投资者投入企业的资金，未分配利润是指企业经营中产生的未向股东进行分配的利润，负数则为亏损。这两个项目也比较容易理解，而另外两个项目许多人不明白是什么意思。简单来说，资本公积是指企业收到投资者的超过其在企业注册资本中所占份额的投资以及除了资本溢价以外所形成的其他资本公积，举个容易理解的例子：甲投资500万成立一家企业，经营一段时间后乙预加入，因为甲已经经营一段时间，所以经甲乙商讨乙要投资800万才能占50%股份，那么甲投资的500万加上乙投资的500万共1000万为实收资本，甲乙各占50%股份，超出的300万则为资本公积。企业获得的捐赠也记入资本公积。盈余公积是指企业从税后利润中提取形成的、存留于企业内部、具有特定用途的收益积累，包括法定盈余公积、任意盈余公积、法定公益金。公益金专门用于企业职工福利设施的支出，如购建职工宿舍等方面的支出，提取的盈余公积可用于弥补亏损、扩大生产经营、转增资本或派送新股等。

资产负债表的编制基础是"资产=负债+所有者权益"，这个等式不同于利润表的编辑等式那样一目了然，下面我们从非会计程序的角度进行解释。资产是指企业的资金或资源都用在哪些地方，比如货币资金就是资金存在银行的部分，应收账款就是资金转为销售收入尚未收回的部分，存货就是资金用于购买产品且存于库房的部分，固定资产就是资金用于购买固定资产的部分。而负债和所有者权益则是企业的资金或资源来自哪里，负债就是企业从外部暂时借入的资金，比如短期借款就是企业从银行借来的资金，应付账款就是企业占用供应商的资金；所有者权益就是企业从股东处融来的资金，比如实收资本就是股东投入企业的资金，未分配利润就是股东还未拿走的资金。

我们可以这样理解：资金的来源=资金的投入。这就解释了为什么通过资产负债表可以判断出企业过去、现在、未来的经营状况，通过资产负债表，我们可以知道企业的资金过去都从哪来、用在了什么地方，现在处于什么具体状态，未来着重针对什么内容开展工作，可见资产负债表是企业非常重要的一个财务报告，管理者一定要能读懂资产负债表，掌握企业的具体经营状况。表5-4为某新能源汽车服务企业的资产负债表，通过细化资产负债表的列示可以更好地展示企业的经营状况。

表 5-4　某新能源汽车服务企业资产负债表

编制单位：　　　　　　　　　　　　　日期：　　　　　　　　　　　　　单位：元

资　　产	行次	期初数	期末数	负债和所有者权益	行次	期初数	期末数
流动资产：				流动负债			
现金	1			短期借款	34		
银行存款－基本账户	2			银行1	35		
银行存款－一般账户	3			银行2	36		
应收账款	4			应付账款	37		
客户1	5			供应商1	38		
客户2	6			供应商2	39		
客户3	7			供应商3	40		
预付账款	8			预收款项	41		
供应商1	9			客户1	42		
供应商2	10			客户2	43		
其他应收款	11			工资未发	44		
采购备用金	12			应交税费	45		
保证金押金	13			未交增值税	46		
其他	14			未交附加税	47		
坏账准备	15			未交所得税	48		
存货	16			其他应付款	49		
整车	17			个人垫付款	50		
精品	18			收取的押金保证金	51		
配件	19			一年内到期的非流动负债	52		
流动资产合计				其他流动负债	53		
非流动资产：				流动负债合计			
长期应收款	20			非流动负债：			
长期股权投资	21			长期借款	54		
公司1	22			长期应付款	55		
公司2	23			递延所得税负债	56		
固定资产	24			其他非流动负债	57		
厂房设备	25			非流动负债合计			
办公家具设备	26			负债合计			
交通运输工具	27			所有者权益（或股东权益）：			
在建工程	28			实收资本	58		
无形资产	29			股东1	59		
长期待摊费用	30			股东2	60		
装修费待摊	31			资本公积	61		
递延所得税资产	32			盈余公积	62		
其他非流动资产	33			未分配利润	63		
非流动资产合计				所有者权益合计			
资产总计				负债和所有者权益总计			
报表说明、附注							

3. 现金流量表

现金流量表是反映一定时期内（一般为月度、季度或年度）企业经营活动、投资活动和筹资活动对其现金及现金等价物所产生影响的财务报表，其组成内容与资产负债表和利润表相一致，对于与利润表相比，现金流量表能更好地评价企业的实现利润、财务状况及财务管理。作为一个分析的工具，现金流量表的主要作用是判断公司短期生存能力，特别是偿付欠款的能力，是反映一家公司在一定时期现金流入和现金流出动态状况的报表。

现金流量表提供了一家公司经营是否健康的证据。如果一家公司一段时间的经营活动产生的现金流入无法支付这段时间生产、采购、费用、利息、股东分红等支出，而是通过借款或继续融资的方式满足这些需要，那么这就给出了一个警告，这家公司从短期来看无法维持正常情况下的支出。现金流量表通过显示经营中产生现金流量的不足和不得不用借款和融资来支付的现状，从而揭示了公司内在的发展问题。

一个正常经营的企业，在创造利润的同时，还应创造现金收益，通过对现金流入来源的分析，可以对现金创造能力作出评价，并可对企业未来现金获取能力作出预测。现金流量表所揭示的现金流量信息可以从现金角度对企业偿债能力和支付能力作出更可靠、更稳健的评价。企业的净利润是以权责发生制为基础计算出来的，而现金流量表中的现金流量是以收付实现制为基础。通过对现金流量和净利润的比较分析，可以对收益的质量作出评价。投资活动是企业将一部分财力投入某一对象，以谋取更多收益的一种行为，筹资活动是企业根据财力的需求，进行直接或间接融资的一种行为，企业的投资和筹资活动和企业的经营活动密切相关。因此，对现金流量中所揭示的投资活动和筹资活动所产生的现金流入和现金流出信息，可以结合经营活动所产生的现金流量信息和企业净收益进行具体分析，从而对企业的投资活动和筹资活动作出评价。

对一个经营者来说，如果没有现金、缺乏购买与支付的能力是致命的。企业的经营者由于管理的要求亟须了解现金流量信息。另外在当前商业信誉存有诸多问题的情况下，与企业有密切关系的部门与个人投资者、银行、财税、工商等，不仅需要了解企业的资产、负债、所有者权益的结构情况与经营结果，更需要了解企业的偿还支付能力，了解企业现金流入、流出及净流量信息，因此在报税、年检、贷款、融资时都需要提供对应期间的现金流量表。

利润表的利润是根据权责发生制原则核算出来的，权责发生制贯彻递延、应计、摊销和分配原则，核算的利润与现金流量是不同步的。利润表上有利润但银行账户上没有钱的现象经常发生。近年来大家对现金流量的逐渐重视，深刻感受到权责发生制编制的利润表不能反映现金流量是个很大的缺陷。但是企业也不能因此废弃权责发生制而改为收付实现制，因为收付实现制也有很多不合理的地方。在这种情况下，根据权责发生制原则进行核算的同时，编制收付实现制的现金流量表，不失为两全其美的方法。现金流量表划分经营活动、投资活动、筹资活动，按类说明企业一个时期流入多少现金、流出多少现金及现金流量净额，进而了解现金从哪里来到哪里去了，利润表上的利润为什么没有了，从变动现金流量的角度对企业作出更加全面合理的评价。常见的现金流量表形式见表5-5。

表 5-5　某企业现金流量表

会企 03 表

单位：　　　　　　　　　　　　　年　月　　　　　　　　　　　　　单位：元

项　目	行次	全年累计	本期金额
一、经营活动产生的现金流量：			
销售商品、提供劳务收到的现金	1		
收到的税费返还	2		
收到的其他与经营活动有关的现金	3		
现金流入小计	4		
购买商品、接受劳务支付的现金	5		
支付给职工以及为职工支付的现金	6		
支付的各项税费	7		
支付的其他与经营活动有关的现金	8		
现金流出小计	9		
经营活动产生的现金流量净额	10		
二、投资活动产生的现金流量：			
收回投资所收到的现金	11		
取得投资收益所收到的现金	12		
处置固定资产、无形资产和其他长期资产所收回的现金净额	13		
收到的其他与投资活动有关的现金	14		
现金流入小计	15		
购建固定资产、无形资产和其他长期资产所支付的现金	16		
投资所支付的现金	17		
支付的其他与投资活动有关的现金	18		
现金流出小计	19		
投资活动产生的现金流量净额	20		
三、筹资活动产生的现金流量：			
吸收投资所收到的现金	21		
借款所收到的现金	22		
收到的其他与筹资活动有关的现金	23		
现金流入小计	24		
偿还债务所支付的现金	25		
分配股利、利润或偿付利息所支付的现金	26		
支付的其他与筹资活动有关的现金	27		
现金流出小计	28		
筹资活动产生的现金流量净额	29		
四、汇率变动对现金的影响额	30		
五、现金及现金等价物净增加额	31		

制表人：

单位负责人：

表 5-5 是现金流量表的主表，直观地看，现金流量表就是对资产负债表中"货币资金"期初、期末余额变动成因的详细解释。我们还可以编制附表来展示补充资料，主表的各项目金额实际上就是每笔现金流入、流出的归属，而附表的各项目金额则是相应会计账户的当期发生额或期末与期初余额的差额，这里对附表就不多加介绍了，主要介绍主表的编制原则。

经营活动的现金流入，顾名思义就是企业在经营活动中收取的现金，它不仅对应利润表中营业收入的现金部分，还对应资产负债表中上期应收账款的回收部分、本期预收账款的收取部分，如果有应收票据的话还包括应收票据的转现部分，总的来讲只要是企业进行经营活动而带来的现金都包含在内。

经营活动的现金流出是指企业在经营活动中支出的现金，它不仅对应利润表中主营业务成本的现金采购部分，还对应资产负债表中上期应付账款的支付部分、本期预付的现金采购款、本期存货的现金采购部分，当然有应付票据的话也包括应付票据的实现部分，还包括支付的员工工资、预付的房租、支付的差旅费等各项费用、支付的各项税金等，只要是企业进行经营活动而支出的现金都包含在内。

经营活动的现金流入和流出的差额就是经营活动的现金净额，净额为正表示这段时间企业的经营现金流入可以覆盖经营现金流出，企业可以正常生存。而净额为负则代表企业在这段时间的经营现金流入不足以覆盖经营现金流出，在不断地消耗企业的现金存量，或依靠不断的从外部借入和股东投入的现金来生存，如果企业的现金耗尽，也筹措不到现金，那么企业必将面临倒闭的风险，在这种时候，即便企业的营业收入和利润都在增长也无济于事。

投资活动的现金流入包括企业收回前期投资、获得投资收益、处置固定资产、无形资产等情况下的现金流入。投资活动的现金流出包括企业进行股权投资、其他短期投资、为扩大或稳定生产经营而购置固定资产、无形资产等情况下的现金流出。投资活动的现金净额就是流入和流出的差额，为正表示企业在回收投资或为了回收现金而处置资产，为负则表示企业在扩大投资、生产或处在建设的初期等，需要根据企业所处的阶段来判断净额是否合理。当企业扩大规模或开发新的利润增长点时，需要大量的现金投入，投资活动产生的现金流入量补偿不了流出量，投资活动现金净流量为负数，但如果企业投资有效，将会在未来产生现金净流入用于偿还债务，并创造收益，企业不会有偿债困难。因此，分析投资活动现金流量，应结合企业的投资项目进行，不能简单地以现金净流入还是净流出来论优劣。

筹资活动的现金流入包括吸收股东投资、向银行或其他机构和人员借贷等情况下的现金流入。筹资活动的现金流出包括偿还债务、支付借款利息、支付股利等情况下的现金流出。筹资活动的现金净额就是流入和流出的差额，为正表示企业为了扩大经营或补充现金缺失而吸收投资或借贷，为负则表示企业在偿还借款或支付股东分红等，也是需要根据企业所处的阶段来判断是否合理。一般来说，筹资活动产生的现金净流量越大，企业面临的偿债压力也越大，但如果现金净流入量主要来自于企业吸收的权益性资本，则不仅不会面临偿债压力，资金实力反而增强。因此，在分析时，可将吸收权益性资本收到的现金与筹资活动现金总流入比较，所占比重大，说明企业资金实力增强，财务风险降低。

三种情况的现金流量净额相加就是当期的现金净增加额，为正表示现金在持续流入，为负则表示现金在持续流出。流入和流出的原因可以查看具体项目的流入流出额。首先，分别计算经营活动现金流入、投资活动现金流入和筹资活动现金流入占现金总流入的比重，了解现金的主要来源。一般来说，经营活动现金流入占现金总流入比重大的企业，经营状况较好，财务风险较低，现金流入结构较为合理。其次，分别计算经营活动现金流出、投资活动现金流出和筹资活动现金流出占现金总流出的比重，它能具体反映企业的现金用于哪些方面。一般来说，经营活动现金支出比重大的企业，其生产经营状况正常，现金支出结构较为合理。再根据企业所处的经营阶段去解读，从而分析出企业目前是否出现问题，并采取相应的措施。

现金流量表作为利润表和资产负债表的重要补充，在企业经营中经常被形容为企业造血能力的展示。如果把现金比作企业的血液，企业想取得新鲜血液的办法有两种：一是为企业输血，即通过筹资活动吸收投资者投资或借入现金。吸收投资者投资，企业的受托责任增加；借入现金负债增加，今后要还本付息。但在市场经济的条件下，没有免费使用的现金，企业输血后将会付出一定的代价。二是企业自己生成血液，短期经营过程中有效地控制应收账款，延长应付账款的时间，可以获得短期的血液供应，而最终企业要想长期生存发展，必须要取得利润，获得长期的血液供应，利润是企业现金来源的最终渠道。表 5-6 为某新能源汽车服务企业现金流量表。

表 5-6 某新能源汽车服务企业现金流量表

编制单位： 年 月 单位：万元

一、经营性收款	月累计	年累计	经营性付款	月累计	年累计
销售整车收款			整车采购付款		
保险手续费收款			保险销品及返利支出		
销售精品收款			精品采购付款		
汽车维修服务收款			配件采购付款		
充电服务收款			缴纳税金		
其他经营收款			工资、奖金及其他补贴		
			社保公积金		
			预付租金		
			其他经营费用花销		
			其他经营付款		
			净额		
二、投资性收款	月累计	年累计	投资性付款	月累计	年累计
收回前期投资			长期股权投资		
投资收益			短期投资		
处置资产			购置资产		
			净额		
三、融资性收款	月累计	年累计	融资性付款	月累计	年累计
股东投资款			偿还银行贷款		
银行贷款			偿还其他借款/往来款		
其他借款/往来款			支付借款利息		
			支付股东分红		
			净额		
			现金净增加额		
			期初现金余额		
			期末现金余额		

通过现金流量表可以了解经过一段时间经营，企业筹措了多少现金，自己生成了多少现金。筹措的现金是否按计划用到企业扩大生产规模、购置固定资产、补充流动资金上，还是被无效的经营侵蚀掉了。企业筹措现金和生产现金的能力，是企业加强经营管理，合理使用调度资金的重要信息，是其他两张报表所不能反映的。当然现金流量表也有局限性，管理者要进行综合的判断，结合市场和企业经营的现状进行综合考虑，选择更利于企业发展的经营策略。

资产负债表、利润表、现金流量表是展示企业经营状况的最重要也是最基本的的三张报表，这三者之间也有相应的钩稽关系，利润表是资产负债表中未分配利润期末期初差额的具体显示，现金流量表是资产负债表中货币资金期末期初差额的具体显示。一般可以通过计算这两个钩稽关系来检查报表之间是否平衡，可以说三张报表相互联系又互为补充。企业经营中的各项财务指标基本也是根据这三张报表计算出来的。所以掌握报表的基本逻辑和阅读方法对管理者来说是非常必要的。

现代企业一般都采用会计电算化系统或自主研发的 ERP 系统中的财务模块进行财务核算，各种财务报表都可以通过系统自动生成，也可以根据企业需求自主修改报表模版，大大提高了核算效率，降低了财务人员的工作强度，并减少了核算过程中的人为错误，因此管理者更应该充分利用各种财务报表、报告来分析和指导企业的经营。

5.1.5 企业的常见财务部门构成

企业的财务管理一般通过财务部门的人员来进行，现代企业不管规模大小，都应该摒弃原来将财务部门归为后勤管理部门的观念，而应该将财务部门归为企业的战略管理部门，参与企业的战略规划，并在日常经营过程中对业务部门进行指导、规范和风控管理。一般企业的财务部门包括财务经理、会计、出纳等岗位，经营体量大的企业还可以细化出成本会计、管理会计、税务专员、开票员、结算员、应收专员以及细化部门的财务主管等岗位，经营体量小的企业只需设置会计和出纳岗位即可。下面简单举例介绍三个基本的财务岗位的岗位职责。

（1）财务经理岗位职责

1）逐步建立并完善企业财务管理体系，对财务部门的日常管理、财务预算、资金运作等各项工作进行总体控制，提升企业财务管理水平。

2）根据企业中、长期经营计划，组织编制企业年度财务工作计划与控制标准。

3）根据企业相关制度，组织各部门编制财务预算并汇总，上报总经理审核，审批后组织执行，并监督检查各部门预算的执行情况。

4）组织会计人员进行会计核算和账务处理工作，编制、汇总财务报告并及时上报。

5）监控、预测现金流量，监测企业各项财务比率，确定合理的资产负债结构，建立有效的风险控制机制。

6）负责组织企业成本管理工作，进行成本预测、控制、核算、分析和考核工作。

7）及时汇报企业经营状况、财务收支及各项财务计划的具体执行情况，为企业决策层提供财务分析与预测报告，并提出支持性的建议。

8）根据企业经营方针和财务工作需要，合理设置财务部组织结构，优化工作流程，开发和培养员工能力，对员工绩效进行管理，提升部门工作效率和员工满意度。

9）企业固定资产及其他资产的综合管理。

（2）会计岗位职责

1）每日对发生业务的流程及提交单据进行监督审核，发现问题追究各业务节点并及时通报经理。

2）完成材料采购、收入、往来、费用、成本、资产购销等的账务核算，并做到及时准确、日清日结。

3）收款收据及发票的开具监控和领用管理。

4）应收、应付、预收、预付、借款、其他应收、其他应付等往来账的对账及核销。

5）复核出纳日记账，编制银行余额调节表并对未达账项进行说明和跟踪。

6）配合财务经理进行各项财务数据的提供和分析、税务申报及统计申报。

7）各项资质证明、付款票据的使用审查。

8）会计资料的整理装订，会计档案存档。

9）配合财务经理进行各项资产的盘点和管理。

（3）出纳岗位职责

1）日常款项的收取、支付，整理单据，并与会计对接。

2）将每日收取的现金及票据送存银行，领取银行回单和对账单。

3）公司各银行票据的管理和登记，根据审核无误的付款凭证填写票据。

4）网上银行和电子支付U盾和证书的管理，根据审核无误的付款凭证办理汇款。

5）账户资金的动态管理，登记日记账，并编制上报资金日报表。

6）根据人事提供的薪酬发放表编制网银支付文档，并按时发放。

7）对采购进货的发票进行审核、汇总、认证、管理。

8）协助负责人进行融资资料的更新和整理。

9）配合财务经理进行各项资产的盘点和管理。

5.2 企业日常结算及支出流程管理

结算是指把某一时期内的所有收支情况进行总结、核算，即将社会经济生活中的交易各方因商品买卖、劳务供应等产生的债权债务通过某种方式进行清偿。支出是指企业在生产经营过程中，为获得另一项资产、为清偿债务所发生的资产的流出。本节将探讨企业日常结算及支出流程管理。

5.2.1 日常结算

在企业日常结算中，结算方式主要有两种：现金结算，即直接以现金进行支付；转账结算，即通过银行将款项从付款单位账户划转入收款单位账户。

在现金结算中，买卖双方同时在场，交货与付款是在同一时间，交易可以当面两清，手续也较简便。转账结算则不同，交货与付款在时间上不一致，往往是买卖双方并不同时在场，而且交易情况多种多样，对结算的条件有不同的要求。因此转账结算要制订多种结算方式，对付款的时间、地点、条件和交易双方的责任作出不同的规定。

企业之间商品交换的结算方式主要以转账或票据为主，由银行运用信用职能，通过转账结算方式办理结算。按照《银行结算办法》的规定，转账结算方式主要有：托收承付、委托收款、汇兑、信用证、限额结算、支票、付款委托书等。企业可以根据需要，采用上述结算方法与交易单位进行日常结算。

1. 托收承付

托收承付是销货单位根据合同发货后，委托银行向购货单位收取货款，购货单位根据合同核对单据或验货后，向银行承认付款的一种结算方式。托收承付结算方式适用于订有合同的商品交易以及由于商品交易而产生的劳务供应的款项结算，目前多数新能源汽车整车销售通常就是采用此方式。代售、寄售、赊销商品的款项，不得办理托收承付结算。

2. 委托收款

委托收款是收款人委托银行向付款人收取款项的结算方式。无论单位和个人都可以凭已承兑商业汇票、债券和存单等付款人债务证明收取同城或异地的款项。委托收款还适用于收取电话费、电费等付款人众多、分散的公用事业费等有关款项。委托收款方式便于收款人主动收款，适用范围广，不受金额起点限制。

3. 汇兑

汇兑是汇款人委托银行将款项支付给异地收款人的结算方式。汇兑分为信汇和电汇两种，企业可以根据需要选用。汇兑结算方式适用于单位和个人的各种款项的结算。汇兑结算方式便于汇款人向异地主动付款，适用性强，简便灵活。

4. 信用证

信用证是指银行根据买方的请求，开给卖方的一种保证承担支付货款责任的书面凭证。在信用证内，银行授权出口人在符合信用证所规定的条件下，以该行或其指定的银行为付款人，开具不得超过规定金额的汇票，并按规定随附装运单据，按期在指定地点收取货物。

5. 限额结算

限额结算是付款单位向其开户银行交存支付保证金，委托银行如数签发限额结算凭证，凭以向指定的收款单位在规定的限额内一次办理转账的一种结算方式。限额结算适用于各单位以及个体经济户因自提商品，采购物资以及劳务供应等资金的结算。这种结算方式有人到钱到、钱货两清的特点，很受购销双方的欢迎。

6. 支票

支票是单位和个人签发的，委托开户银行见票无条件将款项支付给收款人的票据。支票分为现金支票和转账支票两种。现金支票只能由本单位从银行提取现金时使用，转账支票只能转账。支票的日期、金额、收款人不得更改，更改的票据无效。支票结算适用于在同一票据交换区域内各种款项的结算。它是同一票据交换区域内广泛使用的结算方式。支票结算手续简便、灵活，收款人将支票交存银行，一般当日或次日即可入账用款。

7. 付款委托书

付款委托书亦称"委托付款结算"。付款单位委托其开户银行从其存款户中将款项划拨给收款单位的一种结算方式。适用于同城各单位间的商品交易、劳务供应、资金调拨及其他款项往来的结算。由付款单位填制"付款委托书"，通知开户银行，经银行审查后将款项划拨给收款单位开户银行，收入收款单位存款户内。付款委托书只能转账，不能提取现金。

由于现在各银行网络支付平台不断建设和提升,企业结算已经渐渐淘汰了现金和其他低效率的票据结算方式,主要以网上银行支付平台操作为主,不但可以实现资金的实时收付,集团企业还可以实现资金的实时归集和分配,大大提高了企业的资金运行效率。

在新能源汽车服务企业的日常结算管理中,除了出纳人员,规模较大的企业还会设置专门的结算员,负责日常经营过程中针对客户的结算收款、发票开具等工作。因为新能源汽车服务企业流动资产的价格较高,所以不管是出纳人员还是结算员,都应在结算过程中注意流动资产的核查和保护,如新车销售结算时核对车辆信息、保管车辆钥匙,维修车辆结算时核对配件用料等。

5.2.2 支出流程管理

1. 企业支出

企业支出指企业在生产经营过程中,为获得另一项资产、为清偿债务所发生的资产的流出。如企业为购买材料(例如汽车配件)、办公用品等支付或预付的款项;为偿还银行借款、应付账款及支付账款或股利所发生的资产流出;为购置固定资产、支付长期工程费用所发生的支出和生活中的消费支出等。

2. 支出管理

支出管理是一种对企业所有的支出预算进行整体规划和管理的方法。即对企业支出模式进行分析,保证资源在多个支出类别中的最优分配。有效的支出管理能够实现供应商数据的及时更新,这样采购经理就拥有正确的信息进行采购决策,同时企业内所有供应商数据库都要进行整合,避免出现重复的供应商。支出管理还能够发现低效率的采购,并进行纠正。支出管理的活动主要有:支出监控与分析,支出计划与支付,购买者管理。

按支出流程管理企业支出,能够帮助企业了解每笔支出,实现每笔支出的最大价值;能够整合所有支出相关活动,确保企业按计划执行采购,并按合同规定付款给供应商;能够提高效率,准确了解采购的物料、来源以及价格,降低供应成本和风险,提高企业生产力。

3. 企业支出管理原则

为有效管理企业支出,规范费用支出范围及标准,企业支出管理应遵循以下支出原则。

1)预算控制原则:费用支出应严格控制在规定的预算范围内,预算外支出的须经总经理批准。

2)勤俭节约原则:公司的一切费用开支都必须本着节约的原则,避免铺张浪费。

3)真实合法原则:费用支出必须以真实性、合法性为前提,不得多列虚拟经济业务。

4)严格审批原则:费用支出必须有严格的报销审批程序,不符合支出要求的费用一律不得办理。

5)及时还款原则:除备用金外的费用类借款应及时报账归还,报销时冲抵借款后方可支付余额。无正当理由逾期不归还的,财务部门可直接从工资中扣缴还款。

4. 支出流程管理示例

企业支出流程管理制度是企业管理制度的重要组成部分,对建立健全企业内部控制体系、规范企业各项财务工作起到重要作用。由于企业状况不尽相同,管理办法也往往多种多样,具体支出流程及管理办法企业可视自身情况而定。下面为某新能源汽车服务企业支出流程及管理办法示例。

某新能源汽车服务企业支出流程及管理办法

（1）借款

因公借款：因出差或办理其他公事需要到财务借款者，由本人向主管领导说明情况，填写借款申请单，写明借款事由、金额等，由公司财务负责人审核，主管领导批准，总经理审批后方可去财务部办理借款手续。前次借款未报账者不得再借。

非因公借款：原则上不予借支。如情况特殊须经总经理或董事长批准。

（2）报销

差旅费：出差人员回公司后一周内应到财务部报账，将出差所购车/船票、住宿票等，按出差标准填写、粘贴，按公司出差补助标准计算应得补助，填写差旅报账单，经主管领导批准后，交财务部审核，最后由总经理批准，财务部方能予以支付。

业务招待费：指公司因经营业务需要或重要接待活动而支付的必要费用开支。例如，招待用的茶叶、香烟、礼品等由接待部门提出需求计划，报财务部门审批后进行购买；外单位来公司的，应安排在相应餐厅就餐，就餐完毕后由负责接待的人员签字确认，统一填写费用报销审批表，粘贴好票据，交财务部经理审核，主管领导批准，最后由总经理审批后，财务部支付。

（3）办公费

购买办公用品、业务书籍、杂志和报纸等相关费用，若办公费用金额较大，须先报财务审核后，再报总经理审批；需要办公用品的部门，应于当月末将次月所需领用的办公用品清单上报给财务部，由财务部统一采购后各部门根据计划领用，其他部门不得擅自购买办公用品。必须建立《办公用品收发领用登记簿》，做到购买、保管登记、领用三者分开。报销办公费用时须准确填写购买物品的名称、数量、单价、金额等，不符合要求的发票不得作为报销凭证。

（4）会务费

参加外单位组织的相关培训、学习、开会等会务经费及公司经营工作会议费等。由经办部门提交会务预算报财务部审核，会务费应控制在会议预算范围内，不得超支。

（5）其他费用

生产经营性费用：凭税务部门的正式发票、入库验收单报财务部审核后，送总经理批准报销。

5.3 企业财务预算与财务指标设置

5.3.1 财务预算

财务预算是一个企业集中反映未来一定期间（预算年度）内现金收支、经营成果和财务状况的预算，是企业经营预算的重要组成部分。

1. 财务预算的内容

财务预算一般包括"现金预算""预计利润表"和"预计资金平衡表（预计资产负债

表)"。其中，现金预算反映企业在预算期内，由于生产经营和投资活动所引起的现金收入、现金支出和现金余缺情况；预计利润表反映企业在预算期内的经营业绩，即销售收入、变动成本、固定成本和税后净收益等构成情况；预计资金平衡表反映企业在预算期末的财务状况，即资金来源和资金占用以及它们各自的构成情况。

2. 财务预算组成

（1）预计利润表

预计利润表是综合反映预算期内企业经营活动成果的一种财务预算，它是根据销售收入、产品成本、费用等预算的有关资料编制的。预计利润表也称预计损益表，是在各项经营预算的基础上，根据权责发生制编制的损益表。它能综合反映企业计划期内预计收入、成本和预计可实现的利润或可能发生的亏损，可以揭示企业预期的盈利情况，有助于企业管理人员及时调整经营策略，是综合反映预算期内企业经营活动成果的一种财务预算。而利润表的编制则通常根据会计的收入实现原则和收入与费用配比原则来计算企业在该会计期间的利润或亏损。利润表是根据编制期间的损益类账户的本期发生额合计填列的。

预计利润表的编制依据主要包括：销售预算、费用预算、商品销售成本与毛利预算、上年同期及本年平均营业外收支额、预计本期所得税缴纳因素以及其他预计因素等。其基本原理是：

$$销售收入 - 采购成本 - 销售税金及附加 - 销售费用 - 管理费用 - 财务费用 = 利润总额$$
$$利润总额 - 所得税 = 净利润$$

企业要想确保各部门或各分公司按期实现利润目标，营收预算的执行与管控尤为重要。企业预计利润表管理体系可大致分为确定预算目标、预算编制、预算实施与控制、预算调整与分析和预算考核五部分。

1）确定预算目标。

为确保企业战略规划的实现，在完成企业营收及利润目标的同时规范部门或下属公司的经营活动，企业可根据公司自身发展战略，以及各部门拥有的市场资源、环境资源等状况，结合其他因素规划一定预计周期内的经营目标，明确各预算责任单位的努力方向，确定利润预算。确定利润预算目标有助于明确企业发展目标，使企业长期战略规划和短期经营策略紧密结合。

2）预算编制。

企业负责人将经营目标按月分解至营销部和售后服务部等一线业务部门，业务部门再将部门经营目标分解至部门内各岗位，职能部门（包括品牌部、产品部、人力资源与行政部和财务部等）编制预算支出，支持一线业务部门按照预期达成营收预算目标。然后，财务部门整合各预算责任单位数据，形成预算周期内利润预算报告初稿，提交企业审核。企业对利润预算报告初稿进行评估并确认利润预算目标后，方可下达企业预算周期内的利润预算指标。

3）预算实施与控制。

各部门收到企业下发的利润预算指标，再次落实至每个岗位，并严格执行预算目标。在预算执行期间，负责人须按一定周期（按月甚至按周）对业务部门营收预算执行进度进行跟进，控制业务幅度，避免项目毛利率低于盈亏临界值。

4）预算调整与分析。

企业利润预算执行过程中不免会受到内外环境的影响，从而造成预算编制基础与实际存在差异。预算调整必须经企业负责人和财务负责人审批，且除非外部环境出现不可抗力因素，否则不得变更预算目标。

企业应定期组织各预算部门负责人对利润预算差异进行分析，形成利润预算差异分析报告，提交企业负责人和财务负责人。围绕营业收入、毛利率、投入产出比等指标，分析并追溯利润预算差异的本质原因，以便企业突破困境，改善下个预算周期内的营收预算偏差。

5）预算考核。

为保证年度利润预算顺利达成，企业须定期进行预算考核。预算考核针对的是企业内部负责预算的各单位，企业需要定期考核其利润预算的执行情况。作为一次利润预算管理循环的总结，预算考核有助于企业经营管理者进一步了解利润预算目标和总体战略规划，为下一次预算工作积累资料和经验，是避免预计利润表流于形式的重要保证。

（2）预计资产负债表和现金流量表

通过前面章节内容的介绍，我们知道资产负债表、利润表和现金流量表是企业最重要和最基本的三张报表，所以对资产负债表和现金流量表的预算也是十分必要的，预算利润表可以确定企业的经营目标，从而确定各部门的工作目标，预算资产负债表和现金流量表就可以更精准地定义各部门的工作过程节点和重点目标，如预算利润表里的营业收入可以向各业务部门下达销售目标，而预算资产负债表就可以辅助销售目标向业务部门提出应收账款周转的目标；预算利润表里的营业成本目标可以向采购部门下达采购成本目标，而预算资产负债表就可以辅助采购成本目标向采购部门提出存货周转目标。

现金流量表的预算可以帮助企业预计资金需求，在企业初期或扩大规模期间，可以预算出实现当期销售目标对应的资金投入应该是多少，从而制定对应的融资方案，是进行股权融资还是债权融资，具体如何操作和实现等。

前文介绍过资产负债表、利润表和现金流量表之间的钩稽关系，在进行资产负债表和现金流量表的预算时就要充分利用这种钩稽关系，根据往年的资产结构和现金流入流出情况，结合本年度的资产结构改善目标和投融资计划计算出本年度各项资产数据和现金流入流出数据，再通过平衡关系进行微调，最终得出本年度的预计资产负债表和现金流量表。

（3）预计利润分配表

利润分配表是反映企业一定期间对实现净利润的分配或亏损弥补的会计报表，是利润表的附表，说明利润表上反映的净利润的分配去向。利润分配表包括在年度会计报表中，是利润表的附表。通过利润分配表，可以了解企业实现净利润的分配情况或亏损的弥补情况，了解利润分配的构成，以及年末未分配利润的数据。虽然我们在前节未单独介绍利润分配表，但在财务预算中，为了向股东呈现如何实现预计利润的分配方案，财务部门可提供利润分配表的说明和预算。

公司向股东分派股利，应按一定顺序进行。按照我国公司法的有关规定，利润分配应按下列顺序进行。

第一步，计算可供分配的利润。将净利润（或亏损）与未分配利润（或亏损）合并，计算出可供分配的利润。如果可供分配的利润为负数（即亏损），则不能进行后续分配；如果可供分配的利润为正数（即累计盈利），则进行后续分配。

第二步，计提法定盈余公积金。按抵减年初累计亏损后的净利润计提法定盈余公积金。

提取盈余公积金的基数，不是可供分配的利润，也不一定是税后利润。只有不存在年初累计亏损时，才能按税后利润计算应提取数。这种"补亏"是按账面数字进行的，与所得税法的亏损后转无关，关键在于不能用资本发放股利，也不能在没有累计盈余的情况下提取盈余公积金。

第三步，计提公益金。即按上述步骤以同样的基数计提公益金。

第四步，计提任意盈余公积金。

第五步，向股东（投资者）支付股利（分配利润）。

公司股东大会或董事会违反上述利润分配顺序，在抵补亏损和提取法定盈余公积金、公益金之前向股东分配利润的，必须将违反规定发放的利润退还公司。

(4) 分配表编制

利润分配表一般有表首、正表两部分。其中，表首说明报表名称、编制单位、编制日期、报表编号、货币名称、计量单位等；正表是利润分配表的主体，具体说明利润分配表的各项内容，每项内容通常还区分为"本年实际"和"上年实际"两栏分别填列。

在我国，利润分配表的"实际"栏，根据"本年利润"及"利润分配"科目及其所属明细科目的记录分析填列："上年实际"栏根据上年"利润分配表"填列。如果上年度利润，分配表与本年度利润分配表的项目名称和内容不一致，则按编报当年的口径对上年度报表项目的名称和数字进行调整。

3. 财务预算的作用

财务预算是企业全面预算体系的组成部分，它在全面预算体系中有以下重要作用。

(1) 财务预算使决策目标具体化、系统化和定量化

在现代企业财务管理中，财务预算全面、综合地协调、规划企业内部各部门、各层次的经济关系与职能，使之统一服从未来经营总体目标的要求；同时，财务预算又能使决策目标具体化、系统化和定量化，能够明确规定企业有关生产经营人员各自职责及相应的奋斗目标，做到人人事先心中有数。财务预算作为全面预算体系中的最后环节，可以从价值方面总括地反映经营期各种决策预算与业务预算的结果，使预算执行情况一目了然。

(2) 财务预算有助于财务目标的顺利实现

通过财务预算，可以建立评价企业财务状况的标准。将实际数与预算数对比，可及时发现问题和调整偏差，使企业的经济活动按预定的目标进行，从而实现企业的财务目标。

(3) 财务预算是总预算

财务预算是总预算，又是作为全面预算体系中的最后环节，它可以从价值方面总括地反映经营期各种决策预算与业务预算的结果，使预算执行结果一目了然。其余预算均是账务预算的辅助预算。

5.3.2 财务指标设置

财务指标指企业总结和评价财务状况和经营成果的相对指标。企业内部财务工作人员、企业股东、债权人以及外部投资者可以通过对不同财务指标的运用以及分析，更好地了解企业的运营情况以及各项财务状况。

《企业财务通则》中规定的三种财务指标为：偿债能力指标，其包括资产负债率、流动比率、速动比率；营运能力指标，其包括应收账款周转率、存货周转率；盈利能力指标，其

包括资本利润率、销售利润率（营业收入利润率）、成本费用利润率等。

1. 财务指标

（1）偿债能力指标

1）短期偿债能力指标：

$$流动比率 = 流动资产/流动负债 \times 100\%$$

一般情况下，流动比率越高，短期偿债能力越强，从债权人角度看，流动比率越高越好；从企业经营者角度看，过高的流动比率，意味着机会成本的增加和获利能力的下降。

$$速动比率 = 速动资产/流动负债 \times 100\%$$

其中：速动资产 = 货币资金 + 交易性金融资产 + 应收账款 + 应收票据

一般情况下，速动比率越高，企业偿债能力越强；但会因企业现金及应收账款占用过多而大大增加企业的机会成本。

2）长期偿债能力指标：

$$资产负债率 = 负债总额/资产总额 \times 100\%$$

一般情况下，资产负债率越小，表明企业长期偿债能力越强；从企业所有者来说，该指标过小表明对财务杠杆利用不够；企业的经营决策者应当将偿债能力指标与获利能力指标结合起来分析。

$$产权比率 = 负债总额/所有者权益总额 \times 100\%$$

一般情况下，产权比率越低，企业的长期偿债能力越强，但也表明企业不能充分地发挥负债的财务杠杆效应。

（2）运营能力指标

运营能力主要用资产的周转速度来衡量，一般来说，周转速度越快，资产的使用效率越高，则运营能力越强。资产周转速度通常用周转率和周转期（周转天数）来表示，计算公式为

$$周转率（周转次数）= 周转额/资产平均余额$$

$$周转期（周转天数）= 计算期天数/周转次数 = 资产平均余额 \times 计算期天数/周转额$$

（3）盈利能力指标

1）营业利润率：该指标越高，表明企业市场竞争力越强，发展潜力越大，盈利能力越强。

$$营业利润率 = 营业利润/营业收入 \times 100\%$$

2）成本费用利润率：该指标越高，表明企业为取得利润而付出的代价越小，成本费用控制得越好，盈利能力越强。

$$成本费用利润率 = 利润总额/成本费用总额 \times 100\%$$

成本费用总额 = 营业成本 + 营业税金及附加 + 销售费用 + 管理费用 + 财务费用

3）总资产报酬率：一般情况下，该指标越高，表明企业的资产利用效益越好，整个企业盈利能力越强。

$$总资产报酬率 = 息税前利润总额/平均资产总额 \times 100\%$$

$$息税前利润总额 = 利润总额 + 利息支出$$

4）净资产收益率：一般认为，净资产收益率越高，企业自有资本获取收益的能力越强，运营效益越好，对企业投资人、债权人的保证程度越高。

$$净资产收益率 = 净利润/平均净资产 \times 100\%$$

(4) 发展能力指标

1) 营业收入增长率：营业收入增长率大于零，表示企业本年营业收入有所增长，指标值越高表明增长速度越快，企业市场前景越好。

$$营业收入增长率 = 本年营业收入增长额/上年营业收入 \times 100\%$$

2) 资本保值增值率：一般认为，资本保值增值率越高，表明企业的资本保全状况越好，所有者权益增长越快；债权人的债务越有保障。该指标通常应大于100%。

$$资本保值增值率 = 扣除客观因素后的年末所有者权益总额/年初所有者权益总额 \times 100\%$$

3) 总资产增长率：该指标越高，表明企业一定时期内资产经营规模扩张的速度越快；分析时，需要关注资产规模扩张的质和量的关系，以及企业的后续发展能力，避免盲目扩张。

$$总资产增长率 = 本年总资产增长额/年初资产总额 \times 100\%$$

4) 营业利润增长率：

$$营业利润增长率 = 本年营业利润增长额/上年营业利润总额 \times 100\%$$

$$本年营业利润增长额 = 本年营业利润总额 - 上年营业利润总额$$

(5) 综合指标分析

综合指标分析就是将各方面指标纳入一个有机整体之中，全面地对企业经营状况、财务状况进行揭示和披露，从而对企业经济效益的优劣作出准确的判断和评价。综合财务指标体系必须具备三个基本要素：指标要素齐全适当，主辅指标功能匹配，满足多方信息需要。

2. 财务指标的选择

财务工作实践中，通过对企业财务状况和经营成果进行解剖和分析，能够对企业经济效益的优劣作出准确的评价与判断。而作为评价与判断标准的财务指标的选择和运用尤为重要。

(1) 根据企业选指标

要根据不同的对象确定不同的指标。财政部颁布的财务分析指标有近30个，但具体到某个企业的一般性分析不必全都选择。一般企业可选择常用的净资产收益率、总资产报酬率、主营业务利润率、成本费用利润率、总资产周转率、流动资产周转率、应收账款周转率、资产负债率、速动比率、资本积累率10项具有代表性的指标。

(2) 严把指标运算关

1) 了解指标生成的运算过程。会计电算化进入日常工作后，财务指标数据由计算机自动生成，许多指标的计算过程被忽略，若指标波动大，计算生成的结果就不准确。如总资产周转率，如果资金占用的波动性较大，企业就应采用更详细的资料进行计算，如按照各月份的资金占用额计算，不能用期初与期末的算术平均数作为平均资产。若不了解指标生成的运算过程，就不了解指标的组成因素及各因素体现的管理方面的问题，从而发现控制方向和筛除不真实的因素就无从谈起。

2) 进行对比的各个时期的指标在计算口径上必须一致。如计算存货周转率时，不同时期或不同企业存货计价方法的口径要一致，分子（主营业务成本）与分母（平均存货）在时间上要具有对应性，否则无法进行比较。

3) 剔除偶发性项目的影响，使被分析的数据能反映正常的经营状况。如企业决算报表年终审计后,往往要调整年初或本期数,若调整数字涉及若干年度,分析时就应剔除上年度以前的影响数,这样指标才能反映出企业本年和上年的财务和经营状况的实际情况。

4)适当地运用简化形式。如平均资产总额的确定,若资金占用波动不大,就可用期初、期末的算术平均值,不必使用更详尽的计算资料。

(3)公用标准讲科学

财务分析过程需要运用公认科学的标准尺度,对当期指标进行评价。一般采用以下四类指标和标准。

1)预定目标:如预算指标、设计指标、定额指标、理论指标等。

2)历史标准:如上期实际、上年同期实际、历史先进水平以及有典型意义的时期实际水平等。

3)行业标准:如主管部门或行业协会颁布的技术标准,国内外同类企业的先进水平,国内外同类企业的平均水平等。

4)公认国内、国际标准:政府经济管理机构在考虑经济效益的同时,还要考虑社会效益,多采用公认的国内、国际标准。

(4)多种方法来分析

1)对同期指标,注意运用绝对值比较和相对值比较、正指标与反指标的多方位比较,可以从不同角度观察企业的财务和经营状况,恰当地选用指标间的钩稽关系。如企业资产周转快,营运能力强,相应的盈利能力也较强,这时可以观察营运能力的反指标与盈利能力的正指标增减额与增减率的变化是否相对应。

2)泛泛分析与重点分析相结合,从泛泛分析中找出变化大的指标,应用例外原则,对某项有显著变动的指标作重点分析,研究其产生的原因,以便采取对策,对症下药。

3)采取构成比率、效率比率、相关比率等多种分析方法时,计算比率的子项和母项必须具有相关性。在构成比率指标中,部分指标必须是总体指标的子项;在效率比率指标中,投入与产出必须有因果关系,如主营业务利润率是主营业务利润与主营业务收入的比,不可用利润总额与主营业务收入的比;在相关比率指标中,两个对比指标必须反映经济活动的关联性,如流动比率是流动资产与流动负债的比率,不可用长期指标与流动指标互比。

4)运用因素分析法应注意:

① 因素分解的关联性:构成经济指标的因素要能够反映形成该指标差异的内在构成原因。

② 因素替代的顺序性:因素替代应保持顺序性,否则会得出不同的计算结果。

③ 顺序替代的连环性:只有保持计算程序上的连环性,才能使各个因素影响之和等于分析指标变动的差异。如生产型企业中材料费用变动差异由产品产量、单位产品材料消耗量、材料单价三个因素变动影响构成。替代时要按以上顺序用实际量替代计划量,且连环替代,三个环节缺一不可。

④ 计算结果的假定性:因为替代顺序影响替代结果,因此计算结果须建立在假设的前提下。合乎逻辑、有实际经济意义的假定,才能体现分析的有效性。

⑤ 注意财务指标中存在的辩证关系:正指标并非越大越好,反指标并非越小越好。如速动比率是正指标,本应越大越好,但一般认为速动比率为1时是安全标准。因为如果速动比率小于1,企业会面临很大的偿债风险;如果速动比率大于1,尽管债务偿还的安全性很

高，但会因现金及应收账款资金占用过多而大大增加企业的机会成本。

5.4 企业成本费用管理

在前文利润表的讲解中，我们提到过成本和费用的具体概念，在财务管控中，对成本费用的管控也是重中之重。实现利润最大化是企业生产经营的目标，而成本费用是衡量企业内部运营效率的重要指标，在收入一定的情况下，它直接决定了公司的盈利水平。成本费用指标在促进企业提高经营管理水平、降低生产经营中的劳动耗费方面起着十分重要的作用。

5.4.1 成本费用管理概述

成本费用管理就是对企业生产经营活动过程中发生的成本和费用，有组织、有计划、系统地进行预测、计划、控制、核算、考核和分析等一系列科学管理工作的总称。

1. 成本费用管理的任务

成本费用管理的基本任务，就是通过预测、计划、控制、核算、分析与考核来反映企业的生产经营成果，挖掘降低成本和费用的潜力，努力降低成本，减少费用支出。

新能源汽车服务企业成本费用管理工作，要随着企业经营机制的转换，从思想观念到业务技术等方面实现彻底的转变，要由单纯执行性的成本费用管理转化为决策性与执行性并重的成本费用管理。这就要求企业的成本费用管理从传统的反映、监督扩展到成本费用预测、计划、控制、核算、分析与考核上来，实现全方位的成本费用管理；从单方面的生产过程成本管理扩展到企业资金筹集、项目可行性研究、服务方式确定、物资采购供应、生产与控制等一切环节的全过程的成本费用管理；从单纯财务会计部门管理扩展到一切生产、技术、经营部门管理，从仅仅依靠财务会计人员扩展到上至企业领导下至每位员工的全员成本管理。

2. 企业成本费用管理的要求

成本费用管理对企业有以下四个方面的要求。

1）努力降低生产消耗，提高经济效益。新能源汽车服务企业的一切经营管理工作，都要围绕提高经济效益这一中心。在市场经济条件下，对于多数企业来讲，微观经济运行的目标就是利润最大化。要实现这个目标，首先取决于企业的生产经营规模，即业务量的大小，但是生产经营耗费的高低，同样处于决定性的地位。降低成本与提高业务量都可以增加企业的利润，但降低成本增加的利润比扩大业务量增加的利润更快、更有效。因此，在成本费用管理中，必须努力降低生产消耗，尽量降低成本，才能显著地提高企业的经济效益。

2）实行全员成本管理。新能源汽车服务企业成本费用的形成，与企业的全体员工都有关。因此，要把成本降低的指标和要求落实到企业内部各职能部门，充分发挥各部门在加强成本管理中的积极作用。要把成本费用计划，按照全员成本管理的要求，按部门分别落实责任指标，定期考核执行情况，分析成本费用升降的原因，做到分工明确、职责清楚、奖惩合理。

3）划清费用界限，正确计算成本。新能源汽车服务企业必须按照权责发生制原则计算成本。凡是本期应负担的费用，无论其款项是否本期支付，均应计入本期的成本和费用；凡是不属于本期负担的费用，即使款项在本期支付，也不应计入本期的成本和费用。企业的成本核算资料必须正确完整，能够如实反映生产经营过程中的各种消耗。对生产经营过程中所发生的各项费用必须设置必要的生产费用账簿，以审核无误手续齐备的原始凭证为依据，按照成本核算对象，把成本项目、费用项目按部门进行核算，做到真实准确和完整及时。

4）加强成本考核工作。成本考核就是企业对内部各成本责任中心定期考查，审核其成本计划指标的完成情况，并评价其成本管理工作的效果。通过成本考核，可以监督各成本责任中心按时完成成本计划，也能全面、准确地了解企业成本管理工作的质量和效果。成本考核以成本计划指标作为考核的标准，以成本核算资料作为考核的依据，以成本分析结果作为评价的基础。

5.4.2 成本预测和成本计划

成本预测是企业为了更好地控制成本，做到心中有数，避免盲目性，减少不确定性，为更准确地进行决策提供依据而对企业发生的各项成本进行预测。成本计划是通过货币形式以其实际达到的水平为基础，参照计划期的业务量，对计划期内成本的耗费水平加以预先计划和规定。

新能源汽车服务企业的成本预测和成本计划，一般可以参照上期的实际情况，分析本期影响成本的各种因素，考虑其影响程度的大小，制订出基本合理的方案。

1. 目标成本预测内容

预测是人们根据已知的事物信息，预计和推测事物未来发展趋势和可能结果的一种行为。成本预测就是根据历史成本资料和有关经济信息，在认真分析当前各种技术经济条件、外界环境变化及可能采取的管理措施基础上，对未来的成本水平及其发展趋势所做的定量描述和逻辑推断。

成本预测既是成本管理工作的起点，也是成本事前控制成败的关键。实践证明，合理有效的成本决策方案和先进可行的成本计划都必须建立在科学严密的成本预测基础之上，通过对不同的决策方案中成本水平的测算与比较，可以从提高经济效益的角度，为企业选择最优成本决策并为制订先进可行的成本计划提供依据。

新能源汽车服务企业成本预测，就是根据企业成本特性及有关数据资料，结合本企业发展的前景和市场发展趋势，采用科学的分析方法，对一定时期某些业务的成本水平和成本目标进行预计和测算。成本预测的主要内容是进行目标成本预测。

目标成本是实现目标利润、提高企业经济效益的基础，是在预先确定目标利润的前提下提出的，因此目标成本带有很大的强制性，成为不得超过的硬指标。目标成本是市场激烈竞争中的必然产物，企业制订的目标成本必须具有市场竞争力，从而使得目标成本的制订具有先进性和权威性。正常情况下，目标成本应比目前的实际成本要低，但是经过努力是可以实现的。正确地预测和制订目标成本，对于挖掘企业降低成本的潜力，编制先进可行的成本计划和保证实现企业经营目标具有重要的作用。

目标成本预测需要做好大量工作，主要包括：进行全面的市场调查，掌握市场需求情况，预测新能源汽车市场的需求数量及其变化规律，掌握汽车及汽车配件等价格变动情况，进行企业内部调查，预测企业生产技术、生产能力和经营管理可能发生的变化，掌握企业生产费用的增减和成本升降的有关资料及其影响因素和影响程度；根据企业内外各种资料和市场发展趋势，预测目标收入，根据目标收入计算目标利润。

2. 目标成本预测的方法

1）目标利润法：目标利润法又称倒扣计算法或余额计算法，其特点是"保利润压成本"，先制订目标利润，然后考虑税金、期间费用等项目，推算出目标成本的大小。测算公式为

$$目标成本 = 预测经营收入 - 应纳税金 - 目标利润 - 期间费用$$

2）选择某一先进成本作为目标成本。该成本既可以是本企业历史上的最好水平，也可以是按先进定额制定的标准成本。这种方法较简单，但要注意可行性。如果环境条件发生变化，就不能生搬硬套，要及时修正或调整。

3）根据本企业上年度实际平均单位成本，或按照市场需要与竞争条件规定的成本，测算出目标成本。测算公式为

$$单位目标成本 = 上年度实际平均单位成本 \times (1 - 计划期成本降低率)$$

确定目标成本还必须掌握充分的调查资料，主要有市场需求信息以及所需材料、燃料、零配件价格变动情况，本企业的生产技术、经营管理水平等对生产能力的影响、有关的统计资料、上期成本变化情况的分析等。在调查研究的基础上进行成本预测，使目标成本既先进又切实可行。这样的目标成本就可以作为计划成本，并据以编制成本计划。

3. 成本计划作用与要求

成本计划是新能源汽车服务企业进行生产经营所需的费用支出降低和成本降低任务的计划，是企业生产经营计划的重要组成部分，是进行成本控制分析以及编制财务计划的重要依据。科学的成本计划可以起到以下作用。

1）为企业和全体员工提出增加生产、节约耗费、降低成本的目标。
2）为考核和评价企业生产经营管理成果提供重要的依据。
3）为实行成本指标分级归口管理，建立和健全成本管理责任制提供基础。
4）为编制利润计划提供依据。

编制企业成本计划不是消极地反映企业生产和消耗等方面的情况，而是积极地促进生产、技术、原材料、劳动效率和服务质量的管理改善工作，提高企业各方面的管理水平。

为了发挥成本计划的作用，在编制成本计划时，应特别体现下列要求：

1）重视成本预测提供的资料。
2）符合实现目标利润对成本降低指标的要求。
3）遵守国家规定的成本开支范围。
4）协调好成本计划指标与其他生产技术经济指标之间的平衡与衔接。
5）制订成本计划指标要实事求是，既要先进可行，又要有必要的技术组织措施予以保证。

4. 成本计划的编制程序

（1）收集和整理基础资料

在编制成本计划之前，要广泛收集和整理必需的各项基础资料，并加以分析研究。所需资料主要包括：企业制订的成本降低任务、指标或承包经营的承包指标，企业计划采取的经营决策和经营计划等有关指标，各种技术经济定额、历史成本资料、同类企业的成本资料、企业内部各部门费用计划和劳务价格等其他有关资料等。

(2) 分析报告期成本计划的预计执行情况

合理的成本计划应该是在总结过去经验的基础上制订出来的,因此,应对报告年度计划执行情况进行预计和分析,计算出上年度实际单位成本,与报告年度计划成本相比,与同行业成本对比,找出差距,总结经验,为成本计划提供编制依据。

(3) 成本降低计划任务测算

正式编制成本计划之前,在对报告期成本计划执行情况分析的基础上,根据经营承包指标确定的目标利润、目标成本和成本预测的结果,计算计划成本降低的合理幅度,反复研究降低成本的措施,寻求降低成本的途径。

(4) 编制成本计划

编制成本计划有以下两种方法。

1) 企业统一编制：以企业财务部门为主,在其他部门配合下,根据企业经营计划的要求,编制出企业的成本计划。

2) 分级编制：把企业确定的目标成本、成本降低率以及各种关键性的物资消耗指标与费用开支标准下达到各生产部门；各生产部门根据下达的指标,结合本部门的具体情况,编制出各自的成本计划,企业财务部门根据各生产部门上报的成本计划,进行汇总平衡,编制整个企业的成本计划。经过批准,再把成本计划指标分解,层层下达到各生产部门,据以编制出各部门的经营成本计划。

5.4.3 成本控制

广义的成本控制是指管理者对所有生产作业所采取的手段,目的是以最低的成本达到预先计划的质量和数量。它是成本管理的同义词,包括了一切降低成本的努力。

狭义的成本控制是指运用以成本会计为主的各种方法,预定成本限额,按限额开支成本和费用,将实际成本与成本限额相比较,衡量企业经营活动的成绩和效果,并以例外管理原则纠正不利差异,提高工作效率,实现甚至超过预期成本限额的要求。

1. 成本控制的途径

新能源汽车服务企业的成本控制,可以通过以下途径实现。

1) 提高全员的劳动生产率,劳动生产率的提高,意味着在相同的时间和相等的固定费用下,可以提供更多的服务,获得更多的收入。

2) 降低各种材料的消耗。

3) 提高设备的利用效率。

4) 提高服务的质量,减少返工和不必要的消耗。

5) 加速资金的周转,减少资金的占用。

6) 节约其他开支,严格执行国家的相关规定和企业董事会的决定。

企业进行成本控制的途径有以上六种,这些途径往往与汽车服务企业的内部管理密不可分,内部管理完善,必然促使企业成本控制水平的提高,因此,成本控制不仅仅是财务部门的事情,所有部门应全员参与,共同控制。

2. 成本控制的基本程序

1) 应根据成本预测与成本计划,制订成本控制的标准,确定标准的上下限。

2) 将企业实际消耗和标准消耗进行比较,计算成本差异,并分析产生差异的原因。

3) 为了及时反馈信息,应建立相应的凭证和表格,确定信息反馈的时间和程序,并对反馈的信息进行分析，揭示差异产生的原因，并及时加以纠正，明确纠正的措施、执行的人员及时间，以达到成本控制的目的。

3. 成本控制的方法

成本控制要坚持经济性原则和因地制宜原则。推行成本控制而发生的成本不应超过因缺少控制而丧失的收益。对成本控制系统必须有针对性地设计，以适合特定企业、部门、岗位和成本项目的实际情况，不可照搬别人的做法。

1）绝对成本控制：将成本支出控制在一个绝对的金额内的一种成本控制法。

2）相对成本控制：企业为了增加利润，从新能源汽车服务量、成本和收入三者的关系出发来控制成本的方法。

3）全面成本控制：对企业生产经营所有过程中发生的全部成本、成本形成中的全过程、企业内所有员工进行成本控制。

4）定额法：以事先制订的新能源汽车服务定额成本为标准，在服务费用发生时，及时提供实际发生的费用脱离定额耗费的差异额，让管理者及时采取措施，控制服务费用的发生额，并且根据定额和差异额计算产品实际成本的一种成本计算和控制方法。

5）成本控制即时化：通过现场服务管理人员每天下班前记录当天发生的人工、配件材料、汽车维修设备等使用数量与服务项目完成数量，经过部门经理或者交接班人员的抽检，经过计算机软件的比较分析得出成本目标是否实现及其原因。

以上成本控制方法，要坚持经济性原则，根据企业、部门、岗位和成本项目的实际情况加以选用。

5.5 企业营业收入与利润分配管理

5.5.1 营业收入管理

1. 营业收入定义

新能源汽车服务企业的营业收入按照常规服务来讲一般指提供汽车销售、维修、美容等汽车服务经营所取得的收入。

2. 营业收入的计算

新能源汽车服务企业营业收入主要包括以下四项。

（1）整车销售、车辆修理材料、美容材料等费用

指销售整车、车辆维修时更换汽车配件、美容材料等所需的资金，由市场采购价确定。

$$材料费 = [材料成本 \times (1 + 成本利润率)] \div (1 - 税率)$$

（2）工时费用

指车辆维修、美容等所耗的人工费用。

$$工时费收入 = 结算工时定额 \times 工时单价$$

（3）材料管理费

采购汽车配件所需的运输费用、配件保管费用、通过材料管理形成的利润、税收等费用的总和。

(4) 其他收入

除主营收入外的其他收入，如出售废旧零部件、废机油、设备场地租赁等收入。

汽车维修企业营业收入可用以下公式计算：

$$汽车服务企业营业收入 = 整车销售、车辆维修材料、汽车美容材料等费用 + 工时费用 + 材料管理费 + 其他收入$$

3. 营业收入管理的内容

新能源汽车服务企业营业收入管理的主要内容包括：收入内容的确定和核查，制定工时定额等标准，核查收入中税收。设立专人（会计）对日常服务收入进行结算，通过每日单据的复核确保收入的完整、对结算员的监督工作，确保结算工作的日清月结，应做好每日单据的分类保存和检查工作，检查和监督收入现金入库或交银行保管。

5.5.2 利润分配管理

1. 营业利润

新能源汽车服务企业的营业利润是企业各项业务收入扣除各项成本和税金的差额。其计算方式为

$$利润总额 = 营业收入 - 各项成本 - 税金$$

营业利润是企业在一定经营期内经营整车销售、汽车大修、维护、小修业务，配件及衍生品销售，汽车美容及其他服务所取得的财务成果，它综合地反映了企业各项技术经济指标的完成情况和企业经营管理多方面的经济效益。利润与收入成正比，与成本成反比。收入的增长依靠不断扩大新能源汽车服务量和其他经营业务量，成本的降低依靠节能降耗和提高效率。这一切都依靠汽车服务技术的进步和劳动生产率的提高。

2. 营业利润的分配管理

新能源汽车服务企业在一定经营期内获得的利润分配时要正确处理国家、集体、个人三者之间的利益关系。

首先，企业要按照现行税法的规定，向国家足额缴纳所得税，而应缴纳的所得税是按照应纳税所得额和规定的所得税率计算的。在实行税利分流制度下，不论企业所有制情况一律按一定的比例缴纳。应纳税所得额是指企业实现的利润按照国家有关规定作相应的调整后，依法缴纳所得税的数额，即应税额。

其次，除国家另有规定外，缴纳所得税后的利润，应按照下列次序进行分配。

1）填补被没收财务损失、违反税法规定支付的滞纳金和罚款。

2）弥补企业以前亏损。

3）提取法定公积金。

4）提取公益金。

5）向投资者分配利润。

再有，税后利润分配管理中应注意以下问题。

1）企业以前年度亏损未弥补完，不得提取盈余公积金和公益金。

2）在提取盈余公积金和公益金以前，不得向投资者分配利润。

3）企业必须按照当年税后利润（减弥补亏损）的10%，提取法定盈余公积金，当法定盈余公积金已达到注册资本50%时，不再提取。

4）企业以前年度未分配利润，可以并入本年度利润分配。

5）企业在向投资者分配利润前，企业经董事会决定，可以提取任意公积金。企业当年无利润时不得向投资者分配利润。

6）提取盈余公积金和公益金，其中盈余公积金可以用于弥补亏损或者用于转增资本金，但转增资本金后，企业的法定盈余公积金一般不得低于注册资本的15%，公益金主要用于职工的集体福利设施。

7）向投资者分配利润，以前年度未分配的利润，可以并入本年度向投资者分配。

8）在向投资者分配利润时要遵守公平原则。

5.6 企业资产管理

资产是企业所拥有或控制的，能用货币计量，并能为企业带来经济效益的经济资源，包括各种财产、债权和其他权利。资产的计价以货币作为计量单位，反映企业在生产经营的某一个时点上所实际控制资产存量的真实状况。对企业来说，管好、用好资产是关系到企业兴衰的大事，必须予以高度重视。资产按其流动性通常可以分为流动资产、固定资产、长期投资、无形资产、递延资产和其他资产。本书只介绍流动资产和固定资产的管理。

5.6.1 流动资产管理

流动资产与固定资产相对应，是指预计在一个正常营业周期内或一个会计年度内变现、出售或耗用的资产和现金及现金等价物，是企业资产中必不可少的组成部分。流动资产在企业再生产过程中是一个不断投入和回收的循环过程，很难评价其投资报酬率。从这一点上看，对流动资产进行管理的基本任务是：努力以最低的成本满足生产经营周转的需要，提高流动资产的利用效率。

按资产的占用形态，流动资产可分为现金、短期投资、应收及预付款和存货。在汽车服务企业中，流动资产主要指现金、应收账款、存货等。

流动资产在周转过渡中，从货币形态开始，依次改变其形态，最后又回到货币形态，各种形态的资金与生产流通紧密结合，周转速度快，变现能力强。加强对流动资产业务的管理，有利于确定流动资产业务的合法性、合规性，有利于检查流动资产业务财务处理的正确性，揭露其存在的弊端，提高流动资产的使用效率。

1. 现金管理概念

现金是企业占用的在各种货币形态上的资产，是企业可以立即投入流通的交换媒介，它是企业流动性最强的资产。属于现金的项目包括库存现金、银行存款、各种票据、有价证券，以及各种形式的银行存款和银行汇票、银行本票等。

作为变现能力最强的资产，现金是满足新能源汽车服务企业正常生产经营开支、清偿债务本息，履行纳税义务的重要保证；同时，现金又是一种非营利性资产，如果持有量过多，企业将承担较大的机会成本，降低了资产的获利能力。因此，必须在现金流动性与收益性之间作出合理的选择。

现金管理的目的是保证企业生产经营所需现金的同时，节约使用资金，并从暂时闲置的现金中获得最多的利息收入。

2. 现金管理的内容

现金管理的内容主要包括：编制现金收支计划，以便合理地估算未来的现金需求；对日常现金收支进行控制，力求加速收款，延缓付款；用特定的方法确定理想的现金余额，即当企业实际的现金余额与最佳的现金余额不一致时，采用短期融资或归还借款和投资理财产品等策略来达到比较理想的状况。

新能源汽车服务企业的现金管理必须由专人负责，除出纳人员外，其他人员不能收付资金。出纳人员收取现金要有依据，应根据购车、车辆维修和美容合同等向客户收取现金，并应在企业设定的收款处收取现金。

现金管理必须遵循钱账分管原则（出纳人员和会计必须由不同人担任，出纳员登记现金日记账、银行存款日记账，会计管理总账、明细账）、印鉴与票据分管原则，且入账要及时完整，不得设置小金库、账外资金和使用白条。不得用转账支票套换现金，不得将企业的现金存入个人账户。

库存现金不得超过一定的数额，超过限额应尽量在当日送存银行；当日来不及送存，应当存入保险箱。金额超过万元，应派人值勤。支票必须存入保险箱。出纳员每天要盘点库存现金，核对账目，并编制报表。新能源汽车服务企业的现金收入和银行存款由会计记录，并对出纳工作进行控制、监督，票据实行联号控制，由具体财务人员负责管理。出纳员在领用收据时，应填写登记表记录时间、号码，经财务主管批准签字后方可领用，用完之后必须进行销账处理。发票必须指定专人开具并由主管会计进行核查，核查内容为号码是否齐全、有无套空填写和有无涂改痕迹等。

新能源汽车服务企业收到任何支出都必须出具收据或发票，核查收款无误后，加盖"现金收讫"章和公司"财务专用"章。收据一式三联：第一联存根，第二联交款人，第三联财务记账，三联必须同时复写，不能遗漏。发票为机打，有税务章。

现金支出必须经过总经理审批，会计要审核手续是否齐全，固定资产要有现金以外的审批手续。现金支出的范围为一定值，超过该值应使用支票或汇款。现金支出领款人必须在付款凭证上签名，核查无误后加盖"现金付讫"或"银行付讫"章，并及时登记入账。汽车服务企业的出纳员每天要根据货币资金的收支情况，分别登记现金日记账和银行存款日记账，并结出余额，每周每月定期制订周报表和月报表，报表要由主管会计审核。

3. 应收账款管理

应收及预付款是一个企业对其他单位或个人有关货币支付、产品销售或提供劳务而引起的索款权，主要包括应收账款、应收票据、其他应收款、预付货款等。新能源汽车服务企业所涉及有关应收及预付款的业务主要有：企业因提供车辆维修劳务性作业而发生的非商品交易的应收款项，企业购买设备、工具或配件等而发生的预付款项以及其他业务往来及费用的发生涉及的其他应收款项。

因销售产品、提供车辆维修劳务等发生的收入，在款项收到之前属于应收账款。应收账款的功能在于增加销售、减少存货；同时，也要付出管理成本，甚至发生坏账。近年来，由于市场竞争日益激烈，企业应收账款数额明显增多，已成为流动资产管理中的一个日益重要的问题。为此，要加强对应收账款的日常控制，做好企业的信用调查和信用评价，以确定是否同意用户赊账。当用户违反信用条件时，还要做好账款催收工作，确定合理的收账程序和催债方法，使应收账款政策在企业的生产经营中发挥积极作用。

4. 存货管理

库存是指企业在生产经营过程中，为销售或耗用而储存的各种物资。汽车服务企业的库存一般是指汽车维修用的材料、配件等。它们经常处于不断耗用与不断补充之中，具有鲜明的流动性，且通常是新能源汽车服务企业数额最大的流动资产项目。

库存管理的主要目的是控制库存水平，在充分发挥库存功能的基础上，尽可能地减少存货，降低库存成本。常用存货控制的方法是分级归口控制，主要包括以下三项内容。

1) 在企业相关负责人的领导下，财务部门对存货资金实行统一管理，包括制订资金管理的各项制度，编制存货资金计划，并将计划指标分解落实到基层单位和个人，对各部门的资金使用情况进行检查和分析，统一考核资金的使用情况。

2) 实行资金的归口管理，按照资金的使用与管理相结合、物资管理与资金管理相结合的原则，每项资金由哪个部门使用，就由哪个部门管理。

3) 实行资金的分级管理，即企业内部各管理部门要根据具体情况将资金计划指标进行分解，分配给所属单位或个人，层层落实，实行分级管理。

5. 企业现金流的有效控制

现金流一般指现金流量，是指企业在一定会计期间按照现金收付实现制，通过一定经济活动（包括经营活动、投资活动、筹资活动和非经常性项目）而产生的现金流入、现金流出及其总量情况的总称，即企业一定时期的现金和现金等价物的流入和流出的数量。现金流量是评价投资方案经济效益的重要指标，对企业来说至关重要。

现金流量控制能够管理一个企业现金收入、企业内各部门间现金转账及企业现金支出。可运用于经营活动、筹资活动及投资活动产生的现金流量。现金流的有效控制可确保满足企业预期经营规模的资金需求、保持充分的流动性，将企业的信用风险、外汇风险及利率风险控制在可接受的范围内，并利用过剩的现金进行投资为企业盈利。所以，确保现金流的有效控制尤为重要。企业现金流的控制方法有以下四种。

（1）规范基础管理

对现金流量进行控制的第一步就是要规范基础管理，制定出涵盖企业各项工作的标准，形成企业管理标准化体系。

企业要合理配置流动资金，安排好流动资金的筹措、投放、分配、使用和回收工作，科学控制现金占用量，有效运用资金，降低资金成本，并加强现金流量的分析和考核。财务部门要建立流动资金主要经济指标台账，提供规范的现金流量报表，使管理者能据以监控流动资金的运作情况，随时了解现金流量、库存积压、销售、应收账款等情况，分析自身的偿债能力、资金周转能力和获利能力。

（2）编制现金预算

在规范基础管理的前提下，通过对企业的内外部环境、生产能力、产销状况的分析、预测和决策，进行预算控制，是实施现金流量控制的基础与关键。

现金预算或现金流量预算是对预算期内的现金流入与流出以及余额所作出的详细预测，是根据其他预算、资本性筹资以及资本性支出计划编制出来的。预算通常覆盖一年，并按月或季度划分为若干个较短时期。从广义上来说，现金预算的编制是在编制销售收入、销售成本及利润预算的基础上，考虑到信用期和提前付款等因素后，将这些预算中的收入和支出项目转化为现金流量而得到的；同时现金预算也考虑到投资活动及筹资活动的现金流入和流出。

实施预算可以使企业的总体目标得以分解、落实,使其可以按照各自承担的预算任务、现金流量指标,合理安排部门的业务工作;现金预算有利于控制各经营环节现金流量,编制预算使现金流量控制有客观可循的依据;执行预算可对实际服务预算的差异进行分析纠正,保证预定目标的顺利实现;长期现金流预算的编制,既是企业进行投资项目经济效益决策的依据,也是企业合理安排资金筹措,使资金在时间和数量上满足投资需要,保证项目顺利完成,尽早产生投资效益的依据。

(3) 建立控制的指标体系,确定考核标准

企业所有的风险都在财务风险中得到集中体现。企业的现金流一旦不足以偿还到期债务,现金被到期债务"挤兑",企业财务便掉进流动性陷阱,并可能导致破产诉讼。因此,建立控制指标对于保障企业的持续经营从而实现企业的目标是十分重要的。

构建企业现金流量控制的指标体系应充分考虑市场、科技、政治和社会等诸方面风险因素,应以实现企业持续经营和长期盈利,实现企业的战略规划、有效地防范控制企业财务风险为目的;同时又要考虑到控制的成本及其可操作性,务求使该指标体系的应用简便易行。

(4) 对影响经营现金流的重要项目进行专门管控

在新能源汽车服务企业中,对经营现金流影响最大的项目就是前面提到的应收账款、存货以及应付账款等,对这几项内容财务部门应有专人负责管控,在给业务部门制定周转率目标的同时,建立健全管理制度,从而实现有效的控制。

应收账款管理制度

一、目的

为保证公司能最大可能地利用客户信用拓展市场以利于增加公司的营业收入,同时又要以最小的坏账损失代价来保证公司资金安全,防范经营风险,并尽可能地缩短应收账款占用资金的时间,加快企业资金周转,提高企业资金的使用效率,特制定本制度。

二、适用范围

适用于公司的应收账款,包括发出产品赊销或提供维修服务所产生的应收账款和公司经营中发生的各类债权(应收销货款、维修款、预付账款、其他应收款等)的管理。

三、权责部门

应收账款的管理部门为公司的财务部和业务部。业务部门具体负责:账款催收,客户真实信息的收集与反馈,客户品质的判断与反馈,市场及行业情况的预测与反馈,客户风险信息的反馈(负责人员离职,管理团队变更),解决影响应收款确认的各种事项。

财务部门具体负责:账务处理与对账,分析与风险提示,保护性手段的发起,定期客户拜访,超期应收客户拜访与协商,联系和推动催收程序。

财务部和业务部共同负责客户信用额度的确定。

四、客户资信的管理

1) 信息管理基础工作的建立由业务部门完成。

2）公司业务部应在收集整理信息的基础上建立以下四个方面的客户信息档案，登记记录在公司的管理系统或信息档案中。客户信息档案包括：

① 客户基础资料：即有关客户最基本的原始资料，包括客户的名称、地址、电话、所有者、经营管理者、法人代表及他们的个人性格、兴趣、爱好、家庭、学历、年龄、能力、经历背景，与本公司交往的时间，业务种类等。这些资料是客户管理的起点和基础，是由负责市场产品销售的业务人员对客户访问收集来的。原则上公司不对零散的个人客户进行挂账，所以这里只探讨法人客户。

② 客户特征：主要包括市场区域、经营能力、发展潜力、经营观念、经营方向、经营政策、经营特点等。

③ 业务状况：包括客户的销售收入、市场份额、市场竞争力和市场地位、与竞争者的关系及与本公司的业务关系和合作情况。

④ 交易现状：主要包括客户的销售活动现状、存在的问题、客户公司的战略、未来的展望及客户公司的市场形象、声誉、财务状况、信用状况等。

3）客户的基础信息资料由负责各区域、片的业务员负责收集，凡与本公司交易次数在 2 次以上，且累计交易额达到 1 万元人民币以上的均为资料收集的范围，时间期限为达到上述交易额第二次交易后的一月内完成并交业务经理汇总建档。

4）客户的信息资料为公司的重要档案，所有经管人员须妥善保管，确保不得遗失，如因公司部分岗位人员的调整和离职，该资料的移交作为工作交接的主要部分，凡资料交接不清的，不予办理离岗、离职手续。

5）客户的信息资料应根据业务员与相关客户的交往中所了解的情况，随时汇总整理后交业务经理定期予以更新或补充。

6）实行对客户资信额度的定期确定制，在总经理（或主管市场的副总经理）的主持下与负责各市场区域的业务主管、业务经理、财务经理，成立公司"市场管理委员会"，按季度对客户的资信额度、信用期限进行一次确定。

7）"市场管理委员会"对市场客户的资信状况和销售能力在业务人员跟踪调查、记录相关信息资料的基础上进行分析、研究，确定每个客户可以享有的信用额度和信用期限，建立《信用额度、期限表》，由业务部门和财务部门各备存一份。

8）初期信用额度的确定应遵循保守原则，根据过去与该客户的交往情况（通常是否按期回款），及其净资产情况（经济实力如何），以及其有没有对外提供担保或者跟其他企业之间有没有法律上的债务关系（潜在或有负债）等因素。凡初次赊销的新客户信用度通常确定在正常信用额度和信用期限的 50%，如新客户确实资信状况良好，须提高信用额度和延长信用期限的，必须经"市场管理委员会"形成一致意见报请总经理批准后方可执行。

9）客户的信用额度和信用期限原则上每季度进行一次复核和调整，公司市场管理委员会应根据反馈的有关客户的经营状况、付款情况随时予以跟踪调整。

10）在客户信用额度和信用期限持续期间，如发现客户方面发生重大变动，如管理者变更、经营严重恶化、破产重组等，应立即停止其信用额度和期限，由"市场管理委员会"根据其具体情况重新核定。

五、产品赊销或服务挂账的管理

1）在市场开拓、产品销售和维修服务中，凡利用信用额度赊销和挂账的，必须由经办业务员先填写《请批单》，由业务经理严格按照预先对每个客户评定的信用限额签批后方可进行挂账。

2）财务部门内主管应收账款的会计每 10 天对照《信用额度期限表》核对一次债权性应收账款的回款和结算情况，严格监督每笔账款的回收和结算。超过信用期限 10 天仍未回款的，应及时通知主管的财务部门经理，由财务经理汇总并及时通知业务部门立即联系客户清收。

3）凡前次赊销未在约定时间结算的，除特殊情况下客户能提供可靠的资金担保外，一律不再赊销和挂账。

4）业务员在签订合同时，都必须参考信用等级和授信额度来决定结算方式，所有合同都必须经主管业务经理签字后方可盖章发出。

5）对信用额度在 5 万元以上，信用期限在 3 个月以上的客户，业务经理每年应走访不少于一次；信用额度在 10 万元以上，信用期限在 3 个月以上的，除业务经理走访外，主管市场的副总经理（在有可能的情况下总经理）每年必须走访一次以上。在客户走访中，应重新评估客户信用等级的合理性和结合客户的经营状况、交易状况及时调整信用等级。

六、应收账款监控制度

1）财务部门应于月后 5 日前提供一份当月尚未收款的《应收账款账龄明细表》，提交给业务部门、主管市场的副总经理。由相关业务人员核对无误后报经主管及总经理批准进行账款回收工作。业务员在出门收账前核对该表的正确性，不可到客户处才发现，不得有损公司形象。

2）业务部门应严格对照《信用额度表》和财务部门报来的《账龄明细表》，及时核对、跟踪应收客户的回款情况，对未按期结算回款的客户及时联络和反馈信息给主管副总经理。

3）业务人员在与客户签订合同或协议书时，应按照《信用额度表》中对应客户的信用额度和期限约定单次挂账金额和结算期限，并在期限内负责相关账款的催收和联络。如超过信用期限者，按以下规定处理：

① 超过 10~30 天时，由经办人上报部门经理，并电话催收。

② 超过 31~60 天时，由部门经理上报主管副总经理，派员上门催收，并扣经办人该票金额 20% 的计奖成绩。

③ 超过 61~90 天时，并经催收无效的，由业务主管报总经理批准后作个案处理（如提请公司法律顾问考虑通过法院起诉等催收方式），并扣经办人该票金额 50% 的计奖成绩。

4）业务员在外出收账前需预先安排好路线，经业务主管同意后才可出去收款；款项收回时业务员需整理已收的账款，并填写应收账款回款明细表，若有折扣时需在授权范围内执行，并书面陈述原因，由业务经理签字后及时向财务交纳相关款项并销账。

5）清收账款由业务部门统一安排路线和客户，并确定返回时间，业务员在外清收账款，每到一客户处，无论是否清结完毕，均需随时向业务经理电话汇报工作进度和行程。任何人不得借机游玩和办理私事。

6）业务员收账时应收取现金或票据，若收取银行票据时应注意开票日期、票据抬头及其金额是否正确无误，如不符时应及时联系退票并重新办理。若收汇票时需客户背面签名，并查询银行确认汇票的真伪性；如为汇票背书时要注意背书是否清楚，注意一次背书时背书印章是否与汇票抬头一致，背书印章是否为发票印章。

7）收取的汇票金额大于应收账款时除非经业务经理同意，现场不得以现金找还客户，而应作为暂收款收回，并抵扣下次账款。

8）收款时客户现场反映价格、时间、质量等问题，在业务权限内时可立即同意，若在权限外时需立即汇报主管，并在不超过3个工作日内给客户以答复。如属价格调整，回公司应立即填写价格调整表告知相关部门并在相关资料中做好记录。

9）业务人员在销售产品和清收账款时不得有下列行为，一经发现，一律予以开除，并限期补正或赔偿，严重者移交司法部门。

① 收款不报或积压收款。
② 退货不报或积压退货。
③ 转售不依规定或转售图利。

七、坏账管理

1）业务人员全权负责对自己经手应收业务的账款回收，因此应定期或不定期地对客户进行访问（电话或上门访问，每季度不得少于两次），访问客户时，如发现客户有异常现象，应自发现问题之日起1日内填写"问题客户报告单"，并建议应采取的措施，或视情况填写"坏账申请书"呈请批准，由业务主管审查后提出处理意见，凡确定为坏账的须报经主管市场的副总经理（总经理）批准后按相关财务规定处理。

2）业务人员因疏于访问，未能及时掌握客户的情况变化和通知公司，致公司蒙受损失时，业务人员应负责赔偿该项损失25%以上的金额（疏于访问意谓未依公司规定的次数按期访问客户）。

3）业务部门应全盘掌握公司全体客户的信用状况及来往情况，业务人员对于所有的逾期应收账款，应由各个经办人将未收款的理由，详细陈述于账龄分析表的备注栏上，以供公司参考，对大额的逾期应收账款应特别以书面说明，并提出清收建议，否则此类账款将来因故无法收回形成呆账时，业务人员应负责赔偿30%以上的金额。

4）业务员发现发生坏账的可能性时应争取时效速报业务主管，及时采取补救措施，如客户有其他财产可供作抵价时，征得客户同意立即协商抵价物价值，妥为处理避免更大损失发生。但不得在没有担保的情况下，再次给该客户挂账。否则相关损失由业务员负责全额赔偿。

5）"坏账申请书"填写一式三份，有关客户的名称、号码、负责人姓名、营业地址、电话号码等，均应一一填写清楚，并将申请理由的事实，不能收回的原因等，做简明扼要的叙述，经业务部门及经理批准后，连同账单或差额票据转交主管经理处理。

6）凡发生坏账的，应查明原因，如属业务人员责任心不强造成，于当月份计算业务人员业绩时，应按坏账金额的30%先予扣减业务员的业务提成。

八、应收账款交接

1）业务人员岗位调换、离职，必须对经手的应收账款进行交接，凡业务人员调岗，必须先办理包括应收账款在内的工作交接，交接未完的，不得离岗，交接不清的，责任由交者负责，交接清楚后，责任由接替者负责；凡离职的，应在 30 日向公司提出申请，批准后办理交接手续，未办理交接手续而自行离开者其薪资和奖金补贴等不予发放，由此给公司造成损失的，将依法追究法律责任。离职交接依最后在交接单上批示的生效日期为准，在生效日期前要交接完成，若交接不清又离职时，仍将依照法律程序追究当事人的责任。

2）业务员提出离职后须把经手的应收账款全部收回或取得客户付款的承诺担保，若在 1 个月内未能收回或取得客户付款承诺担保的就不予办理离职。

3）离职业务员经手的坏账理赔事宜如已取得客户的书面确认，则不影响离职手续的办理，其追诉工作由接替人员接办。理赔不因经手人的离职而无效。

4）"离职移交清单"至少一式三份，由移交、接交人核对内容无误后双方签字，并经监交人签字后，保存在移交人一份，接交人一份，公司档案存留一份。

5）业务人员接交时，应与客户核对账单，遇有疑问或账目不清时应立即向主管反映，未立即呈报，有意代为隐瞒者应与离职人员同负全部责任。

6）公司各级人员移交时，应与完成移交手续并经主管认可后，方可发放该移交人员最后任职月份的薪金，未经主管同意而自行发放由出纳人员负责。

7）业务人员办理交接时由业务主管监督；移交时发现有贪污公款、短缺物品、现金、票据或其他凭证者，除限期赔还外，情节严重的依法追诉民、刑事责任。

8）应收账款交接后 1 个月内应全部逐一核对，无异议的账款由接交人负责接手清收（财务部应对客户办理通信或实地对账，以确定业务人员手中账单的真实性）。交接前应核对全部账目报表，有关交接项目以交接清单为准，交接清单若经交、接、监三方签署盖章即视为完成交接，日后若发现账目不符时，由交接人负责。

存货财务管理制度

一、目的

为贯彻落实国资委有关规定精神，加强公司存货管理，提高流动资产的使用效益，特制定本制度。

二、定义

存货是企业在生产经营过程中为耗用或销售而储备的实物资产，包括汽车配件、精品、汽车美容产品、低值易耗品、辅料以及外销商品等。

三、管理机构和职责

1）财务部负责全公司存货会计核算工作。

2）仓库管理部门负责全公司存货的日常管理工作。

四、管理内容和要求

1）存货的计价。

企业的存货计价以实际成本为依据，按照财务制度规定，遵照下列原则进行存货的计价。

① 企业购入存货按照买价加上各种杂费、途中合理损耗、入库前的加工、整理及挑选费用，以及交纳的税金等计价（按规定应抵扣的增值税额不包括在内），即：存货的价值＝买价＋各项杂费＋途中合理损耗＋整理挑选费用＋交纳税金。

② 企业对于自行制造的存货，其价值为：自制存货价值＝制造过程中的所有实际支出。

③ 企业对于委托外单位加工的存货，其价值为：外委加工存货价值＝委托加工材料或半成品的价值＋委托加工费＋运输费＋装卸费＋包装费＋其他杂费。

④ 企业对于投资者收入的存货，其价值为：

投资者用实物投资应进行资产评估，评估确认的价值如果双方认可，即按评估确认价值计价。

如果投资作价与评估确认价值不一致，则按合同、协议约定的价值计价。

⑤ 企业对于盘盈的存货，其价值为：

按照同类存货的实际成本计价。

按照重置价值进行计价。

⑥ 企业接受捐赠的存货，其价值为：

按照发票账单所列金额加上应由企业负担的运输费、保险费、交纳的税金计价。

如果没有发票账单的，则按同类存货的市价计价。

⑦ 企业的存货发出的计价方法可选择使用：

先进先出法，是假定先收到的原材料先耗用，并根据这种假定的成本流转次序对发出货物和期末存货计价。

加权平均法，是在存货按实际成本进行明细分类核算时，以本期各批收货数量和期初存货数量为权数计算存货的平均单位成本。其计算公式：期末存货金额＝期末结存数量×加权平均单价

移动平均法，是在每次购入货物以后，根据库存数量及总成本算出新的平均单位成本，再将随后发出的货物数量按这一平均单位成本计算发出货物成本，以求得每次发出后的存货价值。

个别计价法，又称具体辨认法，是对库存和发出的每一种特定物品或每一批特定商品的个别成本或每批成本加以认定的方法。

⑧ 存货采用按计划成本计价时，应按照配比原则，按期结转成本差异，将计划成本调整为实际成本。存货的计价方法一经确定，在一个会计年度内不予变动。

2）存货的日常管理。

① 存货应按其用途，可分为以下几类：库存商品、漆料辅料、低值易耗品等。

② 存货的转移、收发、领退都应由仓库保管人员填制入库、出库、调拨单，并由经办人员和有关部门签字后，办理入库、出库、调拨手续。

③ 财务产权部门按期到仓库进行稽核，财务部门对存货进行核算。

④ 企业内部由于不同业务部门对于存货管理有着不同的要求，财务产权部门要及时了解，妥善处理，使之相互和谐，达到企业存货总体优化。

3）存货的清查盘点。

① 存货的清查盘点是财务管理一项重要的基础工作，应定期或不定期进行盘点清查。但年度终了应进行一次全面的盘点清查，以确保存货做到账实相符，真实反映存货的实际情况。

② 企业存货清查盘点工作程序：

成立工作指导组，明确盘点和清查的目的、范围，做好各项准备工作，分工负责核对账物、账卡、账账，并对存货加以整理，确定具体的盘点清查方法及程序。

存货盘点应填制"存货盘点表"，以反映盘点结果，并根据盘点结果计算溢余和短缺数。

及时对存货的溢余或短缺及残损变质情况进行处理。

③ 企业存货清查盘点出现的盘盈、盘亏、损毁和报废，按财务制度规定，应计入管理费用中，即：企业盘亏、损毁、报废的存货，扣除过失人或保险公司赔款和残料价值后，计入管理费用。

盘盈的存货冲减管理费用。

存货损毁属于非常损失部分，并非企业生产经营上的原因，在扣除保险公司赔款和残料价值后，计入营业外支出。

4）低值易耗品的管理。

① 低值易耗品按其在生产过程中的用途不同可分为以下六类：

生产中通用的刀具、量具、模具、夹具、砂轮等一般工具。

具有某种特定用途的专用工具。

容易损坏或为生产不同产品需要使用的替换设备。

企业管理人员工作中使用的各种办公用具、家具等管理用具。

为安全生产发给员工的工作服、工作鞋、工作帽及其他防护、劳保用品。

储存和保管材料、产品、不出售出借的各种包装容器等。

② 应按照下列标准，区分低值易耗品进行管理。

属于企业主要生产经营设备，但使用年限不超过 1 年的。

不属于企业主要生产经营设备，但使用年限不超过 2 年的。

③ 由于低值易耗品在价值转移上与固定资产有相同之处，企业应本着有利于加强实物管理，均衡各月产品成本和简化核算手续的原则，其价值应采用一次摊销法的摊销方法计入产品成本。

④ 企业在低值易耗品的日常管理中，需遵循下列原则：

建立领退和报废制度。企业内部使用部门领用低值易耗品时，要填制领料单。退回时办理退库手续，报废时要有审批手续，收回的残值收入，全部冲减当期管理费用。

建立使用保管制度。即将使用保管责任落实到部门或车间、班组和个人，以防丢失和损毁。

建立定期、定额（量）领耗制度，严格控制领用数量，做到节约使用。

在使用和保管部门建立保管卡、登记簿等，认真核算收入、领用、退回、报废数量。

采购及应付账款管理制度

一、目的

为规范采购操作步骤和方法，应付账款入账、调账等方面的管理要求，防范公司处理应付账款业务过程中的经营风险，特制定本制度。

二、适用范围

适用于公司的配件、辅料、设备、工具、成型软件和固定资产等采购的控制。

三、定义

1）供应商：是指能向采购者提供货物、工程和服务的法人或其他组织。

2）抽货检验标准：此标准是对采购物品进行检验的参照标准，由技术部门或其他相关权责部门编写交采购中心汇总成册。

3）货物检验报告：是货物验收部门和人员对货物进行验收后对所采购货物给出验收报告和处理意见。

4）无票应付款：采购货物的所有权已经转移至本公司，但是供应商的正式发票尚未到达财务部的应付款项。当供应商的发票送达财务部时，应将无票应付款转入应付账款。公司的无票应付款和应付账款构成了公司资产负债表上的应付账款。

四、管理规定

1）合格供应商评审。公司采购的供应商必须经过评审，汇总为合格供应商名录，采购时按照合格供应商名录进行采购，不在合格供应商名录上采购的必须有正当理由，并经相关主管审批后方可进行。

2）物资采购报销流程。

① 物资采购前要由用料申请人先填写采购计划，"采购计划表"经部门领导签字同意后，交与采购人员，采购人员制作"采购订单"并进行采购。

② 凡购进物料、工具用具，尤其是定制品，采购者应坚持先取样品，征得使用部门及领导同意后，方可进行采购或定制。

③ 物资采购返回单位，须经物资使用部门（库房管理人员）核实、验收签字，出具"入库单"。

④ 物资采购报销必须以发票为据，不准出现白条报销。

⑤ 物资采购前，预借物资款，必须经财务主管领导签字批准方可借款，执行借款流程；物资采购完毕，需及时报销。

⑥ 物资采购报销须填写报销单，执行费用报销流程。

⑦ 凡不按上述规定采购者，财务部应一律拒绝支付。

3）应付账款入账程序。

① 有票应付款。

财务部业务会计对采购订单、供应商发票、检验入库单进行审核，即"三单符合"

审核。

三单中的第一单"采购订单"是指由采购合同、采购订单、委托加工单等组成的合同单据。第二单"供应商发票"是指由发票、收款收据组成发票单据。第三单"入库单"是指由入库单、质检单、运输提货单等组成的收货单据。

财务部业务人员在"三单符合"审核后，制作记账凭证并按照会计复核、批准程序入账。

有关部门对合同、订单的修改原件，应及时传递到财务部。

② 无票应付款。

仓库管理员在收到供应商的合格来货（经检验合格）后，填写入库单并将入库信息传递给财务部门。未经质量检验合格的货物不得入库。

财务部核对每一张入库单，确保信息准确无误。将无票入库货物作为暂估入库进行核算。

对货物入库后超过1个月发票未到的无票应付款，财务部应及时与采购部联系并跟踪。

③ 应付账款。

供货方开来发票，从无票应付款转入应付账款时，必须经过"三单符合审核"。财务部业务人员应当在"三单符合审核"后，方可将无票应付款转入应付账款。将暂估入库的项目转入库存项目。

财务部在"三单符合审核"中发现不符或不完全相符时，应立即通知采购部和物流部门。采购部应及时与供应商联系处理，并在一周内将问题调查清楚并合理解决。财务部应同时将所有三单不符的情况记录下来，并定期跟踪和向财务经理或总经理汇报。

对在"三单符合审核"中多开票、重开票的供应商应提出警告，情节严重的，要考虑给予处罚或更换。

生产部门应在每月28日前将供应商因质量退货及向供应商索赔的资料传递到财务部，财务部应于当月据之调整应付账款。

任何供应商应付账款的调整必须有充分的依据并经财务经理及相关人员的书面批准。这些依据应附在相应的调整凭证后。

更改供应商名称必须得到供应商提供的合法的资料，并经过财务部经理的批准。这些资料应附在相应的调整凭证后。

4）应付账款账龄分析。

① 财务部每季度进行一次应付账款的账龄分析，并分析资金安排和使用的合理性。

② 财务部每月打印出有借方余额的应付账款，并通知采购部及相关部门。采购部及有关部门应及时与供应商联系解决，并将结果在一周内告知财务部。对超过两个月的有借方余额的应付账款，财务部应向财务经理和总经理作书面汇报。

5）对账。

① 财务部每月应核对应付账款总账与明细账，对存在的差异及明细账中的异常项目和长期未达项目，财务部应会同商务部采购人员进行调查，并经财务经理书面批准后及时处理。

② 财务部每年至少获得一次供应商对账单，对发现的差异应及时与供应商联系解决。

5.6.2 固定资产管理

1. 固定资产的概念

固定资产是指使用期限较长，单位价值较高的主要劳动资料和服务资料，并且在使用过程中保持原有实物形态的资产，主要包括房屋及建筑物、机器设备、运输设备和其他与生产经营有关的设备、工具器具等。固定资产是新能源汽车服务企业中资产的主要种类，也是企业赖以生产经营的主要资产，是资产管理的重点。

2. 固定资产的特征

固定资产具有以下四个特征：

1) 固定资产是指为了生产商品、提供劳务、出租或经营管理而持有的资产。企业使用固定资产所带来的经济利益，通过固定资产作用于商品生产、劳务提供过程并具体表现为产品的形式，最终通过销售实现其经济利益的流入；或者通过把固定资产出租给他人，以收取租金的形式实现经济利益的流入，或者通过在企业的生产经营管理中使用固定资产，并最终改进了生产经营过程，降低了生产经营成本等为企业带来经济利益。

这一特征表明，企业持有固定资产的主要目的是生产商品、提供劳务、出租或经营管理，而不是为了出售。这一点将固定资产与企业所持有的存货区别开来。

2) 使用寿命超过一个会计年度，而且最终要将其废弃或重置。通常情况下，固定资产的使用寿命是指使用固定资产的预计期间，比如自用房屋建筑物的使用寿命表现为企业对该建筑物的预计使用年限。对于某些机器设备或运输设备等固定资产，其使用寿命表现为该固定资产所能生产产品或提供劳务的数量，例如，汽车按其预计行驶里程估计使用寿命。固定资产使用寿命超过一个会计年度，随着使用和磨损，通过计提折旧方式逐渐减少账面价值。对固定资产计提折旧，是对固定资产进行后续计量的重要内容。

这一特征说明，企业为了获得固定资产并把它投入生产经营活动所发生的支出，属于资本性支出而不是收益性支出。这一点将固定资产与流动资产区别开来。

3) 固定资产是有形资产。一般情况下，除了无形资产、应收账款、应收票据、其他应收款等资产外，资产都具有实物形态，而对于固定资产来说，这一特征则更为明显。例如：固定资产一般表现为房屋建筑物、机器、机械、运输工具以及其他与生产经营有关的设备、器具、工具等。有些无形资产可能同时符合固定资产的其他特征，如无形资产为生产商品、提供劳务而持有，使用寿命超过一个会计年度，但由于其没有实物形态，所以不属于固定资产。理解固定资产的这一特征，有利于将其与无形资产、应收账款、应收票据以及其他应收款等资产区别开来。

4) 固定资产的单位价值较高。理解这一特征的目的，是为了把固定资产与低值易耗品、包装物等存货区别开来。固定资产是企业资产中很重要的一部分，它的数额反映企业的生产能力和扩张情况，因此，必须加强对固定资产的管理。固定资产管理的任务是：认真保管，加强维修，控制支出，提高利用率，合理计算折旧等。

3. 固定资产的种类

企业固定资产种类繁多，它们在生产中所处的地位不同，发挥的作用也不同。为加强管理和便于核算，应对固定资产进行合理的分类，以便分开展示和监督其收入、调出、使用、保管等情况，考核分析固定资产的利用情况，为经营管理提供必要的信息。

(1) 按固定资产的所有权分类

固定资产按所有权可分为自有固定资产和租入固定资产。这种分类可确定企业实有的固定资产数额，反映监督租入固定资产情况。

(2) 按固定资产的经济用途分类

固定资产按经济用途可分为生产经营用固定资产和非生产经营用固定资产。这种分类可反映二者之间的比例及其变化情况，以分析企业固定资产的配置是否合理。

(3) 按固定资产的性能分类

固定资产按性能可分为房屋、建筑物、动力设备、传导设备、工作机器及设备、工具、模具、仪器及生产用具、运输设备、管理用具以及其他固定资产。这种分类可反映固定资产的构成情况，并能将各类固定资产归口，由各职能部门负责管理，便于分类计算折旧率。

(4) 按固定资产使用情况分类

固定资产按使用情况可分为在用固定资产、未使用固定资产和不需用固定资产。这种分类可反映固定资产的使用情况，促使企业将未使用固定资产尽快投入使用，提高固定资产利用率，将不需用固定资产进行及时处理。

(5) 固定资产综合分类

在实际工作中，企业的固定资产是按经济用途和使用情况综合分类的，按固定资产的经济用途和使用情况可将企业的固定资产分为七大类。

1）生产经营用固定资产：指直接参与企业生产、经营过程或直接服务于生产、经营过程的各种固定资产。例如：房屋、建筑物、机器设备、运输工具、管理用具等。

2）非经营用固定资产：指不直接服务于生产、经营过程的各种固定资产。例如：员工宿舍、食堂、浴室、卫生室、员工活动室等。

3）租出固定资产：指出租给外单位使用的固定资产。这类固定资产只是将其使用权暂时让渡给承租单位，所有权仍归本企业，由本企业收取租金收入，应视作经营中使用的固定资产，照提折旧。

4）不需用固定资产：指本企业现在不需要、准备处理的固定资产。

5）未使用固定资产：指尚未使用的新增固定资产、调入尚待安装的固定资产、进行改扩建的固定资产，以及经批准停止使用的固定资产。由于季节性生产、大修理等原因而停止使用的固定资产，应作为使用中的固定资产处理。

6）土地：指过去已经估价单独入账的土地。因征用土地而支付的补偿费，应计入与土地有关的房屋、建筑物的价值内，不单独作为土地入账。企业取得的土地使用权不作为固定资产管理，应作为无形资产核算。

7）融资租入固定资产：指企业以融资租赁方式租入的固定资产。在租赁期内，应视同企业自有固定资产进行管理。

4. 固定资产的日常管理

为了提高固定资产的使用效率，保护固定资产的安全完整，做好固定资产的日常管理工作至关重要。固定资产的日常管理工作主要包括以下六个方面：

(1) 实行固定资产归口分级管理

企业的固定资产种类繁多，其使用单位和地点又很分散，为此，要建立各职能部门、各级单位在固定资产管理方面的责任制，实行固定资产的归口分级管理。

归口管理就是把固定资产按不同类别归到相应职能部门负责管理。各归口管理部门要对所分管的固定资产负责，保证固定资产的安全完整。分级管理就是按照固定资产的使用地点，由各级使用单位负责具体管理，并进一步落实到班组和个人。归口分级管理就是要做到层层有人负责，物物有人管理，保证固定资产的安全管理和有效利用。

（2）编制固定资产目录

为了加强固定资产的管理，企业财务部要会同固定资产的使用和管理部门，按照国家规定的固定资产划分标准，分类详细地编制《固定资产目录》，在编制时，要统一固定资产的分类编号。各管理部门和各使用部门的账、卡、物要统一用此编号。

（3）建立固定资产卡片或登记簿

固定资产卡片实际上是以每一个独立的固定资产项目为对象开设的明细账目。企业在收入固定资产时设立卡片，登记固定资产的名称、类别、编号、预计使用年限、原始价值和建造单位等原始资料，还要登记有关验收、启用、大修、内部转移、调出及报废清理等内容。

实行这种办法有利于保护企业固定资产的完整，促进使用单位关心设备的维护，提高设备的完好程度，有利于做到账账相符、账物相符，为提高固定资产的利用效果打下良好的基础。

（4）正确地核算和提取折旧

固定资产的价值是在再生产过程中逐渐地损耗并转移到新产品中去的。为了保证固定资产在报废时能够得到更新，在其正常使用过程中，要正确计算固定资产的折旧，以便合理地计入产品成本，并以折旧的形式收回，以保证再生产活动的持续进行。

（5）合理安排固定资产的修理

为了保证固定资产处于良好的使用状态并充分发挥工作能力，必须经常对其进行修理和维护。固定资产修理费一般可直接计入有关费用，但若修理费支出不均衡且数额较大时，为了均衡企业的成本、费用负担，可采取待摊或预提的办法。采用预提办法时，实际发生的修理支出冲减预提费用；实际支出大于预提费用的差额计入有关费用；实际支出小于预提费用的差额冲减有关费用。

（6）科学地进行固定资产更新

财务管理的一项重要内容是根据企业固定资产折旧积累的程度和企业发展的需要，建立企业固定资产适时更新规划，以满足企业周期性固定资产更新改造的要求。

5.7 企业资金筹集与投资管理

资金是新能源汽车服务企业进行生产经营活动的必要条件。企业筹集资金，是指企业根据生产经营、对外投资和资金结构调整的需要，通过筹资渠道和资金市场，运用各种筹资方式，经济有效地筹措资金的过程。

5.7.1 筹资管理

1. 企业筹资管理概述

（1）权益资本与负债资本

权益资本：权益资本是指投资者所投入的资本金，是企业依法长期拥有、自主调配使用的资金，又称自有资金，主要包括资本公积金、盈余公积金、实收资本和未分配利润等。权益资本主要通过吸收直接投资和发行股票等方式筹集，其所有权归投资者。

负债资本：负债资本是企业依法筹集并依约使用、按期偿还的资金，包括银行及其他金融机构的各种贷款、应付债券、应付票据等，又称借入资金或债务资金。负债资本主要通过银行贷款、发行债券、商业信用、融资合作等方式筹集。它体现了企业与债权人之间的债权债务关系。

（2）资金成本与资金结构

资金成本：为筹集和使用资金而付出的代价就是资金成本，主要包括筹资费用和资金使用费用两部分。前者包括向银行借款时需要支付的手续费、发行股票债券等时支付的发行费用等，后者包括向股东支付的股利、向银行支付的利息、向债券持有者支付的债息等。资金成本是比较筹资方式、选择筹资方案的依据，也是评价投资项目、比较投资方案和追加投资决策的主要经济依据。资金成本还可以作为评价企业经营成果的依据。

资金结构：广义的资金结构是指企业各种资金的构成及其比例关系。短期债务资金占用时间短，对企业资金结构影响小，而长期债务资金是企业资金的主要部分，所以通常情况下，企业的资金结构指的是长期债务资金和权益资本的比例关系。

2. 企业筹资的目标

（1）企业筹资的目的和要求

企业进行资金筹措的根本目的是自身的生存和发展，通常受一定动机的驱使，主要有业务扩展性动机、偿债动机和混合性动机等。

企业筹集资金总的要求是要分析评价影响筹资的各种因素，讲究筹资的综合效果主要包括确定资金需要量、控制资金投放时间、选择资金来源渠道、确定合理资金结构等。

（2）筹资管理的目标

筹资管理的目标，是在满足新能源汽车服务企业生产经营需要的情况下，不断降低资金成本和财务风险。企业为了保证生产服务活动的正确进行或扩大经营服务范围，必须具有一定数量的资金。企业的资金可以从多种渠道、用多种方式来筹集，而不同来源的资金，其可使用时间的长短、附加限制的条款、财务风险的大小、资金成本的高低都不一样。企业应以筹集企业生产经营必需的资金为前提，以较低的筹资成本和较小的筹资风险获取较多的资金，满足企业生产经营的需要。

3. 企业筹资的原则

企业筹资是一项重要而复杂的工作，为了有效地筹集企业所需资金，必须遵循以下基本原则。

（1）规模适当原则

企业的资金需求量往往是不断变动的，企业财务人员要认真分析科研、生产、经营状况，采用科学的方法，预测企业的经营对资金的需求数量，确定合理的筹资规模，既要避免因筹资不足而影响生产经营的正常进行，又要防止资金筹集过多而造成资金浪费。

（2）筹资及时原则

企业财务人员筹集资金时必须考虑资金的时间价值。根据资金需求的具体情况，合理安排资金的筹集时间，适时获取所需资金，既要避免过早筹集资金形成资金投放前的闲置，造成浪费，又要防止取得资金的时间滞后，错过资金投放的最佳时间，甚至失去投资机会。

（3）来源合理原则

资金的来源渠道为企业提供了资金源泉和筹资场所，它反映资金的分布状况和供求关系，决定筹资的难易程度。不同来源的资金，对企业的收益和成本有不同的影响，企业应认真研究资金来源渠道，合理选择资金来源。

（4）方式经济原则

企业筹集资金必然要付出一定的代价，不同的渠道、不同的方式下资金筹集的成本不同，因此，企业在筹资时应对各种筹资方式进行分析、对比，选择经济、可行的筹资方式，形成合理的资金结构，以降低成本、减少风险。

（5）风险原则

采取任何筹资方式都会有一定的风险，企业要筹资，就要冒风险，但这种冒险不是盲目的，必须建立在科学分析、严密论证的基础上，根据具体情况作出具体分析。在实际生产经营过程中，风险并不一定是越小越好，风险往往跟收益成正比；当然，风险太大也不好。

（6）信用原则

企业在筹集资金时，不论从何种渠道、以什么方式，都必须恪守信用，这也是财务管理原则在筹资工作中的具体化。

4. 企业筹资的渠道和方式

企业所需资金可以从多种渠道、用多种方式来筹集。筹资渠道是筹措资金的来源。筹资方式是指企业筹集资金采用的具体形式。研究筹资渠道和方式是为了明确企业资金的来源并选择科学的筹资方式，经济有效地筹集到企业所需资金。

（1）筹资渠道

1）国家财政资金。国家财政资金进入企业有两种方式：一是国家以所有者的身份直接向企业投入资金，这部分资金在企业中形成国家的所有者权益；二是通过银行以贷款方式向企业投资，形成企业的负债。国家财政资金虽然有利率优惠、使用期限较长等优点，但国家贷款的申请程序复杂，并且规定了用途。对于新能源汽车服务企业来说，国家财政资金渠道主要是各种补贴、税务部门的减税免税政策或税前还贷等优惠政策，因此财务部门应时刻关注相关的政策信息，及时进行申请。

2）银行信贷资金。银行贷款是指银行以贷款的形式向企业投入资金，形成企业的负债。银行贷款是我国目前各类企业最主要的资金来源渠道。

3）非银行金融机构资金。非银行金融机构资金主要是指信托投资公司、保险公司证券公司、租赁公司、企业集团、财务公司提供的信贷资金及物资融通等。

4）其他企业资金。其他企业资金主要是指企业间的相互投资以及在企业间的购销业务中通过商业信用方式取得的短期信用资金。

5）居民个人资金。居民个人资金是指在银行或非银行金融机构之外的居民个人的闲散资金。

6）企业内部积累资金。企业内部积累资金是指所有者通过资本公积金、盈余公积金和未分配利润等形式留在企业内部的资金，是所有者对企业追加投资的一种形式，并成为所有者权益的组成部分。

7）外商资金。外商资金是指外国投资者投入的资金。新能源汽车服务企业可以通过中外合资的方式来吸收外来资金。

(2) 筹资方式

目前，我国企业的筹资方式主要有吸收直接投资、发行股票筹资、发行债券筹资、银行贷款筹资、租赁筹资、商业信用等。

1) 吸收直接投资。吸收直接投资是指企业在生产经营过程中，投资者或发起人直接投入企业的资金，包括固定资产、流动资产和无形资产，这部分资金一经投入，便构成企业的权益资本。这种筹资方式是非股份制企业筹集权益资本的最重要的方式。

2) 发行股票筹资。发行股票是股份制企业筹集权益资本的最重要的方式。股票是股份制企业为筹集自有资本而发行的有价证券，是股东按其所持股份享有权利和承担义务的书面凭证，它代表持股人对股份公司的所有权。根据股东承担风险和享有权利的不同，股票可分为优先股和普通股两大类。

① 发行优先股筹资。优先股是企业为筹集资金而发行的一种混合性证券，兼有股票和债券的双重属性，在企业盈利和剩余财产分配上享有优先权。优先股具有如下特点：第一，优先股的股息率是事先约定而且固定的，不随企业经营状况的变化而波动，并且企业对优先股的付息在普通股付息之前；第二，当企业破产清算时，优先股的索取权位于债券持有者之后、普通股持有者之前；第三，优先股持有者不能参与企业的经营管理，且由于其股息是固定的，当企业经营景气时，不能像普通股那样获取高额盈利；第四，与普通股一样列入权益资本，股息用税后净值发放，得不到免税优惠；第五，优先股发行费率和资金成本一般比普通股票低。

② 发行普通股筹资。普通股是指在公司的经营管理和盈利及财产的分配上享有普通权利的股份，代表满足所有债权偿付要求及优先股东的收益权与求偿权要求后对企业盈利和剩余财产的索取权，它构成公司资本的基础，是股票的一种基本形式，也是发行量最大、最为重要的股票。普通股股东拥有并控制企业，具有选举董事会、获取股息和红利收入、出售和转让股份等权利。普通股基本特征包括：第一，风险性。股票一经购买就不能退还本金，而且购买者能否获得预期利益，完全取决于企业的经营状况。第二，流动性。尽管股票持有者不能退股，但可以转让或作为抵押品。正是股票的流动性，促进了社会资金的有效配置和高效利用。第三，决策性。普通股票的持有者有权参加股东大会，参与企业的经营管理决策。第四，股票交易价格和股票面值的不一致性。股票作为交易对象，也像商品一样，有自己的市场价格。这种不一致性，给企业带来强大压力，迫使其提高经济效益，同时也产生了社会公众的资本选择行为。

3) 发行债券筹资。企业债券是指企业按照法定程序发行，约定在一定期限内还本付息的债券凭证，代表持有人与企业的一种债务关系。企业发行债券一般不涉及企业资产所有权、经营权，企业债权人对企业的资产和所有权没有控制权。

债券的种类有不同的划分方法。按照发行区域，可分为国内债券和国际债券；按照有无担保，可分为无担保债券和有担保债券；按照能否转换成公司股票，可分为可转换债券和不可转换债券；按公司是否拥有提前收回债券的权利，可分为可收回债券和不可收回债券。债券的基本特征包括：第一，期限性。各种公众债券在发行时都要明确规定归还期限和条件。第二，偿还性。企业债券到期必须偿还本息。不同的企业债券有不同的偿还级别，如果企业破产清算，则按优先级别先后偿还。第三，风险性。企业经营总会有风险，如果企业经营不稳定，风险较大，其债券的可靠性就较低，受损失的可能性也比较大。第四，收益性。债券持有人可以定期从债券发行者那里获得固定的债券利息,债券的利率通常高于存款利率。债券的收益率并不完全等同于债券的票面利率,而主要取决于债券的买卖价格。

4) 银行贷款筹资。银行贷款是指银行按一定的利率,在一定的期限内把货币资金提供给需要者的一种经营活动。贷款利率的大小因贷款对象、用途、期限的不同而不同,并且随着金融市场借贷资本的供求关系的变动而变动。流动资金的贷款期限可按流动资金周转期限、物资耗用计划或销售收入来确定;固定资产投资贷款期限一般按投资回收期来确定。企业向银行贷款,必须提出申请并提供详尽的可行性研究报告及财务报表,获准后在银行设立账户,用于贷款的取得、归还和结存核算。

5) 租赁筹资。租赁是一种以一定费用借贷实物的经济行为,即企业依照契约规定通过向资产所有者定期支付一定量的费用,从而长期获得某项资产使用权的行为。现代租赁按其形态主要分为两大类:融资性租赁和经营性租赁。融资性租赁是指承租方通过签订租赁合同获得资产的使用权,然后在资产的经济寿命期内按期支付租金。融资租赁是企业资金的一个典型来源,属于完全转让租赁。经营性租赁是不完全转让租赁。它的租赁期较短,出租方负责资产的维护与修理,费用按合同规定的支付方式由承租方负担。由于被出租资产本身的经济寿命大于租赁合同的持有时间,因此出租方在一次租赁期内获得的租金收入不能完全补偿购买该资产的投资。

6) 商业信用。商业信用是指企业之间的赊销赊购行为。它是企业在资金紧张的情况下,为保证生产经营活动的连续进行,采取延期支付购货款或预收销货款而获得短期资金的一种方式。采用这种方式,企业必须具有较好的商业信誉,同时,政府相关部门也应该加强引导和管理,避免引发企业间的三角债务。

筹资过程中,究竟通过哪种渠道、采用哪种方式,企业必须根据自身情况来确定。

5.7.2 投资管理

1. 投资管理概述

投资是企业开展正常生产经营活动并获取利润的前提,也是企业扩大经营规模、降低经营风险的重要手段。投资按其回收时间的长短可分为短期投资和长期投资。短期投资又可称为流动资产投资,它是指能够并且计划在一年内收回的投资,主要指对现金、应收账款、存货、短期有价证券等的投资。长期投资是指在一年以上才能收回的投资,主要指对厂房、机器设备等固定资产的投资,也包括对无形资产和长期有价证券的投资。

新能源汽车服务企业购买其他企业发行的股票和债券,或和其他企业共同创办联营企业,也是一种投资活动。投资是一门有趣的学问,掌握投资理论和知识,会增加投资成功的可能性。企业在进行投资分析与决策时,需要认真考虑与投资相关的影响因素。投资一方面要选择好的时机,另一方面也要选择好的投资对象。而要正确进行投资决策,就必须考虑货币的时间价值和投资的风险。

一般来说,企业投资应重点考虑的因素包括:投资收益的高低,投资风险的大小,投资的约束条件以及投资的弹性分析等。

2. 投资决策

投资决策是对各个投资方案进行分析和评价,从中选择最优方案的过程。为了客观、科学地分析评价各种投资方案是否可行,应使用不同的决策指标,从不同的角度来评价投资方案。各项指标在大多数情况下对于方案的取舍是一致的,但有时也会出现不一致的情况。所以按某一指标来确定投资方案,有时会产生偏差。

3. 投资决策的评价指标

在投资决策的分析评价中,应根据具体情况采用适当的方法来确定投资方案的各项评价指标,以供决策参考。

项目投资决策评价指标可分为非贴现指标和贴现指标两大类。其区别在于:非贴现指标不考虑资金的时间价值,计算比较简单,又称静态指标,如投资回收期(静态)、平均报酬率等;贴现指标考虑资金的时间价值,计算较为复杂,又称动态指标,如净现值、现值指数、内部收益率等。在实际运用中,以某一指标作为评价投资方案的标准,又可称该指标法,如净现值法、现值指数法、投资回收期法等。

(1) 非贴现指标

1) 投资回收期(Payback Period, PP),指投资项目收回全部投资所需要的时间。为了避免发生意外情况,投资者总是希望尽快收回投资,即投资回收期越短越好。投资回收期越短,说明该项投资所冒的风险越小,方案越佳。投资回收期 n 可通过下式确定:

$$\sum_{k=0}^{n} I_k = \sum_{k=0}^{n} Q_k$$

式中:n——投资回收期;I_k——第 k 年现金流入量;Q_k——第 k 年现金流出量。

将计算的投资回收期与期望投资回收期比较,若方案回收期短于期望回收期,则投资方案可行;否则,方案不可行,应该放弃该项投资。如果几个方案都达到了既定的回收期,且只能选择一个方案时,则应选择回收期最短的方案。

投资回收期计算简单,易于理解,有利于促进企业加快投入资本的回收速度,尽早收回投资。但投资回收期法有两个缺点:一是忽视了现金流量的发生时间,未考虑货币的时间价值;二是忽略了投资回收期后的现金流量,注重短期行为,忽视长期效益。因此,运用投资回收期法只能进行初步的评价,必须与其他决策指标结合使用,才能作出较正确的决策。

2) 平均报酬率(Average Rate of Return, ARR),指投资项目寿命周期内平均的年投资报酬率。平均报酬率又称平均投资报酬率,有多种计算方法,最常用的计算公式为

$$NPV = \frac{NCF_m}{V} \times 100\%$$

式中:NCF_m——m 年平均现金净流量;V——原始投资额。

采用平均报酬率进行决策时,将投资项目的平均报酬率与期望平均报酬率相比,如果平均报酬率大于期望的平均报酬率,则可接受该项投资方案;否则,就应拒绝该项投资方案。若有多个可接受的投资方案选择,则应选择平均报酬率最高的方案。

平均报酬率指标的优点是计算简单明了,易于掌握,并且考虑了整个方案在其寿命周期内的全部现金流量,克服了投资回收期法没有考虑回收期后现金流量的缺点。平均报酬率指标的缺点是忽视了现金流量的发生时间,未考虑货币的时间价值,所以不能较为客观、准确地对投资方案的经济效益作出判断。

（2）贴现指标

1）净现值（Net Present Value，NPV），指投资项目投入使用后的净现金流量按资金成本率或企业要求达到的报酬率折合为现值，减去原始投资额现值以后的余额，即从投资开始至项目寿命终结时所有现金流量（包括现金流出量和现金流入量）的现值之和，其计算公式为

$$NPV = \sum_{k=0}^{n} \frac{I_k}{(1+i)^k} - \sum_{k=0}^{n} \frac{Q_k}{(1+i)^k}$$

式中：n——投资回收期；I_k——第 k 年现金流入量；Q_k——第 k 年现金流出量；i——预定贴现率。

净现值指标的优点表现在两方面：一是考虑了货币的时间价值，能反映投资方案的净收益额；二是净现值考虑了投资的风险性，因为贴现率是由公司根据风险确定的预期报酬率或资金成本率制订的。

净现值指标的缺点也有两方面：一是不能动态地反映投资项目的实际收益水平，且各项目投资额不等时，仅用净现值无法确定投资方案的优劣，必须与其他动态评价指标结合使用，才能作出正确的评价；二是贴现率的确定比较困难，而贴现率的高低对净现值的计算结果有重要影响。

2）现值指数（Present Value Index，PVI），也称获利指数，是投资方案的未来现金流入现值与现金流出现值的比率，其计算公式为

$$PVI = \sum_{k=0}^{n} \frac{I_k}{(1+i)^k} \Big/ \sum_{k=0}^{n} \frac{Q_k}{(1+i)^k}$$

从计算公式可以看出，现值指数大于1，说明方案实施后的投资报酬率高于预期的投资报酬率，投资方案可行；现值指数小于1，说明方案实施后的投资报酬率低于预期的投资报酬率，投资方案不可行。现值指数越大，方案投资价值越好。

现值指数指标的优点是考虑了货币的时间价值，能够真实地反映投资项目的盈亏程度。由于现值指数是未来现金净流量现值与原始投资现值之比，是一个相对数，所以现值指数克服了净现值指标在项目投资额不相等时，无法判断方案好坏的缺点。现值指数指标的缺点与净现值指标的缺点一样，即不能动态地反映投资项目的实际收益水平。

3）内部报酬率（Internal Rate of Return，IRR），也称内含报酬率，它是指能够使未来现金流入量的现值等于未来现金流出量现值的贴现率，或者说使投资方案净现值为零的贴现率。内部报酬率的计算公式为

$$NPV = \sum_{k=0}^{n} \frac{NCF_k}{(1+IRR)^k} = 0$$

式中：NCF_k——投资项目在第 k 年产生的净现金流量；n——项目预计经济使用年限。

净现值法和现值指数法虽然考虑了时间价值，可以说明投资方案高于或低于某一特定的投资报酬率，但没有揭示方案本身的报酬率是多少。

实 训 任 务

调查某一新能源汽车服务企业近两年的营业收入、支出情况,并结合实际情况进行利润增减原因分析。

项目	____年	____年	增减额	增减幅度
一、主营业务收入				
整车				
返利				
二、主营业务成本				
整车				
三、主营业务利润				
四、其他业务利润				
配件收入				
工时收入				
其他业务支出				
五、经营费用				
六、营业外收入				
七、利润总额				

参 考 文 献

[1] 高青. 汽车服务企业管理 [M]. 北京：机械工业出版社，2015.
[2] 许兆棠. 汽车服务企业管理 [M]. 2版. 北京：机械工业出版社，2022.
[3] 卢燕，阎岩. 汽车服务企业管理 [M]. 北京：机械工业出版社，2017.
[4] 王生昌. 汽车服务企业管理 [M]. 北京：人民交通出版社股份有限公司，2018.
[5] 赵计平，金明. 汽车售后服务企业经营与管理 [M]. 北京：机械工业出版社，2013.
[6] 何宝文. 汽车营销学 [M]. 北京：机械工业出版社，2013.
[7] 张德，吴剑平. 企业文化与CI战略 [M]. 北京：清华大学出版社，2000.
[8] 金润生. 人力资源管理教程 [M]. 上海：立信会计出版社，2004.
[9] 许平. 汽车维修企业管理基础 [M]. 北京：电子工业出版社，2007.
[10] 胡朝晖. 汽车配件管理与营销 [M]. 北京：人民交通出版社股份有限公司，2017.